综合英语课程线上线下翻转课堂模式行动研究

沈萍 著

吉林大学出版社

长春

图书在版编目(CIP)数据

综合英语课程线上线下翻转课堂模式行动研究 / 沈萍著. --长春:吉林大学出版社,2020.5
ISBN 978-7-5692-6556-9

Ⅰ.①综… Ⅱ.①沈… Ⅲ.①英语—教学研究—高等学校 Ⅳ.①H319.3

中国版本图书馆 CIP 数据核字(2020)第 091926 号

书　　名	综合英语课程线上线下翻转课堂模式行动研究 ZONGHE YINGYU KECHENG XIANSHANG XIANXIA FANZHUAN KETANG MOSHI XINGDONG YANJIU
作　　者	沈萍　著
策划编辑	吴亚杰
责任编辑	吴亚杰
责任校对	刘丹
装帧设计	王茜
出版发行	吉林大学出版社
社　　址	长春市人民大街 4059 号
邮政编码	130021
发行电话	0431－89580028/29/21
网　　址	http://www.jlup.com.cn
电子邮箱	jdcbs@jlu.edu.cn
印　　刷	长春市华远印务有限公司
开　　本	787mm×1092mm　1/16
印　　张	15.5
字　　数	290 千字
版　　次	2021 年 5 月　第 1 版
印　　次	2021 年 5 月　第 1 次
书　　号	ISBN 978-7-5692-6556-9
定　　价	65.00 元

版权所有　翻印必究

本书为2017年贵州省本科教学内容和课程体系改革项目"基于微视频的综合英语课程翻转课堂教学模式实践"(项目编号：2017520108)最终成果

前　　言

2016年教育部印发了《教育信息化"十三五"规划》的通知，通知明确提出信息化的国家战略，同时也指出了教育信息化给教育带来的发展机遇。"十三五"期间，全面提升教育质量、并在更高层次上促进教育公平、加快推进教育现代化进程等重要任务对教育信息化提出了更高要求。与此同时，2018年教育部又印发了《教育信息化2.0行动计划》的通知，要求到2022年教师和学生的信息素养应普遍提高，全面提升教师的信息技术应用能力。因此，在信息技术广泛运用的时代背景下，教育的信息化势在必行。

在这样的大背景下，传统的英语教学已经不能满足现代英语教学的需求，教师不能再充当课堂教学的主体，学生在课堂上的主体地位必须得到体现。而翻转课堂教学正是在这样的背景下产生的一种新型的教学模式，它颠覆了传统的课堂教学，包括教学内容、教学手段、教学时间，甚至是教学地点；除此之外，它充分地突显出了学生在整个学习阶段的主体地位，改变了学生传统被动的学习模式，符合当今课堂教师和学生的需求，更加符合信息时代背景下教育信息化的需求。

本专著的研究起源于2017年贵州省本科教学内容和课程体系改革项目"基于微视频的综合英语课程翻转课堂教学模式实践"(项目编号：2017520108)。本书的内容主要是一项将基于微课的翻转课堂教学引入到英语专业综合英语课程教学中的行动研究，在实践中得到了许多新的教学成果。本书共分为九章。第一章对本行动研究的背景进行概述，主要包括综合英语课程概述、综合英语课程教学现状以及本行动研究选题意义概述。第二章对本行动研究的相关理论和研究文献进行综述，主要包括翻转课堂教学模式概述、微课概述、行动研究理论概述，以及综合英语课程研究和翻转课堂教学模式研究综述。在第三章中，对整个行动研究的设计进行概述，主要包括研究对象、研究问题、行动研究流程、数据收集方法以及数据分析方法。第四章对综合英语课程翻转课堂教学模式行动研究设计进行介绍，主要包括综合英语课程翻转课堂模式构建的理论框架概述、设计总方案概述、微课视频教学设计概述以及面对面课堂教学设计概述。第五章主要从教学环境因素、教师因素以及学生因素三个方面对综合英语课程翻转课堂教学模式的可行性进行分析概述。从第六章开始，主要对本行动研究的相关结果进行分析总结概述。其中第六章是对综合英语课程翻转课堂教学模式的满意度进行研究分析，主要从数据收集和分析、研究结果讨论两个方面对满意度进行阐述。第七章从综合英语课程翻转课堂教学模式对学生学习的影响进行分析，主要包括数据收集和分析以及研究结果阐述两个方面。第八章对综合英语课程翻转课堂模式行动研究的评价和反思进行概述。第九章对本书进行了全面的总结，主要包括本行动研究所取得的研究成果、研究结果的理论和实践价值，以及研究的启示和建议。

此外，本书的部分章节已经作为前期研究成果先行发表在国内的一些期刊上，在此进行特别说明。该前期成果分别是：《地方高校综合英语课程教学现状调查》发表在《当代教育实践与教学研究》2019年11月刊上；《基于微课的综合英语翻转课堂教学模式在西部地方高校应用的可行性分析》发表在《英语广场》2020年第四期上；以及《基于布鲁姆认知理论的翻转课堂提问设计——以综合英语课程为例》发表在《现代交际》2020年7月刊上。

本书在撰写的过程中，引用了大量的文献资料，在此向相关学者表示衷心的感谢。同时本项目在研究过程中的经费以及本书出版的部分经费得到了贵州省本科教学内容和课程体系改革项目的资助，在此进行特别说明和诚挚的感谢。但由于本人学术水平尚浅，虽尽心尽力地去做，但书中难免存在疏漏之处，敬请广大读者能够予以批评指正，本人将进一步深入研究，查缺补漏，使之更加完善。

沈萍

2019年11月

目　　录

第一章　研究概述 ··· 1

　第一节　综合英语课程概述 ··· 1
　第二节　综合英语课程教学现状 ····································· 3
　第三节　选题意义概述 ··· 4

第二章　文献综述 ··· 6

　第一节　翻转课堂教学模式 ··· 6
　第二节　微课的概述 ·· 10
　第三节　行动研究理论 ·· 13
　第四节　综合英语课程研究综述 ···································· 15
　第五节　翻转课堂教学模式研究综述 ································ 17
　第六节　以往研究的不足及本研究的焦点 ···························· 22

第三章　行动研究设计 ··· 24

　第一节　研究对象 ·· 24
　第二节　研究问题 ·· 25
　第三节　行动研究流程 ·· 25
　第四节　数据收集方法 ·· 26
　第五节　数据收集分析 ·· 29

第四章　综合英语课程翻转课堂模式行动研究设计 ················· 32

　第一节　综合英语课程翻转课堂模式构建的理论框架 ·················· 32
　第二节　综合英语课程翻转课堂模式设计总方案 ······················ 47

  第三节 综合英语课程翻转课堂模式微课视频教学设计 …………… 66

  第四节 综合英语课程翻转课堂模式面对面课堂教学设计 …………… 82

  第五节 结 语 …………………………………………………… 105

第五章 综合英语课程翻转课堂教学模式可行性分析 …………… 108

  第一节 教学环境因素分析 …………………………………………… 108

  第二节 教师因素分析 ………………………………………………… 112

  第三节 学生因素分析 ………………………………………………… 114

  第四节 结 语 …………………………………………………… 117

第六章 综合英语课程翻转课堂模式满意度研究 ………………… 119

  第一节 数据收集及分析 ……………………………………………… 119

  第二节 研究结果讨论 ………………………………………………… 120

  第三节 结 语 …………………………………………………… 140

第七章 综合英语课程翻转课堂模式对学生学习的影响研究 …… 143

  第一节 数据收集及分析 ……………………………………………… 143

  第二节 研究结果 …………………………………………………… 146

  第三节 结 语 …………………………………………………… 165

第八章 综合英语课程翻转课堂模式行动研究评价与反思 ……… 170

  第一节 行动研究评价 ………………………………………………… 170

  第二节 行动研究反思 ………………………………………………… 185

  第三节 结 语 …………………………………………………… 193

第九章 结 语 ……………………………………………………… 196

  第一节 主要研究成果 ………………………………………………… 196

  第二节 研究结果的理论和实践价值 ………………………………… 205

  第三节 研究的启示及建议 …………………………………………… 207

参考文献 ……………………………………………………………………… 211

目录

附录1 综合英语课程翻转课堂教学模式调查问卷 ………………… 218

附录2 综合英语课程翻转课堂教学模式访谈问题 ………………… 221

附录3 访谈问题项目目标一致性指数 ……………………………… 222

附录4 访谈代表样本抽取参考标准 ………………………………… 223

附录5 综合英语课程网络自主学习小测试题 ……………………… 224

附录6 教师反思日志记录 …………………………………………… 227

第一章 研究概述

在本章节中,笔者主要对本行动研究的基本背景情况进行概述,概述的内容包括第一节综合英语课程概述以及第二节选题意义概述。

第一节 综合英语课程概述

一、综合英语课程概述

综合英语课程(也叫基础英语课程),是我国普通高等本科院校英语专业学生必修的专业综合技能课程。该门课程的主要目的在于培养学生对英语知识的综合运用能力。

(一)综合英语课程培养目标

综合英语课程主要是针对英语专业大一、大二学生开设的课程,该课程通过篇章学习、语言基础知识训练等,让学生掌握各种文体的撰写、扩大词汇量,并能够熟练运用英语对不同的句型进行表达。也就是说,综合英语课上,教师应注意对学生语言综合运用能力的全面培养,这里的语言综合能力主要指学生在听、说、读、写、译五个方面的语言运用能力,使学生能够达到《英语专业教学大纲》所规定的要求。除了上述提及的语言综合运用能力,综合英语课程还帮助学生培养良好的学习行为、学习习惯、高一级的思维能力以及独立自主的学习能力。

(二)综合英语课程内容

上文中曾提及综合英语课程是一门培养英语专业学生的语言综合运用能力的

课程,其培养内容主要包括听、说、读、写、译五个方面。具体内容主要体现在 Part 1 Communicative Activities,该部分内容为听力训练、常用句型训练、口语训练等内容;Part 2 Reading and Language Activities,该部分内容一般包括精读课文训练、相关习题训练;Part 3 Extended Activities,该部分内容一般包括泛读课文训练、语法训练、翻译训练以及写作训练等内容。

(三)综合英语课程学分安排

综合英语课程共开设四个学期,我国大部分高校综合英语课程学时数基本相同,而且由于课时的压缩,综合英语课程的学分数有所缩减,由原来的 8 个学分缩减为 6—4 个学分。本课题研究以凯里学院英语专业学生为研究对象,在该校,综合英语课程学分根据年级不同略有不同,大一为 6 学分,大二为 4 学分。

二、综合英语课程教材概述

现行我国普通高校英语专业所采用的综合英语课程教材略有不同,但教学内容大致相似。

(一)国内常用教材

目前我国所常用的综合英语课程教材主要有三套:邹为诚主编《综合英语教程》("十二五"普通高等教育本科国家级规划教材);何兆熊主编《综合教程》("十二五"普通高等教育本科国家级规划教材);以及梅德明主编《新编英语教程》("十二五"普通高等教育本科国家级规划教材)。三套教材都是我国高校英语专业本科生所使用的综合英语课程教材,其教学目标都是集中培养学生的语言综合运用能力。另外,这三套教材都包含学生用书、教师用书以及练习册。

(二)研究对象院校使用教材概述

在本项目中研究院校英语专业本科生所使用的综合英语课程教材为邹为诚主编《综合英语教程》。该套书共 6 册,其中 1—4 册供学生基础阶段学习使用,5—6 册供学生高级阶段学习使用,但该校高级英语阶段所使用教材为张汉熙主编的《高级英语》1—2 册。因此,本项目研究的主要对象为《综合英语教程》1—4 册。

邹为诚主编的该套教材同时也是 iCourse 教材,在中国大学 MOOC 网上有配套的课程教材视频。该套教材中,每册书共包括 15 个学习单元,每个单元的学习内容主要包括三个部分。第一部分为 Communicative Activities(交际活动),该部分内容为听说训练。学生根据每个单元所给的特定题目进行听力训练。另外,每个单元还会教1—2个常用的交际语言,并通过对话、访谈、辩论等多种形式呈现给学生,让学生学会在特定的场合表达出正确的句子。第二部分为 Reading and Language Activities(阅读理解和语言操练),该部分主要包括精读训练和语言知识练习,主要培养学生的阅读理解能力。第三个部分为 Extended Activities(扩展性练习),该部分内容主要包括听写训练、泛读课文、语法训练、词汇训练以及翻译训练等,除此之外,每个单元末尾还有对学生文化知识的补充部分 Culture Information,扩充学生的文化知识,每个单元的文化内容将根据单元的特定主题有所不同。该套教材设计理念强调"以学生为中心,以教师为主导",采用大量的 Task－based Activities(任务型活动)和 Enquiry－based Activities(研究型活动)着重培养学生的语言基础知识、语言学习能力以及文化知识。

第二节　综合英语课程教学现状

在本课题研究中,笔者通过对研究对象进行实证调查并结合文献资料进行研究,在综合英语课程目前教学现状方面得出以下结论。

一、课程学时不足

上述中提及,由于学分课时的压缩,高校的综合英语课程周学时由原来的8学时调整为4—6学时,然而,综合英语课程的单元教学内容较多,语言综合运用能力的各个方面都有所涉及。但教师都无法在规定的单元教学课时中完成所有的内容,因此,为了保证完成综合英语课程的单元教学任务,有些时候教师都会对单元教学内容进行相应的删减调整,重点讲解每个单元中的听力、阅读以及练习部分。由此可见,学生在综合英语课程上所得到的语言输入也随之减少,语言输出更是少之又少。

二、教师教学方法单一

通过笔者的课堂调查以及对前期文献的研究,笔者发现,综合英语课程教师教学方法较为单一,并且部分教师由于教学经验不足,无法有效地运用现代化的教学手段,结合学生学习的各种因素调整自身的教学方法。当今综合英语课堂上,教师多数采用PPP模式教学,即presentation(课堂呈现),practice(课堂练习),production(课堂拓展),但在实现三个步骤时,教法单一,主要以教师课堂讲解为主。并且,课上教师大多时候注重对语言基础知识的传授,忽视对学生语言运用能力的锻炼,导致学生在课堂上很难有机会能够锻炼自己的语言运用能力。因而,课堂的教学效果并不明显。

三、课程评价体系单一

目前的综合英语课程评价体系较为单一,评价分值比例主要包括三个部分:第一,平时成绩(包括考勤、作业、课堂表现),该部分分值占15%;第二,半期考试(纸质测试),该部分分值占15%;第三,期末考试(纸质测试),该部分分值占70%。由此不难看出,综合英语课程教师评价注重终结性评价,忽视形成性评价。其中,半期考试和期末考试占总分值的85%,学生的平时成绩考核内容单一、形式单一,且所占比例较低。单一的评价方式很难全面地对学生的学习进行评价。在同一个班中,每位学生都有着不同的学习能力,以及不同的语言水平背景,因此,可以说如果教师注重终结性评价,忽视形成性评价,则很难看到每一位学生在学习语言过程中所取得的进步。

第三节 选题意义概述

综合英语课程,作为英语专业的重要基础核心课程,是学生学习其他专业课程的基础,在学生的英语学习过程中占据着重要的作用。因此本项目主要研究的核心是将翻转课堂模式引入综合英语课堂,选题的意义如下。

首先,该模式的教学对西部欠发达地区具有很强的探索性。翻转课堂教学模式自2007年从美国林地公园高中兴起以来,由于其创新性,以及高效性,不断受到不同国家教育工作者的青睐,并得到大力推广。翻转课堂改变传统的教学模式,先学后教,并将信息技术运用到当今的课堂教学,经过十多年的实证研究取得了惊人的效果。在翻转课堂的实施过程中,信息技术水平对该模式的实施起着至关重要的作用,但在我国,由于每个省份发展的情况各不相同,教育信息化、现代化水平也不一样。因此,该研究的实践意义在于探索一种适合像贵州一样的欠发达地区的翻转课堂教学模式,进而提升西部地区高等院校,尤其是地方院校的综合英语课程的教学质量。

其次,该模式的教学有助于改善学生的学习模式。翻转课堂教学模式提倡的是"先学后教",陈玉琨等(2014)则提出翻转课堂教学模式就是要求学生根据自己的时间和能力,更加自主地开展学习,并且为自己的学习负责。由此可以看出,翻转课堂教学模式有助于改善学生的学习模式,培养学生有效的自主学习能力,真正地让教师在课堂上做到"授人以鱼不如授人以渔"。

最后,该模式的教学有助于提升教师的信息素养。信息素养是在信息时代背景下对教师提出的新的需求,将教育信息化也是当今信息时代对教育领域所提出的新的要求。教师想要具备良好的信息素养,适应当今社会的发展,就必须做到教学理念信息化、教学手段信息化、教学内容信息化,但这对于教师而言也是巨大的挑战。因此,本项目的研究过程及研究结果将会为高校英语专业教师的信息化教学提供实践性的教学框架以及指导性的建议。

第二章　文献综述

第一节　翻转课堂教学模式

一、翻转课堂的概述

20世纪70年代以来,随着计算机技术、互联网技术的不断发展,世界各个领域也受到信息技术的影响进入了信息技术的时代。其中教育领域也是如此,在信息技术飞速发展的当今,教育领域也开始了翻天覆地的变化,在这过程中,许多新型的教育理念、教育模式、教学手段应运而生。其中翻转课堂教学模式是一种完全不同于传统课堂的新型教学模式。

翻转课堂,中文有时也被翻译成颠倒课堂,英文名为Flipped Classroom或Inverted Classroom,这是一种在信息技术飞速发展时代背景下应运而生的新型教学模式。翻转课堂教学模式不同于传统的教学模式,它提倡"先学后教"的教学模式,也就是说让学生在家里或者其他教室以外的场所合理地安排利用自己的时间观看教师自己录制的或者网上下载的学习视频,然后再到课堂上利用小组合作、教学提问等方式解决学习中存在的问题。

翻转课堂教学模式的起源,应最早追溯到2007年,美国的"林地公园高中"(Woodland Park High School),坐落于美国的科罗拉多州落基山,该校的两位化学教师,Jonassen Bergmann和Aaron Sams,最早是为了帮助缺课的学生弥补课程,首次以录制PPT小视频的方式让缺课的学生自己在家观看视频以此来弥补落下的课程。久而久之,两位老师就开始录制更多的知识学习视频,让所有的同学在课前先利用视频学习知识,然后在课堂上面对面集中解决学生在学习中存在的问题。自此以后,翻转课堂教学模式逐渐在美国各个中小学中普及开来。但是,翻转课堂的发展不免遇到许多的难题,其中最为突出的问题就是视频短缺的问题。但是随后出现的可汗学院(Khan Academy)推动了翻转课堂进入了里程碑式的发展。最初,可汗学院的创始人孟加拉裔美国人萨尔曼·可汗(Salman Khan)同样也是为了辅导其表妹学习,便利用画画板远程教其表妹学习数学。随后,为了帮助有需要的人学习,他便将自己所录制的视频发布到 YouTube 上,他所录制的视频也逐渐受到越来越多关注。随着越来越多的人关注,他直接建立了一个"可汗学院",这是一个非营利性的在线学习网站,在这个网站上,他上传了自己制作的所有视频,这些视频的领域涵盖了多个领域,包括数学、金融、天文、物理、化学等。该网站的建立解决了翻转课堂可利用的在线教学资源过少的问题。2011年,萨尔曼·可汗在 TED 演讲中,做了题为《视频重塑教育》演讲,将利用视频学习的方式称之为"翻转课堂"学习模式,随后,翻转课堂教学模式得到广泛的普及。

二、翻转课堂的特点

信息化时代背景下的翻转课堂不同于传统的课堂教学,在学习形式、教学形式、学生角色和教师角色方面都与传统课堂有着鲜明的差别。其特点主要包括以下几个方面。

(一)先学后教的学习模式

翻转课堂教学模式倡导的是一种先学后教的学习模式。在上课前,教师先将自己制作好的教学微课视频或者其他与学习内容相关的视频资源上传到公共教学平台,这个平台可以有多种方式,可以是学校的公共网络学习平台,也可以是教师自己创建的班级 QQ 学习群、微信群、云盘等。学生需要在课前根据自己的时间、学习方式等个人因素先学习完老师上传到网络学习平台的相关资料,并且在这个过程中,学生需要对相应的知识点进行记录,并完成教师布置的进阶作业。然后,在课堂上,教师组织学生利用小组讨论或者集体讨论等多种方式共同解决他们在线上学习中存在的问题。因此,这种学习模式称为先学后教的学习模式。

(二)教学内容明确

现在的许多课堂,教师的教学目标不够明确,教学重点难点不够突出。但在翻转课堂教学模式中重点突出了教师的教学内容。因为,教师需要先将教学内容录制成一个短小精悍的视频,称之为微课视频,一般教学所使用的微课视频不会超过

10分钟,因此,教师需要突出自己的教学内容,否则教师无法在十分钟内完成一节微课。除此之外,在课堂上,教师组织学生主要就发现的学习问题进行解决讨论,教学内容突出,且针对性强。由此可以看出,翻转课堂模式教学内容突出,针对性强,有的放矢地解决学生存在的突出性问题。

(三)教学手段生动丰富

传统的课堂教学,除用到白板、粉笔之外,教师会更多借用多媒体来丰富课堂内容;相反,翻转课堂对教学内容的呈现却更加的丰富多样。在翻转课堂上,教师可以将自己的PPT课件制作成微视频,并在视频中添加自己的画面,让学生在课后都有与教师互动的感受。除了利用PPT课件以外,教师还可以利用超星视频教学网、中国微课网、TED、网易公开课,以及中国大学MOOC等网站上的相关教学视频,来丰富知识的呈现方式,从听觉及视觉方面给学生提供语言输入。并且,微视频长度一般不会超过10分钟,便于学生能够集中注意力在教学视频上。另外,在课堂上,教师着力解决问题的时候,除了传统的以教师为主导的课堂讲授以外,教师还可以以分组讨论、小组竞赛、进阶测试、问答等方式帮助学生完成知识的内化。

可以说,翻转课堂不仅从听觉上,更多的是从视觉上给了学生一场知识的盛宴,从多方面刺激学生的语言学习。即使是在课后,让学生也能有一种教师一对一辅导的感受。

三、翻转课堂的优势

不同于传统的教学模式,在信息技术时代下应运而生的翻转课堂教学模式,在教与学方面有着诸多的优势,主要表现在以下几个方面。

(一)培养学生自主学习模式

翻转课堂先学后教的特点,要求学生在课前根据自己的时间在家里或者在任何有网络的地方先完成线上自主学习部分,包括知识的学习和进阶测试等内容,到课堂上后,教师将利用师生互动以及生生互动的方式帮助学生完成知识的内化和巩固环节。换言之,如果学生没有提前完成学习任务,那么在课堂上他们是完全没有办法参与的,因此翻转课堂的优势之一是培养学生的自主学习能力,让学生学会独立自主地开展学习。

（二）提升学生知识内化效率

传统的课堂教师一般注重对知识的传授，忽略知识的应用，也就是学生对知识的内化过程效果并不理想，这也是为什么学生考试成绩不高的原因之一。不同于传统课堂，被翻转后的面对面课堂教学主要集中解决学生在对知识的学习过程中遇到的问题，也就是着重帮助学生学会运用所学的知识，加速知识的内化过程，提高知识内化过程的效率。

（三）优化课堂时间分配

在传统课堂中，由于课堂时间有限、教学任务繁重，因此教师在课堂上大多采用以教师为主导的课堂教授为主，在课堂上教师主要以教师的教授目标获得为主，忽视学生的学习目标获得。然而，翻转课堂不同于传统的课堂，它将信息技术手段有效地融入教学中，让学生在课前自主完成知识学习部分，课堂上的时间教师则可以更加强调对培养学生如何正确地、有效地运用所学知识，因此，可以说，翻转课堂隐形地增加了学生学习的时间，优化了课堂教学时间的分配。

（四）构建密切的师生关系

在构建密切师生关系方面，主要表现为以下两点：

一是微课视频教学。微课视频教学是翻转课堂的核心部分，教师一般会将教学的PPT录制成短小的微课视频，为了增加视频的生动性，以及亲切感，教师一般会将自己的形象或者声音录制进去，让学生们在课后感受到教师一对一的辅导。

二是课上的师生互动，由于知识的传授部分教师在课前通过视频就已经解决了，课上教师主要利用师生互动以及生生互动集中解决学生存在的问题，由此可以看出教师和学生互动的频率增加了。因此，可以说翻转课堂教学模式在一定程度上有效地加强了教师和学生的关系。

第二节 微课的概述

一、微课的定义

微课,又称微型视频网络课程,在翻转课堂教学模式的实施过程中起着至关重要的作用。微课并不是指一堂微型简短的课堂,它不同于传统的课堂,微课的主要载体是视频,而不是传统的教室。从微课提出到不断实践的过程中,我国学术界不同的学者给予其不同的解释。胡铁生是我国最早提出微课概念的学者。

胡铁生(2011)认为微课是根据课程标准和一定的教学实践为依据,以视频为主要载体,将教师针对某一教学内容或者某一教学环节的各种教学资源有效地结合在一起。

关中客(2011)认为微课指的是一种微型的网络课程,其内容主要是将某个特点的教学内容制作成一个短小的视频课程,该视频课程有着非常明确的教学内容和教学目标。并且通常这种视频课程的设计都是基于建构主义理论的视频教学模式,并且支持在线学习或者移动学习等方式。

我国全国高校教师网络培训中心举办的微课大赛将微课定义为:"以视频为主要依托,视频内容必须紧紧围绕某个知识点或某个教学环节展开,视频需做到简短,而且必须完整。"

黎家厚(2013)基于教学论的理论,将微课定义为整体时长在10分钟以内的短小的微课程,并且有具体明确的教学目标和教学内容,整个视频只集中在一个知识点或者小问题上。

综上所述,不同的学者对微课提出了不同的定义,但各种定义之间都存在着一定的相似之处,都是对微课的各种特点进行了归纳总结。因此,基于上述学者对微课的定义以及本项目设计的教学特点,在本项目研究中,微课主要被定义为是由项目实施者根据综合英语课程单元教学内容所制作的以视频为依托的网络课程,为了有效地抓住学习者的注意力,所有视频均控制在10分钟以内。微课的内容主要是针对综合英语教程每个单元中的精读课文环节,对精读课文的主要内容、长难句分析以及其他拓展内容进行有针对性地讲解。因此本项目中的微课视频符合学者们对微课提出的定义,即具有明确的教学内容和教学目标。

二、微课的特点

从上述对微课的定义阐述中可以看出,微课独特的特点体现了微课不同于传统的课堂教学模式,在结合上述定义以及本项目研究的内容后,笔者对微课的主要特点做如下概述。

(一)内容短小精悍

学生在学习上的注意力集中时间是有限的,因此为了有效地抓住学生的注意力,微课视频的时长最好控制在 10 分钟以内;每个微课视频都是以综合英语课程中的精读课文为教学内容且基于任务型教学理论,帮助学生理解综合英语教材中精读文章的中心思想、篇章结构以及重点、长难句型的分析。由此可以看出,微课视频虽然时长简短,但有着明确的学习内容和教学目标。

(二)以网络平台为载体

在本项目研究中,微课的呈现主要以笔者所在高校的网络教学平台为载体,学生主要通过学校所搭建的网络教学平台开展网络学习。为了解决因网络不畅等各种因素所导致无法观看微课视频的问题,项目组还利用了 QQ 群、微信群以及百度网盘等多种渠道为辅,让学生能够顺利地通过网络渠道完成微课视频学习。

(三)以学生自主学习为主

不同于传统课堂,微课是以网络为依托,通过网络来呈现一堂视觉上和听觉上的课程。学生可以在没有时间限制的情况下根据自己的学习习惯来安排自己的网络学习。因此,微课视频学习的另外一个特点则是以学生自主学习为主,呈现教师与学生的一对一的学习模式。

三、微课的作用

国内外已有大量的研究表明基于微课的翻转课堂教学模式能够有效地促进学生的学习(胡铁生,2011;Ash,2012;汪晓东、张晨婧仔,2013;刘锐、王海燕,2014;骆蓉,2015),主要表现在以下几个方面。

(一)促进良好的学生和教师关系

为了突出教学内容,教师在翻转课堂教学模式中所使用的微课视频经常是教师自己录制的教学微课视频,并在视频中配有教师自己的录音,有的甚至会有教师的形象在视频中。因此在一定程度来说,微课就是在非课堂教学时间建立一种教师和学生的一对一指导和交流的途径。通过这个途径,教师和学生可以从不同的方面重新了解认识对方。可以说,这种翻转课堂教学模式,可以改善、促进良好的师生关系(Bergmann and Sames,2012)。

(二)帮助学生培养自主学习能力

微课视频是需要学生根据教师所提供的导学案,在课前利用各种网络移动端提前开展自主学习。教师可以通过学习平台查看监督学生的学习进度,学生必须对自己的学习负责,如果学生没有主动去开展视频学习,他将无法完成教师所提供的进阶作业、测试等,更加无法参与到课堂的学习中来。因此,可以说学生为了完成教师布置的进阶作业、测试,完全参与到课堂教学中来,他就必须提前完成微课视频学习,在这个过程中,学生有着明确的学习目标以及学习动机,久而久之,他们便会养成独立自主的学习模式。

(三)助力学生个性化学习

传统的课堂学习,教师必须要按时完成教学任务,而且教师一人需要面对20—50名学生,甚至更多的学生,因此完全没有办法开展个性化的教育,所有学生都只能接受着一样的教育模式。但微视频的翻转课堂模式要求学生提前完成原本课堂上的教学内容,然后再集中到课堂上解决存在的问题。在视频学习中,学生可以根据自己的学习习惯来开展个性化的学习,并且在看不懂视频的时候可以反复重播。因此,可以看出,该种新型的教学模式有助于开展个性化的教育。

(四)高效优化配置课堂教学时间

笔者在上述内容中曾提及了综合英语课程教学中存在的问题,由于教学内容繁重,课堂时间有限,教师在课堂上只注重对知识的讲解传授,往往忽视对学生知识运用能力的培养,但基于微课的翻转课堂教学模式可以有效地解决该问题。因为,学生在课前根据导学案内容完成视频学习,在课上教师集中解决学生存在的问题。因此,该模式有效地延伸了学生的学习时间,让课堂教学时间得到了高效的优化重置。

第三节 行动研究理论

一、行动研究的概述

行动研究,Action Research(AR),这个概念最早是由美国的社会心理学家Kurt Lewin 在 1946 年提出来的(文秋芳,2019)。自此,行动研究经历了 70 多年的发展。20 世纪 70 年代末至 80 年代初,行动研究理论进入中国。

(一)行动研究在我国的发展历程

王蔷和张虹(2014:60)把行动研究在中国的发展进程主要划分为三个阶段:初始阶段、推广阶段以及发展阶段。

在初始阶段,自行动研究被引入到中国后,国内的许多学者纷纷开始介绍行动研究的理论(王文科,1980;陈立,1984;蒋楠,1987)。随后行动研究进入推广阶段,在此阶段,国内外语界大批学者开始在中小学以及高校将行动研究与实践相结合(叶澜,1990;朱永祥,1991;吴宗杰,1995;王蔷,1996),并得出了许多宝贵的经验,并且通过开展行动研究实践,课堂教学也得到了极大地促进。推广实践阶段后,行动研究在中国进入了发展阶段。在此阶段,行动研究的模式得到了大力的发展及创新,适合各类中小学以及高校的行动研究模式不断地被提出并验证。自此后,行动研究在中国的本土化实践得到了极大的发展。

(二)行动研究的定义

自 20 世纪 40 年代,行动研究被提出后,来自各个领域的专家学者对行动研究进行了阐述,也给出了不同的定义。

Kemmis 和 McTaggart(1982)认为行动研究是一种反思式的研究。研究者在这种研究中需要将理论和实践相结合,并且通过不断开展实践研究来反复验证一种理论的可行性,同时对这个实践研究不断进行反思和完善。

Hitchcock 和 Hughes(1989)提出,行动研究是一种针对某个存在的问题开展的调查研究,研究者直接将自己置身于实践研究中。

Reason 和 Bradbury(2006)把行动研究定义成一种参与式的、民主的过程,这个过程主要指采用具体实践行为去追求某种有价值的目标。而在这个过程中，行动和反思会结合在一起，理论和实践会结合在一起。

文秋芳和韩少杰（2011）认为行动研究是一个不断反思的研究过程，它首先需要研究者反思教学，发现教学中存在的问题；再反思研究方案，以便确定最佳的研究设计；最后还需要反思研究结果，以便确定下一步的研究。

Burns（2011）认为行动研究是一种广义上的行为研究，它可以应用到教育领域的研究上来，在教育领域中，行动研究主要包括两个重要的思想：反思性实践和教师即研究者。

朱晓燕（2013）将行动研究定义为一种较长时间的研究，主要包括三个阶段：第一个阶段为研究者经过一些有目的的、有计划的教学干预行为来改变原来教学中的现象；第二个阶段为对干预的效果进行前后的对比或者反思；第三个阶段即是通过对比反思，最终确定哪一种干预行为的效果最佳。

综上所述，结合本项研究设计，笔者将行动研究定义为一种项目研究者即项目参与者的研究，研究者以自己在实际教学中发现的问题为研究对象，为了解决这些问题设计教学活动，并将这些设计应用到实践中，并通过实验、调查收集数据用于对比该设计的有效性。最后研究者通过数据分析结果和自己的反思，再次对教学进行相应的调整使之更加完善。

二、行动研究的特点

和其他的研究不同，行动研究主要具有以下几个特点。

（一）研究者与参与者结合

在调查研究中，研究者有时候只是调查者，以旁观者的角度去调查。行动研究则不同——研究者又是参与者，研究者需要完成研究的总体设计，还需要将设计应用到实际教学中去，并通过自己的反思，不断对研究设计进行调整完善。因此，行动研究是一种将研究者和参与者相结合的研究。

（二）行动与研究结合

在行动研究中，研究者首先是在具体实践中发现了问题，为了解决该问题，研究者便将研究设计与行动相结合，研究者通过计划、实施行动、收集数据、反思、甚至再行动等一系列步骤开展研究。试图通过不断反复实践改进提升实践教学。

（三）行动与反思结合

行动研究是一种将行动和自我反思相结合的研究。研究者首先需要将研究设计具体实施到实践中去。研究者在实践行动中，不断地对自己的教学进行反思，不断地调整完善自己的教学方法，使之更加有效。

三、行动研究的意义

综上所述，行动研究对教师的教学提升有着巨大的作用。王蔷、张虹（2014）曾提出行动研究有效地将理论和实践、培训和发展相结合，对教育理论、教师的专业自我发展以及学生的学习起着重要的促进作用。行动研究强调教学反思，教师需要将教学反思带入自己的课堂中，教学实践过后要对自己的教学理念、教学活动设计等内容进行反思，通过反思进一步完善自己的教学设计，并形成循环反思模式，最终达到提升自己专业教学水平的目的。因此，可以说行动研究促进了教师的专业自我发展。除此之外，行动研究强调与实践相结合，教师需要从实践教学中发现问题，并通过行动研究解决问题，促进教学的有效发展。因此，可以说行动研究将理论和实践相结合，通过实践检验理论，有效地促进教学理论的完善。从某种意义上来说，行动研究者一般都善于发现问题、勤于思考，具有很强的探索能力以及创新思维。可以说行动研究在教师的自我专业发展过程中起着重要的作用。

第四节 综合英语课程研究综述

笔者通过对 CNKI 数据库进行检索，发现从 1999－2018 年间，关于综合英语课程教学改革的文章就有多达百余篇，其中最早开始对综合英语课程的研究可以追溯到 20 世纪 90 年代。笔者通过对比分析发现，国内学者对于综合英语课程的研究大致可分为以下两类。

一、将教学方法和课程改革相结合

对于这类研究，学者主要从各种教学法理论的角度出发，改变传统的教学方法，对新的教学方法开展应用实践研究。

黄爱凤等（2000）将 RICH 教学模式引入到综合英语课程改革中并开展了实

践研究。笔者以英语专业学生为研究对象,通过实验研究收集数据。结果显示:RICH教学模式能够有效地提高学生的语言综合运用能力,并且帮助学生发展语言综合素质。

杜小梅、刘楠(2003)将任务型教学法应用到综合英语教学改革模式中,并开展了实证研究,提出了具体的教学步骤,主要包括布置任务、排除障碍、完成任务以及总结。通过一年的数据调查分析,笔者得出任务型语言教学法在综合英语课堂上的应用可以有效地提升学生的综合语言运用能力、同伴合作能力等各方面的综合能力。

娄萌(2006)将小组合作学习运用到综合英语课程教学中。笔者以英语专业学生为研究对象,通过实验研究、观察、访谈、收集数据并对数据进行分析。结果表明:将小组合作学习应用到综合英语课程教学中来,对学生的学习具有积极的促进作用,且主要表现在以下几个方面:有利于提升学生的语言综合运用能力,培养学生的自主学习能力,促进师生良好关系的建立以及营造课堂活跃的气氛。

王磊(2007)将PPS教学法运用到综合英语教学中,提出了综合英语教学的新模式。结合建构主义理论和自身学生的特点,笔者将PPS教学分成两个部分,即输入阶段和输出阶段。通过开展实证研究,得到以下结果:PPS教学模式能够提升学生对综合英语课程的学习效果,提高学生的学习积极性。

庄婷(2018)以旅游英语专业学生为研究对象对基于内容依托教学模式(CBI)的综合英语课程教学进行了实证研究,笔者试图通过研究找到将内容依托的教学模式运用到课程改革的有效途径。通过分析研究,笔者提出了以旅游生活为主题的CBI模式的综合英语写作和文法内容的课程结构模式。

二、将信息技术和课程改革相结合

这类研究主要是指将信息技术运用到综合英语课程改革中。国内最早的利用信息技术的研究主要指将多媒体技术运用到综合英语教学中,而后随着信息技术的不断发展,越来越多的信息技术产品开始不断地运用到课程教学改革中,例如:TED视频、词云图、思维导图软件等。

华欣等(2003)将多媒体网络技术与综合英语课程改革相结合,以英语专业一年级学生为研究对象,开展了行动研究。笔者利用课堂教学多媒体设备、BBS论坛等进行教学。笔者通过对课堂教学效果进行评估,结果表明:结合多媒体网络技术的新型综合英语课程教学可以提升学生的英语成绩,增加学生的英语知识储备量,拓展学生对国外文化的视野,并且有效地发展学生的语言综合运用能力。

黄敏(2008)阐述分析了多媒体网络环境下的综合英语课程教学。通过分析传统教学模式存在的问题,笔者基于建构主义理论、情感过滤和输入假说理论,分析了多媒体网络的应用对课堂互动性的影响,并提出了具体的应用方案。结合数据进行分析,结果显示将多媒体技术应用于综合英语课程教学中能够充分发挥老师的主导作用,激发学生对综合英语课程的学习兴趣。

汪缤(2013)同样探讨分析了基于多媒体网络的综合英语课程教学改革模式。在分析了综合英语课程存在的问题后,笔者提出了多媒体网络环境下多元互动式教学框架。学生对于综合英语课程的学习主要包括课堂教学和自主学习两个部分,在多元互动上主要包括人人互动、多媒体人机互动等形式。研究结果显示:将多媒体技术应用到课堂教学中能够有效地增加课堂互动性,让学生的学习从"被动"变为"主动"。

宋扬(2017)以英语专业学生为研究对象,对将慕课和微课应用到综合英语课程的混合式教学模式进行了分析研究。结合综合英语课程特点,笔者提出了慕课+面授+微课+课堂研讨的混合式教学模式。通过实证研究,结果发现新型的混合式教学模式能够有效地激发学生对语言的学习兴趣,培养学生个性化的学习模式。

综上所述,综合英语课程为我国本科院校英语专业学生基础核心课程,因此,国内教育领域对该门课程的研究也层出不穷。通过对相关研究进行对比分析,不难发现,对于综合英语课程早期的研究主要集中在各类教学法理论应用上;随着信息技术的发展,尤其在2016年教育部印发关于《教育信息化"十三五"规划》的通知后,越来越多的研究倾向于与信息技术的结合,而且大量研究结合也表明将教育信息化能够有效促进学生的学习,帮助学生培养自主学习能力,这也符合英语专业人才培养目标。

第五节 翻转课堂教学模式研究综述

一、翻转课堂教学模式国外研究综述

翻转课堂教学模式起源于2007年美国科罗拉多州落基山的林地公园高中,自此以后,国外许多学校便纷纷开始采用翻转课堂这一高效的教学模式:美国密西根市的克林顿戴尔高中、美国明尼苏达州的拜伦高中、澳大利亚的昆士兰大学和昆士兰州高中，以及加拿大的基隆拿市的奥卡那根中学等（陈玉琨、田爱丽，2014）。国外对于翻转课堂的研究，发展至今，已取得了大量较为成熟的成果。通过综合对比分析，国外的研究主要集中在翻转课堂教学模式和传统教学模式的对比研究以及翻转课堂教学模式的应用研究上，主要包括实施步骤的开发、学习资源的开发等（汪晓东、张晨婧仔，2013）。

（一）翻转课堂教学模式和传统教学模式对比研究

Mason 等（2013）从内容覆盖面、学生考试成绩，以及学生对翻转课堂的理解和接受度三个方面对比了翻转课堂教学模式和传统的教学模式。笔者以本科大三的工科学生为研究对象，通过实验研究得到以下结果：一是翻转课堂教学模式可以让教师拓展更多的教学内容；二是接受翻转课堂教学模式的学生考试成绩优于传统课堂教学模式的学生考试成绩；三是接受翻转课堂教学模式的学生刚开始对新的模式较为抗拒，但后来却逐渐发现新的教学模式更能满足他们在学习上的需求，教学效果更佳的明显。

Nazarenko（2015）开展了个案研究，对混合式教学模式和传统教学模式进行了对比研究。笔者以大一、大二学生为研究对象，通过问卷、访谈等方法调查学生对两种教学模式的评价。结果显示：80%以上的同学喜欢并愿意接受混合式教学模式，并且对于该模式各个环节的实施都持积极的态度。

Yestrebsky C. L.（2015）为了调查翻转课堂模式对人数较多的班级是否有效，以化学专业大一两个班（两个班人数分别为 415 人和 320 人）为研究对象，开展了翻转课堂教学模式实验研究。在对照班中，笔者运用传统的 PPT 进行教学；在实验班中，笔者运用翻转课堂进行教学，学生需要课前观看网络视频完成自学部分，在课堂上再进行面对面的答疑辅导。结果显示，在期末考试中，实验班的学生获得高分成绩的人数明显多于对照班。因此，可以看出，翻转课堂教学模式在人数较多的班级中仍然具有积极的效果。

（二）翻转课堂教学模式应用研究

Evseeva 和 Solozhenko（2015）将翻转课堂教学模式引入到了语言课堂教学中，对翻转课堂的有效性和优点进行了调查分析。笔者通过对前期文献进行梳理分析并开展相关实证研究。结果表明，翻转课堂在语言课堂中的使用能够有效激发学生的学习动机、促进学生的综合语言运用能力。

Soliman(2016)为了提升高校英语专业学生的学术英语能力,开展了翻转课堂教学模式实证研究。基于任务型教学法的理论,笔者提出了翻转课堂教学模式:课前任务、课中任务以及课后任务。其中,课前任务主要指观看10-15分钟的视频、预习课文内容、开展单词活动;课中任务主要包括问答环节、预习小测、小组讨论以及展示等;课后任务主要包括完成作业、平台交流等内容。通过实验研究,笔者得出学生对于翻转课堂教学模式的满意度较高,愿意继续采用该模式开展学习。

Chilingaryan 和 Zvereva(2017)对翻转课堂在外语课堂教学中的教学模式进行了研究,在前期相关研究的基础上,对翻转课堂模式的优点进行分析探讨。结果表明:翻转课堂教学模式可以有效地增加课上及课后学生与老师的交流,帮助学生构建个性化的学习模式,活跃课堂氛围,激发学生的学习动机等。

Sojayapan 和 Khlaisang(2018)以 30 名高中生为研究对象,研究线上小组调查合作翻转课堂模式(flipped classroom with online group investigation)对学生团队学习能力的影响。笔者以实验研究为主,通过前测和后测收集数据。结果显示:线上小组调查合作翻转课堂模式能够帮助培养高中生的团队合作能力,尤其可以帮助培养学生的责任感。

综上所述,国外对于翻转课堂教学模式的研究起步较早,并已获得了大量的研究成果。研究的对象主要有中学生和大学生,其中以大学生的研究最为普遍。另外,对于翻转课堂教学模式的研究主要集中在于传统教学模式的对比研究和实践教学研究上。研究结果都表明翻转课堂教学模式无论是在语言课堂上、还是在理科课堂上都起着积极的作用。

二、翻转课堂教学模式国内研究综述

国内对于翻转课堂教学模式的研究起步较晚,仍属于探索研究阶段(汪晓东、张晨婧仔,2013;骆蓉,2015)。国内典型的翻转课堂教学案例为 1998 年山东杜郎口中学所尝试使用的"杜郎口教学模式",[①]但与国外翻转课堂模式不一样的是,杜郎口教学模式所采用的并不是微视频,而是类似导学案、学习辅助资料、课本等对课堂进行翻转,并逐步形成了杜郎口中学的"三三六"自主学习新模式。除此之外,重庆市聚奎中学被认为是国内最早开展翻转课堂研究的学校。[②] 该校率先改变传统的教学模式,结合自身的特点,制定了"四步五环"翻转课堂教学模式。在翻转课

[①] 山东杜郎口中学,一所农村中学,始建于 1968 年,位于山东茌平县,市级教学示范性学校。
[②] 重庆市聚奎中学,始建于 1870 年,原名重庆市江津聚奎中学校,2012 年更名为重庆市聚奎中学。

堂教学模式中,学生在课前需要完成导学案以及教学视频学习,并登录学校平台完成自主学习预测题,并记录存在的问题;在课上教师引领大家通过小组活动等多种形式解决问题(金陵,2015)。两所学校的翻转课堂教学模式都是我国对翻转课堂模式研究实践的先驱,自此以后,在教学和科研上,国内的研究学者纷纷开始了对翻转课堂的研究,到目前为止,取得了大量的有价值的研究结果。通过对相关研究的对比分析,我国大部分对于翻转课堂教学模式的研究集中在对该教学模式的本土化设计以及实践应用上。

(一)翻转课堂模式本土化设计研究

张金磊等(2012)对翻转课堂教学模式进行了研究。系统地介绍了翻转课堂的起源、定义以及特征等内容,并且重点分析了西方国家的翻转课堂典型案例,例如,艾尔蒙湖小学案例、克林顿戴尔高中案例以及河畔联合学区案例。并在分析的基础上,提出了翻转课堂实施过程中的挑战,为我国翻转课堂教学模式的设计提供了借鉴。

王红等(2013)对国内外典型的翻转课堂教学模型案例进行了分析,通过分析研究,在美国富兰克林学院 Robert Talbert 的翻转课堂教学模式上,提出了更加完善的教学模式。王红等人将翻转课堂教学新模型分为"课前活动"和"课堂活动"两个部分,其中,课前活动主要包括创建教学视频、制定课前练习、自主观看视频、课前针对练习以及社交媒体交流;课堂活动主要包括确定研究问题、独立解决问题、协作探究活动、成果展示交流以及教学评价反馈。最后,王红等人从主观因素和客观因素两方面分析了翻转课堂教学模式在实施过程中存在的问题。

钟晓流等(2013)回顾分析了信息化环境中,国内外的四种具有代表性的翻转课堂教学模式,其中包括 Gerstein 的环形四阶段模式、曾贞的"反转"教学模式等。并结合 Bloom 在认知领域的分类,构建了一个太极环式的翻转课堂模式。该模式主要包括四个部分:教学准备、记忆理解、应用分析以及综合评价。四个部分循环反复,形成环式。另外,研究者还对该模式的具体实施要点进行了相应的分析。为该模式的实践应用提供了相应的理论指导。

(二)翻转课堂模式实践应用研究

马武林和张晓鹏(2011)开展了大学英语混合式学习模式研究与实践。研究者以非英语专业学生和大学英语课程为研究对象,提出了大学英语课程的混合式学习模式。该模式主要包括自主学习、网络互动以及课堂面授三个部分,学生通过混合式学习环境(包括自主学习环境——新视野大学英语网络平台;协作学习环境设计——局域网、广域网以及通信技术;课堂面授环境——多媒体设备、教师、学生)完成三个部分的学习目标。通过开展实验对比分析,笔者发现,实验班的成绩明显高于对照班。因此,笔者得出相应的结论:混合式学习模式有助于提升非英语专业学生成绩,尤其是理科生的语言水平。

汪晓东和张晨婧仔(2013)以教育技术学专业英语课程为例,开展了翻转课堂的应用研究。笔者首先结合自身院校学生的特点以及学校的硬软件设施,提出了适合自己的翻转课堂教学模式。该教学模式包含课前、课中以及课后三个阶段。课前时间为一周,学生需要在一周内完成自学活动;课中时长为三节课,主要活动包括答疑辅导、分组汇报、讨论交流等环节;课后时长同样为一周,在这一周内,学生需要通过平台交流、修改、完成、提交作业。通过实验对比,笔者得出在采用翻转课堂教学模式后,学生的英语能力有所提升,其中写作成绩提高最明显;另外,学生对于该教学模式的认同度较高。

刘锐和王海燕(2014)提出了基于微课的"翻转课堂"教学模式,形成了"三大任务"的翻转课堂教学模式。三大任务主要针对课堂前、课堂内以及课堂后。课堂前活动主要是指知识(技能)的传递,学生通过利用网络教学平台完成过关任务,并在完成微课视频教学的同时发现问题;课堂内活动主要是指知识(技能)的内化,让学生通过自主探究、个别或集体辅导以及小组协作等方式解决问题;最后课堂后活动主要是指知识(技能)巩固拓展,学生同样需要利用网络教学平台展示自己的优秀作品并完成拓展任务。研究者还对该模式的具体实施效果进行了追踪调查,其结果显示该教学模式对学生的学习有积极的促进作用;另外,实验班中75%的同学喜欢并愿意继续使用该模式开展教学。

卢海燕(2014)对基于微课的翻转课堂模式在大学英语教学中的应用可行性进行了分析。结合翻转课堂概念意义的基础上,笔者提出了基于微课的翻转课堂教学模式。该模式主要包括三大板块:前提(教师制作微课视频、学生观看视频),过程(学生记录视频学习过程的疑点和难点、课堂上师生面对面交流问题、师生共同完成作业),以及结果(高效学习)。在提出模式后,笔者主要从大学英语教师、学生学习特点、教学环境特点等方面分析该模式的可行性。最终,笔者得出结果基于微课的翻转课堂教学模式具有帮助提升学生自主学习能力以及增加教学中师生互动的优点。

综上所述,在当今信息技术时代背景下,国内对于翻转课堂的研究层出不穷,并取得了许多可喜的成绩。通过对比分析,笔者得出国内对于翻转课堂的研究主要具有以下几个特点：一方面研究者在分析国内外研究现状的同时，都结合自身的特点（主要包括课程特点、学生特点、学校软硬件设施特点等），设计合适的翻转课堂教学模式；另一方面，翻转课堂教学模式主要包括三个环节，即课前、课中以及课后。不同的研究对于三个环节的具体设计会有所不同，但对于采用的模式基本一致，也就是，课前采用网络线上学习模式，课中采用面对面课堂教学模式，课后又采用网络线上学习模式。最后，通过调查、实验研究等多种方式，研究者都得出翻转课堂教学模式可以提升学生的自主学习能力、语言水平、学习自信心等积极的结果。

第六节　以往研究的不足及本研究的焦点

一、以往研究的不足

通过对先前文献资料进行综述分析，笔者发现对于综合英语课程翻转课堂教学模式的研究主要存在以下不足之处。

（一）对于综合英语特定教材的翻转课堂模式研究不够系统

上文中曾提到国内本科院校英语专业综合英语课程所使用的教材略有不同，其中主要使用的教材有邹为诚主编的《综合英语教程》、何兆熊主编的《综合教程》以及梅德明主编的《新编英语教程》。虽然国内有很多关于综合英语课程的研究，但对于所使用的是哪一套综合英语教材并没有明确定义，或者即使有明确教材，但对于邹为诚主编的《综合英语教程》的研究寥寥无几。众所周知，综合英语课程是英语专业的基础核心课程，是其他所有专业课程学习的基础，该门课所使用的教材对该门课的教学质量起着至关重要的作用。因此，对于综合英语课程教学改革的研究必须结合所使用的教材一并开展系统研究，才能做到有针对性地开展教学改革实践。

(二)对于翻转课堂模式在中国西部地区的本土化研究欠缺

国内对于翻转课堂模式的研究主要集中在该模式本土化的实践研究上,但正所谓因地制宜,因材施教,中国每个省份发展情况不一样,教育信息化、现代化的水平也不一样,国内对于像贵州这样的西部少数民族地区的翻转课堂教学模式应用到综合英语教学改革的研究为数不多。因此,对于翻转课堂模式的综合英语课程改革来说,探索一种适合像贵州这样的西部欠发达地区的教育模式将大大有利于提高西部地区,尤其是地方院校的综合英语课程教学质量,从而影响该地区英语专业学生专业四级和八级考试的过级率。

二、本研究的焦点

鉴于上述中存在的不足之处,本研究聚焦于邹为诚主编的《综合英语教程》1—4册,试图摸索一条适合于该套教材的翻转课堂教学模式。该套教材共有6册,其中5,6册属于高级英语阶段,因此本研究项目仅针对基础英语学习阶段的教材1—4册。根据英语专业人才培养方案,该套教材中每册书的侧重点都有所不同,本项目将着力于每册书的特点探究适合该套教材的翻转课堂教学模式。

另外,该翻转课堂教学模式不仅要适合该套教材的特点,更要结合西部地区地方院校的特点。因此,翻转课堂教学模式西部欠发达地区的本土化设计也是本项目关注的焦点之一。

可以说,本项目的研究成果将有力推动西部地区英语专业综合英语课程、甚至其他课程改革的发展以及信息化技术教育的发展,并为今后的类似的教育信息化的发展研究提供借鉴。

第三章　行动研究设计

本章节主要对本行动研究项目的整体设计进行概述,包括第一节研究对象、第二节研究问题、第三节研究流程、第四节数据收集工具以及第五节数据分析。

第一节　研究对象

为了便于收集数据,笔者以自己所工作的地方院校英语专业学生为研究对象。表3-1列出了研究对象的具体信息概况。

表 3-1　研究对象的概况

学生总人数	学生年级	研究时间	学生班级总数
64人	18级	大一下学期	2个班

本项目的研究对象平均年龄在18—20岁之间,由于英语专业的学生的特点都是女生远远多于男生,因此本项目中的研究变量不考虑学生的性别。项目的研究时间没有选择大一上学期刚进校的学生,主要是因为高中学习和大学的学习有所不同,而且在本行动研究中学生需要开展自主学习,但大一刚进校的学生对大学生活还未有所了解,还未熟悉大学的学习方式方法,因此不适合参与到本研究中来。

第二节 研究问题

本研究着力于构建适合西部地区的翻转课堂教学模式,将信息化技术应用到课堂教学中,旨在制定一套西部地区地方高校综合英语课程翻转课堂本土化的教学模式。因此本研究具体回答以下几个问题:

1. 综合英语课程翻转课堂教学模式构建的理论框架是什么?
2. 综合英语课程翻转课堂教学模式在本项目研究背景下是否具有可行性?
3. 学生对综合英语课程翻转课堂教学模式是否满意?具体表现在哪些方面?
4. 综合英语课程翻转课堂教学模式能否提升学生的各项语言知识能力?如果有,主要表现在哪些方面?
5. 综合英语课程翻转课堂教学模式是否能够提升学生的综合英语成绩?

第三节 行动研究流程

本项目的研究流程主要包括四个阶段:准备计划阶段,实验研究阶段,数据分析报告阶段,以及反思调整方案阶段,如图3-1所示。

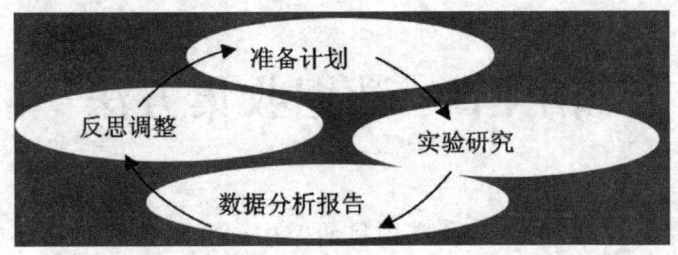

图3-1 行动研究总体流程图

准备计划阶段包括文献资料准备、理论研究、微课视频资源制作以及教学环节设计;实验研究阶段研究者在课堂上具体实施翻转课堂教学模式;数据分析报告阶段主要包括问卷、实验、访谈等数据的分析;反思调整阶段主要包括笔者通过数据分析结果重新调整研究方案、教学方案,并将开启新一轮的研究。每个阶段的具体时间安排及任务,如图 3-2 所示。

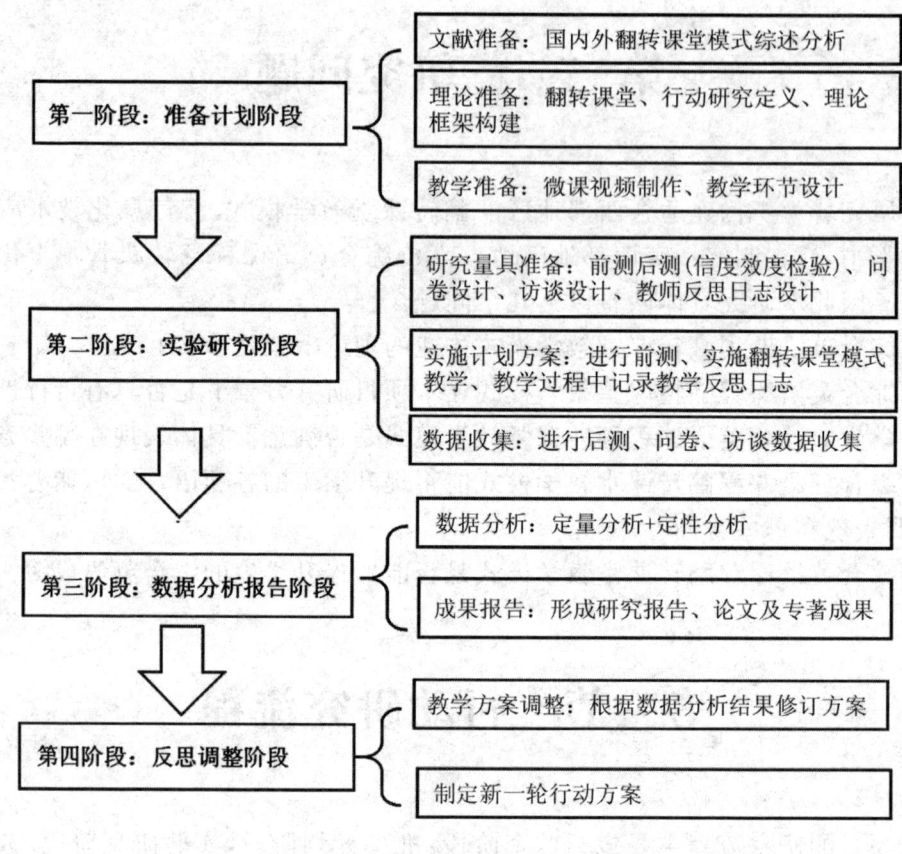

图 3-2　行动研究具体实施流程图

第四节　数据收集方法

　　本项目研究为行动研究,结合本项目研究中研究对象和研究环境的特点,笔者结合 McNiff(1988)和 Nunan(1993)所提出的行动研究具体过程(转自王蔷、张虹,2014),提出本项目行动研究的具体实施步骤,如图 3-3 所示。
　　为了确保数据收集和分析的有效性,本项目研究采用三种以上的方法来进行三角验证(triangulation),通过三角验证来检验数据收集是否具有有效性。具体数据收集方法有以下几种。

第三章 行动研究设计

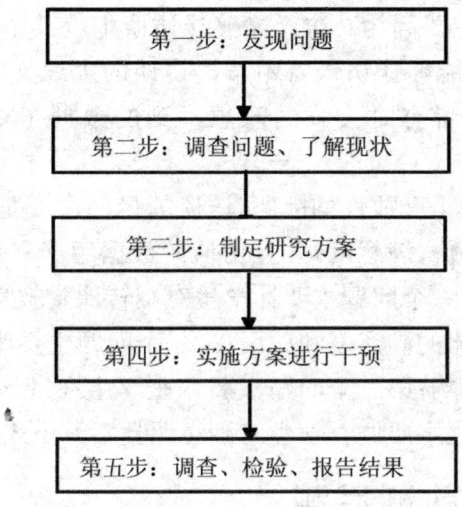

图 3-3 行动研究具体实施步骤

一、问卷调查

本项目研究所采用的问卷主要用于在研究者实施方案进行干预,也就是开展实验研究后,调查学生对综合英语课程的翻转课堂教学模式的评价,即学生的满意度。笔者之所以采用问卷调查,是因为问卷能够在较短的时间收集到信息量较大的数据,实施起来经济便捷;问卷都是匿名填写,学生可以毫无负担地填写自己的想法,让数据具有可靠性;问卷的格式统一,方便调查者统一分析数据(刘润清,1999)。

问卷共有客观题 24 题,主要调查学生开展翻转课堂学习的基本情况、遇到的问题以及评价等,其中有 15 道题是根据以李克特五级量表基本形式制作的,量表从"完全同意"(5 分)到"完全不同意"(1 分),分值越高,说明学生对翻转课堂教学模式越喜欢,持积极的态度;另外还有 9 道客观题,答案没有以李克特五级量表的形式制作,而是根据不同类型的问题来进行答案选择。

二、半结构化访谈

本项目研究还采用半结构化访谈(semi-structured interview)来收集数据。半结构化访谈是指访谈者通过人与人之间的接触来引出被访谈者就某个问题给出自己的想法(Nunan,1992)。半结构化的访谈是指访谈者事先选定好了访谈的问题,但在访谈的过程中允许被访谈者稍稍进行变动和调整(刘润清,1999)。笔者之所以采用半结构化访谈主要因为：访谈能够让访谈中就某个问题直接了解产生的原因；半结构化访谈模式能够让访谈者不偏离访谈的主线又能够自由发挥，让访谈更具有人情味，并且访谈者有时会收到意想不到的数据（Nunan，1992；刘润清，1999；Creswell，2003）。

本访谈的内容包括四个开放性的问题，访谈的目的主要是用于进一步调查学生对翻转课堂教学模式的评价、满意度，并且访谈的数据用于三角验证，保证研究数据的有效性。其中访谈的第一个问题主要让学生对翻转课堂教学模式和传统的教学模式进行对比，给出一个总体的满意度和原因；第二个问题主要调查翻转课堂教学模式对学生英语能力提升的影响；第三个问题主要调查学生在翻转课堂教学模式学习中存在的问题；最后一个问题主要调查学生对翻转课堂学习模式的意见和建议。

三、实验研究：前测后测

在本行动研究中，笔者通过实验研究来进行教学干预，并观察教学干预后所带来的结果。实验研究，使研究者有目的地改变某个变量（自变量），然后调查自变量的变化对另外一个变量（因变量）的影响（刘润清，1999）。本项目的研究对象为笔者所在高校 2018 级两个班的 64 名英语专业的学生，并且两个班均为实验班。

笔者试图通过实验研究来调查综合英语课程的翻转课堂教学模式对学生的学习是否会产生影响？如果有，是积极的还是消极的？并且主要表现在哪些方面？在实验中除了问卷访谈等数据收集方法，笔者还通过对实验班前测和后测进行对比分析。具体根据以下步骤开展实验研究，如图 3-4 所示。

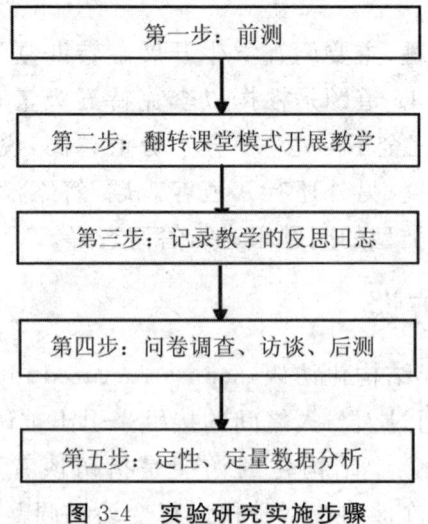

图 3-4　实验研究实施步骤

四、教师反思日志

除了上述提及的数据收集方法之外,本行动研究采用教师反思日志进行数据收集。教师反思日志指教师对已经发生过的行为进行回忆并做详细准确的记录(Nunan,1992;刘润清,1999)。记录教师反思日志的教师为研究者本人,在行动研究中,研究者不仅开展实验研究,还要把自己当成研究工具来收集数据。笔者之所以采用教师反思日志,主要原因在于:反思日志能够有效地、及时地、真实地记录教学课堂中发生的事情,是分析课堂教学效果的原始资料;再是笔者通过记录反思日志能够不断调整本项目的行动研究方案,积累教学经验,改进教学方法。

在教学反思日志的记录过程中,笔者按照时间顺序进行记录。但并不是每天都记录教学过程,笔记只记录课堂教学,教学中的突发事件,或者教师对某个教学环节的思考阐述,并且整个教学反思记录在反思日志本上。

第五节 数据收集分析

一、实验数据收集分析

实验研究收集到的数据包括两个实验班的前测成绩和后测成绩。前测和后测试卷均采用全国大学英语四级考试题型。全国大学英语四级考试属于国家级考试,并且前测和后测结束后,笔者随机抽取了十名学生进行访谈,数据显示出受试者在测试前没有接触到试题中的内容,有效地保证前测和后测试题的信度和效度。在开展翻转课堂教学之前,笔者让受试者先参加前测,然后在历经 4 个月的实验教学后,受试者再参加一次同级别、同类型的后测。

笔者用 SPSS 23.0 对受试者的前测成绩和后测成绩进行配对样本 t 检验定量分析。配对样本 t 检验主要是检测同一组受试者的某个相同的特征在参与某个实验后的变化配对对比(杨端和,2004)。因此,在本项目研究中,配对样本 t 检验的目的是通过对比学生的前测和后测成绩的变化来看综合英语翻转课堂教学的效果,也就是说翻转课堂教学模式是否能够提高学生的综合英语成绩。

二、问卷数据收集分析

本项目研究还采用问卷调查学生对综合英语课程翻转课堂教学模式的态度、评价等。问卷的发放时间在翻转课堂实验教学后,笔者共发放了 64 份问卷,收回 64 份问卷,问卷回收率为 100%。

问卷共包括主观题和客观题,其中客观题笔者用 SPSS 23.0 进行分析;主观题用定性方法进行分析。并且通过用 SPSS 23.0 软件对问卷进行信度测试,Cronbach alpha 值为 0.801,大于 0.70,这说明问卷具有内在一致性(Gaur,2007)。通过问卷数据,笔者可以了解到学生对于翻转课堂教学模式改革的态度、评价以及建议等。

三、访谈数据收集分析

为了保证访谈数据的有效性,笔者对访谈问题的有效性进行了验证,邀请了三位同行专家(三位专家均为教授职称)利用项目目标一致性指数(Item－Objective Congruence Index,即 IOC)对问卷的效度进行检测。IOC 是一种检验访谈各个问题之间的相关性的效度检测方法,评价指标有三个(1 代表相关;0 代表不确定;－1 代表不相关),其具体计算公式为:

$$IOC = \Sigma R/N$$

(R 代表专家评分总数;N 代表专家总人数)

通过检测,问卷问题的 IOC 指数为 0.92(参见附录 3),大于 0.5,即表示访谈的问题之间具有相关性,并且与研究设计相关,具有有效性(Pinyoanantapongs,1974)。

另外,笔者根据 Alberta Municipal Health and Safety Association(AMHSA)2010 年发布的最小代表访谈样本参考值(参见附录 4)为依据,从两个实验班选取 19 人参与访谈,因为参与研究学生总人数为 64 人,因此至少应选择 19 人参与访谈才能使访谈的数据具有代表性。

访谈数据收集在翻转课堂模式实验教学结束后进行,根据最小代表访谈样本参考值,笔者从 64 名学生中随机抽取 19 位学生参与访谈。由于人数较多,为了避免学生因疲劳造成的数据偏差,访谈共分三次进行,第一次参与访谈的人数为 7 人,第二次和第三次参与访谈的人数为 6 人。在访谈的过程中,笔者采用半结构化访谈,利用记笔记和录音的方法记录访谈过程,收集访谈数据,并将访谈的录音转化成文字材料。通过定性分析,对访谈收集到的文字材料进行分类整理。笔者可以通过访谈数据了解学生对综合英语课程翻转课堂教学模式改革的看法态度及其背后的原因。

四、教师反思日志数据收集分析

教师的教学反思日志是在教师开展实验研究的过程中进行记录，教师在课程结束后将对当天课堂教学中的偶发事件、疑惑、看法思考等进行记录。但并不意味着每节课教师都要进行记录，研究者只是有针对性地进行选择性记录。所有的反思日志被记录在本上，形成文字资料。

一个学期的实验教学结束后，笔者共收集到了28篇教师反思日志。笔者将通过定性研究分类归纳法把反思日志数据进行分析。通过反思日志，笔者可以了解到在开展综合英语翻转课堂教学模式的过程中，学生在课堂上的实际反应以及该模式在课堂中的实际应用效果等。

第四章 综合英语课程翻转课堂模式行动研究设计

本章节内容主要对综合英语课程翻转课堂教学模式的设计进行总体的阐述,其内容包括第一部分综合英语课程翻转课堂模式构建的理论框架,第二部分综合英语课程翻转课堂模式设计方案,第三部分综合英语课程翻转课堂模式微视频资源设计方案,第四部分综合英语课程翻转课堂模式教学案例,以及第五部分结语。

第一节 综合英语课程翻转课堂模式构建的理论框架

本项目研究的翻转课堂模式构建,包括总体教学模式的构建、微视频资源库的构建等都以以下理论框架为依据进行。

一、布鲁姆(Bloom)教育目标分类

布鲁姆和他的同事 1956 年在芝加哥大学第一次提出了布鲁姆教育分类学说,也就是教育目标分类的一种方法,即布鲁姆教育目标分类(Moore,1998)。布鲁姆等人(1956)从三个领域将教育目标进行分类并对其进行阐述:认知领域(cognitive domain)、情感领域(affective domain),以及动作技能领域(psychomotor domain)。自此以后,该教育目标分类被应用到教育的各个领域,许多教育领域的学者纷纷开始借用布鲁姆分类将教学目标进行分类。在当今的教育领域中,布鲁姆分类不仅已经成为一种制定教学计划的参考依据,更是被广泛应用到教学的各个方面(Arends,1991)。

其中,认知领域主要指知识运用的心智技能,包括六个方面:知识、领会、应用、

分析、综合和评价。情感领域主要指情感、态度技能,包括五个方面:接受、反应、价值观念形成、组织价值观念系统以及价值体系个性化。动作技能领域主要指身体、体力技能,包括七个方面:知觉、定势、指导下的反应、机械动作、复杂的外显反应、适应和创新。三个领域中的各个方面都是按照从易到难的顺序进行等级排序的,也就是说学习者必须先能够熟练掌握并运用第一个阶段的学习才能进入下一个阶段的学习(Jacobsen etal.,1999)。

从上述理论介绍中可以看出,布鲁姆的教育目标分类具有以下几个特点。

(一)为教育领域中的学提供了量化的考核指标

布鲁姆的教育目标分类将学生的学习行为进行分层定义,并通过具体的行为指标来定义学生各个阶段的学习,让学生的学习行为具有更加明确的目标性。

(二)为教师的教学目标和教学效果提供量化的依据

布鲁姆的教育分层教育目标可以帮助教师具体根据学生的学习特点制定适合学生的教学目标,并且可以根据学生具体的学习行为对教师的教学效果进行考核。

(三)适用于教育领域中的各个类别

不难看出,布鲁姆的教育目标分类不单单指某个学科的教育目标分类,可以说这个分类适用于所有的教育学科,而且适用于所有的教育年级,无论是低年级还是高年级,都可以根据布鲁姆的教育目标分类某个课程科目制定一个教学目标体系制度。

二、布鲁姆认知领域目标分类

布鲁姆的教育目标分类包括三个领域,在本项目研究中,笔者采用的是布鲁姆的认知领域目标分类作为行动研究理论依据。其主要原因是认知领域目标分类包括学生学习知识和心智技能的发展、学生对知识的具体理解以及应用等方面,而本项目研究主要针对学生的学习综合英语课程中的能力提升。因此,布鲁姆的认知领域目标分类更加适合本项目的研究目标,笔者以该目标分类为理论依据对综合英语课程的微视频和课堂教学进行设计。

上文中曾提及布鲁姆的认知领域目标分类共包括六个层次,如图4-1所示。

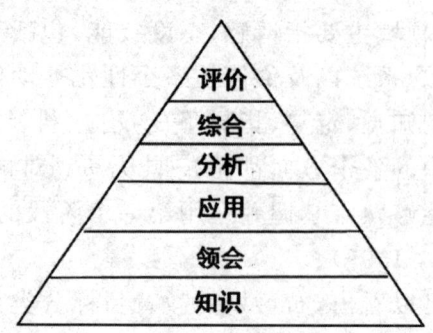

图 4-1 布鲁姆认知领域分类图

(一)知识

知识层次是布鲁姆认知领域分类的第一个层次,其主要指学习者对知识或学习材料的基本记忆能力。例如,能够通过单纯的记忆、复述书本中的知识回答问题等。知识层次是布鲁姆认知领域分类的第一个层次,也是最基础的层次,因为在这个层次阶段的学习中学习者不需要完成对知识信息的加工处理,学习者只是简单地对知识信息进行记忆复述(Bloom etal.,1956;Jacobsen etal.,1999)。

例如:

Who invented the automobile?(知识层次问题)

(二)领会

领会层次是布鲁姆认知领域分类的第二个层次,其主要要求学习者具备掌握理解学习材料内容的能力,如:总结、解释、释义等能力。领会层次主要包含两种形式:一是用自己的语言解释学习材料;二是翻译学习材料。其同样属于布鲁姆认知领域分类的基础层次(Bloom etal.,1956;Jacobsen etal.,1999)。

例如:

What is the main idea of this article?(领会层次问题)

(三)应用

应用层次是布鲁姆认知领域分类的第三个层次,应用层次要求学习者能够具备解决问题的能力,包括对规则、概念、方法、原则等方面的实际应用能力。根据实际运用能力的分类,应用层次在布鲁姆认知领域分类中属于较高一级的层次分类(Bloom etal.,1956;Jacobsen etal.,1999)。

例如：

What would result if the heroine had not chosen leaving？（应用层次问题）

（四）分析

分析层次是布鲁姆认知领域分类的第四个层次，该层次要求学习者能够根据自己的理解将学习材料进行分类处理便于理解，处理材料的过程中分析能力要求学习者能够充分理解材料各个部分的内容，以及各个部分之间的关系。由于分析层次的目标要求学习者能够对学习材料进行加工处理，因此根据其特点分析层次在布鲁姆认知领域分类中同样属于较高一级的层次分类（Bloom etal.，1956；Jacobsen etal.，1999）。

例如：

Based on our study of Germany，**what inference** of the situation of that country can you make？（分析层次问题）

（五）综合

综合层次是布鲁姆认知领域分类的第五个层次，综合层次要求学习者能够具备将学习材料进行重新加工并形成新的模式的能力。看上去综合层次和分析层次相似，但实则不同。分析层次要求仅限于要求学习者能够对学习材料进行分类处理，但综合层次则要求学习者能够将学习材料进行分类处理并重组成一种新的模式，在重组的过程中，综合层次强调学习者必须具备一定的创造力。由此可以看出，综合层次在布鲁姆认知领域分类中同样属于较高一级的层次分类（Bloom etal.，1956；Jacobsen etal.，1999）。

例如：

What changes would we see in the attitude of society if we were to elect a woman president？（综合层次问题）

（六）评价

评价层次是布鲁姆认知领域分类的第六个层次，也是最复杂、最高级别的层级。评价层次要求学习者能够具备根据某种标准准确判断材料价值的能力（Bloom etal.，1956；Jacobsen etal.，1999）。

例如：

Can you judge whether the author of the book developed the main character *sufficiently*?（评价层次问题）

上文中对布鲁姆认知领域分类的六个层次进行了阐述说明，并利用六个层次的特点对教师在课堂上的提问进行了举例说明。通过对六个层次教育分类的阐述可以看出在布鲁姆认知领域分类层次中，第一个和第二个层次属于较低一级的认知领域范畴的教育目标，剩下四个为较高一级的认知领域范畴的教育目标，如图4-2所示：

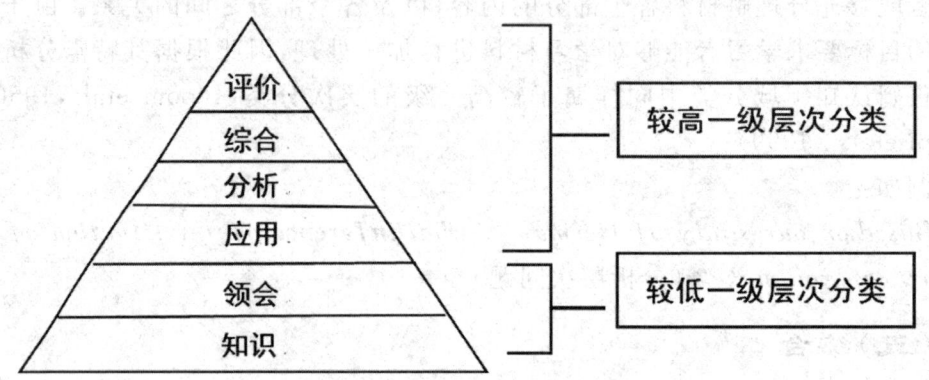

图 4-2　布鲁姆认知领域分类层次级别划分

将布鲁姆认知领域中的知识和领会层次划分为较低一级层次，原因在于知识和领会层次只是要求学生能够对学习材料进行简单得记忆复述以及理解，但应用、分析、综合和评价四个分类则要求学生具备能够对学习材料进行加工处理的能力(Bloom et al., 1956; Wink, 1993; McNeil, 2010)，因此属于较高一级层次分类。

三、布鲁姆认知领域目标分类理论指导下的翻转课堂教学模式设计

本项目研究以布鲁姆认知领域教育目标分类为理论依据，对综合英语课程的翻转课堂教学模式进行整体设计。

布鲁姆认知领域教育目标分类为教师的教学和学生的学习提供了难度由易到难的教学设计和学习指导、评价的依据（张传萍，2015）。因此，本项目研究中的翻转课堂教学模式是根据布鲁姆认知领域教育目标分类对综合英语课程的教学内容和教学目标进行分类。

本研究的翻转课堂教学模式包括线下教学，即面对面课堂教学；线上教学，即网络自主学习，如图4-3所示：

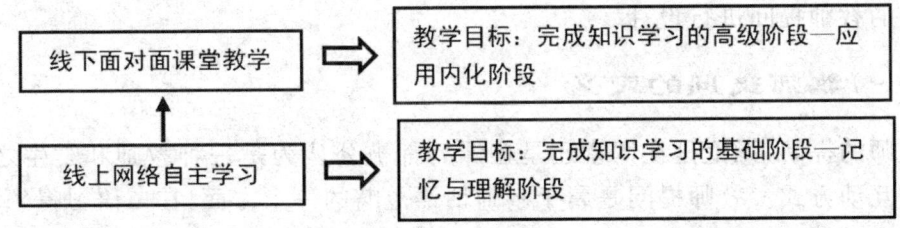

图 4-3　综合英语翻转课堂教学模式与布鲁姆分类

从图 4-3 可以看出，在本项目研究中，笔者对综合英语课程的教学目标分两部分内容来实现，包括线上网络自主学习和线下面对面课堂教学。综合英语课程的翻转课堂教学模式需要学生完成的第一步学习目标即线上网络自主学习，也就是对知识的记忆和理解。结合综合英语课程教学内容的特点，学生需要在此阶段完成以下教学目标：掌握理解新（重点）单词、新（重点）短语；掌握理解单元精读课文中的具体细节内容（包括概念、过程基础信息）；掌握理解单元精读课文内容的主旨大意；以及掌握理解单元精读课文的重点句型结构。通过此教学目标，不难看出，综合英语课程的线上网络自主学习阶段主要是让学生完成学习中的初级任务，在学生完成线上网络自主学习后，学生的学习便会进入到下一个阶段，即课堂面对面教学阶段。

在课堂面对面教学阶段，笔者将会根据布鲁姆认知领域目标分类中的较高一级目标分类，即应用、分析、综合以及评价阶段对教学内容和活动进行设计，在该阶段的学习中，教师主要帮助学生完成知识的内化过程，提高学生的创造能力、思辨思维能力等一系列高级思维能力。

从上述中可以看出，本项目研究中的综合英语课程翻转课堂教学模式不同于传统的综合英语课程教学模式。在传统的学习模式中，学生主要在面对面的课堂教学中完成较低一级的教学目标，即对知识的记忆和理解，而较高一级的学习目标往往是教师通过课后活动让学生自主完成，并且大多数时候教师都未对此自主学习过程进行系统的监督和评价。因此，可以看出，传统的综合英语学习模式很难持续性地落实完成布鲁姆认知领域学习目标，并且学生的学习仅仅停留在认知领域的较低一级阶段，较高一级的认知领域学习目标根本无法完成。

四、布鲁姆认知领域目标分类理论指导下的教学问题设计

本项目研究以布鲁姆认知领域教育目标分类为理论依据，对微视频以及课堂

教学中的教师提问进行设计。

（一）教师提问的定义

教师的提问,无论是在课堂还是在课后都被公认为是一种教师和学生之间最直接的互动方式。教师提问是属于教师话语范畴的一个方面,在二语习得领域,不同的研究学者对教师的提问也给出了不同的定义,如表 4-1 所示:

表 4-1　教师提问的定义

研究学者	定义	时间
Quirk, Greenbaum, Leech, and Svartvik	教师提问即是在课堂上教师用来引出学生对某个观点的看法的一种手段。	1985
Caesin	教师提问是指教师在不考虑语法结构的基础上,利用任何一个句型结构试图去引出答案的方法。	1995
Longman Dictionary of English Language（引自 Shomoossi, 1997）	教师提问是指教师利用命令或者疑问句的表达方式去获得某些信息、对知识学习进行测试。	1997

在众多关于教师提问的定义中,朗文字典给出的定义是被普遍公认的定义（Shomoossi, 1997）,这主要是因为以下几个方面。

1. 严谨地定义了问题的句法结构

根据朗文词典的解释,教师提问是指一种利用命令或者疑问句形式的句子结构。该定义准确地给教师的提问进行了定义。问题不仅可以是疑问句的形式,例如"*What's your name?*"也可以是命令式的句型结构,例如"*Please explain your reasons.*"这个句型结构虽然不是疑问句的形式,但同样具有问题的作用。

2. 严谨地定义了问题的功能作用

根据朗文词典的解释,教师提问的作用不仅是用于引出被提问者对于某个事物的看法观点,提问还可以用于检测被提问者对于知识的学习情况,而且提问的这种作用在教师课堂中扮演着重要的角色。

因此,鉴于上述原因并结合本项目研究的特点,笔者将教师提问定义为教师在

第四章 综合英语课程翻转课堂模式行动研究设计

微视频或者课堂中使用命令句式或者疑问句式的句型结构来引出学生对某个知识点的看法或者用于检测学生对某个知识点的学习掌握情况,但本项目研究中所设计、调查、分析的所有问题均为与课文内容相关的问题,即 content-related questions。

(二)问题的分类

根据不同的标准,在二语习得领域,不同的学者对问题这个概念也进行了不同的分类,主要有以下几种分类,如表 4-2 所示。

表 4-2 问题的分类

研究学者	问题分类	时间
Barnes	封闭性问题(closed question) 开放性问题(open question)	1969
Long and Sato	展示性问题(display question) 参考性问题(referential question)	1983
Hakansson and Lindberg	形式范畴问题(formal categories) 认知层面问题(cognitive level) 交际价值问题(communicative value)	1988
Richards and Lockhart	程序性问题(procedural question) 聚敛性问题(convergent question) 分散性问题(divergent question)	1994

从表 4-2 可以看出,不同的学者对问题进行了不同的分类,各种分类之间既具有共性,又具有个性。例如"What is the capital of China?"该问题既属于封闭性问题,又属于展示性问题。

(三)布鲁姆认知领域目标分类理论下的教师提问分类

在本项目研究中,笔者采用布鲁姆认知领域目标分类理论对翻转课堂中所使用的问题进行分类设计,原因如下。

1. 布鲁姆认知领域目标分类可以将教师的问题进行分层设计

布鲁姆认知领域目标分类将学习者的学习目标由易到难进行了逐级分层分

类,学习者必须先达到第一级的目标才能进入下一级的目标学习。因此基于布鲁姆认知领域目标分类的问题可以帮助教师掌握学生的学习情况,并对学生的学习情况进行测试,同时也为教师下一步的教学设计提供依据。

2. 布鲁姆认知领域目标分类具有广泛的公认性

布鲁姆认知领域目标分类可以应用到教育领域中的各个方面,虽然在二语习得领域,不同的学者对于教师的问题进行了不同的定义,也给出了不同的概念,但大部分都是以布鲁姆认知领域目标分类理论为依据对问题进行分类(Almeidia,2010)。

因此,鉴于上述原因,笔者将结合布鲁姆等人(1956)提出的认知领域目标分类中的六个层次的问题关键词对综合英语课堂中的微视频资源和课堂教学中的问题进行设计,具体问题关键词及问题实例如表 4-3 所示:

表 4-3 布鲁姆认知领域目标分类中的问题分类(Bloom et al.,1956:48)

分类层次	关键词	问题实例
知识 (Knowledge)	choose, define, find, how, label, list, match, name, omit, recall, relate, select, show, spell, tell, what, where, when, which, who, etc.	1. What is…? 2. Where is…? 3. When did…happen? 4. Who was…? 5. Can you list…? 6. How would you describe…?
领会 (Comprehension)	classify, demonstrate, explain, summarize, translate, outline, show, restate, recognize, etc.	1. How would you classify…? 2. What is the main idea of…? 3. What facts show…? 4. How would you rephrase the meaning…?
应用 (Application)	apply, build, choose, construct, develop, identify, make use of, plan, organize, solve, utilize, model, etc.	1. What approach would you use to…? 2. What would result if…? 3. How would you use…? 4. How would you organize…to show…?

第四章 综合英语课程翻转课堂模式行动研究设计

续表

分类层次	关键词	问题实例
分析 (Analysis)	analyze, assume, categorize, compare, contrast, discover, divide, inspect, inference, survey, theme, examine, relationship, evidence, etc.	1. What do you think…? 2. What inferences can you make…? 3. How is…related to…? 4. Can you make the distinction between…?
综合 (Synthesis)	adapt, change, combine, compose, construct, create, design, invent, improve, propose, predict, etc.	1. What changes would you make to solve…? 2. How would you improve…? 3. Can you elaborate on the reason…? 4. Can you formulate a theory…? 5. Can you predict the outcome if…?
评价 (Evaluation)	agree, appraise, assess, award, criticize, rate, defend, deduct, decide, mark, opinion, judge, justify, prove, rate, select, value, support, etc.	1. Do you agree with…? 2. How would you justify…? 3. Would it be better if…? 4. How would you evaluate…? 5. What choice would you have made…?

上文中曾提到知识和领会属于认知领域中的较低一级层次分类,应用、分析、综合、评价属于认知领域中的较高一级层次分类,因此,笔者在教学问题的设计上遵循由易到难的原则,让学生先通过知识和领会问题理解教学内容的基本概念,而后,教师再根据学生对于知识和领会问题的掌握情况设计下一阶段的较高一级层次的问题,重点培养学生对知识的实际应用能力以及更高一级的思辨思维能力。

(四)布鲁姆认知领域目标分类理论下的教师提问实例

基于上述布鲁姆认知领域目标分类理论下的教师提问分类,笔者对本项目研究中的微课资源和课堂教学资源中的教师提问进行了分类设计,目的在于让学习者能够一步一步掌握、理解、内化综合英语课程的知识内容。以下部分以综合英语课程具体单元内容的教师提问为例详尽阐述布鲁姆认知领域目标分类在本项目研究中的实际应用。

实例一:

Unit 2 He Was My Father (*Integrated Skills of English*,BOOK 2)

微课教学问题实例:

1. Find the details that the narrator used to describe his father.(知识问题)

Detail 1:Scrubbing hands (paragraph 1)

Detail 2:Telling moral tuition (paragraph 2)

Detail 3:Father's job (paragraph 4 & 5)

Detail 4:Father's weeping (paragraph 6)

Detail 5:Father's euphoria (paragraph 7)

Detail 6:holiday (paragraph 8)

Detail 7:Staring at the grandson (paragraph 9)

2. What is the main idea of this passage?(领会问题)

课堂教学问题实例:

1. Why did the narrator use "He was my father" at the end of each paragraph?(应用问题)

2. Why did the narrator say that his father was the extraordinary ordinary man?(分析问题)

实例二:

Unit 7 The English Countryside(*Integrated Skills of English*,BOOK 2)

微课教学问题实例:

1. Where do the majority of English people prefer to live?(知识问题)

2. What are the attractions of an English village?(知识问题)

3. What are the differences in rivers between England and other European countries?(知识问题)

4. How could you classify the structure of the passage?(领会问题)

课堂教学问题实例:

Why did the narrator write this passage named as The English Countryside?(综合问题)

第四章 综合英语课程翻转课堂模式行动研究设计

实例三：

Unit 9 Secret Messages to Ourselves(*Integrated Skills of English*，BOOK 2)

微课教学问题实例：

1. What had Elias Howe been working on all night before he finally fell asleep? （知识问题）

2. Did he have a problem? What was it? （知识问题）

3. What made him awake with a start? （知识问题）

4. Summarize the main idea of each paragraph. （领会问题）

课堂教学问题实例：

1. What approach would you use in your daily life to resolve difficulties? （应用问题）

2. What is the relationship between the examples listed by the author about Elias Howe and Albert Einstein? （分析问题）

3. Can you formulate the theory about our secret messages? （综合问题）

实例四：

Unit 10 The Life Story of an Ancient Chinese Poet (*Integrated Skills of English*，BOOK 2)

微课教学问题实例：

1. What problem made emperor so angry at his ministers one day? （知识问题）

2. How did Li Bai help the emperor solve his problem? （知识问题）

3. How did the emperor reward Li Bai? （知识问题）

4. Could you summarize the main idea of the passage in a few sentences? （领会问题）

5. Could you translate the third poem in paragraph 5? （领会问题）

课堂教学问题实例：

1. What approach would you use to translate the English version of the first poem in paragraph 3? （应用问题）

2. Do you think Li Bai would be happy about this story? （评价问题）

实例五：

Unit 11 Teenager's Nightmare(*Integrated Skills of English*，BOOK 2)

微课教学问题实例：

1. What is the nightmare of teenagers according to the passage?（知识问题）

2. What are the troubles for those who revise before an exam?（知识问题）

3. What is the main problem faced by the second group—those who don't revise?（知识问题）

4. What is the main structure of the passage?（领会问题）

课堂教学问题实例：

1. What inferences can you make from the expressions "strange amusements"?（分析问题）

2. What would you do when facing the examination?（综合问题）

实例六：

Unit 1 My Father(*Integrated Skills of English*, BOOK 3)

微课教学问题实例：

1. Does Amy feel close to her father? Why or why not?（知识 & 领会问题）

2. What is her father's job?（知识问题）

3. Is her father successful in his career?（知识问题）

4. What is the main structure of the passage?（领会问题）

课堂教学问题实例：

1. What kind of person do you think is the author's father?（分析问题）

2. How would you get long with the daughter if you were the father?（综合问题）

3. Can you evaluate the author's father?（评价问题）

实例七：

Unit 5 Creating a Caribbean Spring Festival(*Integrated Skills of English*, BOOK 3)

微课教学问题实例：

1. What should children do and not do right before the Spring Festival according to the author's opinion?（知识问题）

2. What were the family busy with before the New Year's Eve?（知识问题）

3. What is the writer's happiest memory of the Spring Festival?（知识问题）

4. Can you translate the second sentence in paragraph 2?（领会问题）

5. Summarize the main idea of the passage?（领会问题）

第四章 综合英语课程翻转课堂模式行动研究设计

课堂教学问题实例：

1. Why did the author mention the things happened in the childhood? （分析问题）

2. Why did the narrator write this passage? （综合问题）

实例八：

Unit 9 Learning a Language(*Integrated Skills of English*，BOOK 3)

微课教学问题实例：

1. What do people usually expect when they talk about learning a language? （知识问题）

2. What do they eventually discover? （知识问题）

3. What are the common misconception about language according to the author? （知识问题）

4. What is the main structure of the passage? （领会问题）

课堂教学问题实例：

1. Why did the author use two example sentences cited in the article? （应用问题）

2. As a language learner, what can you learn/infer from this passage? （分析问题）

实例九：

Unit 10 Bargains(*Integrated Skills of English*，BOOK 3)

微课教学问题实例：

1. What is the orthodox definition of the word "bargain"? （知识问题）

2. What common misconception do consumers have when they blindly spend money on bargains? （知识问题）

3. Could you rephrase the sentence "A penny here…a penny there" in paragraph 3? （领会问题）

课堂教学问题实例：

1. Can you analyze the relationship between the definition of bargain in orthodox definition and the recent understanding? （分析问题）

2. What choice would you make as a consumer when facing bargains? （评价问题）

实例十：
Unit 12 Where the Sun Always Rises(*Integrated Skills of English*，BOOK 3)
微课教学问题实例：
1. Where did the author camp with her family?（知识问题）
2. What kind of views did the author describe about sunrise?（知识问题）
3. How many times did the author mention about sunrise?（知识问题）
4. What is the main idea of the passage?（领会问题）
课堂教学问题实例：
1. How would describe the sunrise if you were the author?（应用问题）
2. What is the relationship between two times of sunrise?（分析问题）
3. What's your attitude towards the title "Where the Sun Always Rises"?（评价问题）

上文中所提及的所有实例均为本项目研究中的综合英语课程微课教学问题和课堂教学问题实例，项目研究组基于布鲁姆认知领域目标分类对所有与课堂教学内容相关的问题进行了设计。因此，从上述实例中可以看出，本项目研究中的综合英语课程翻转课堂教学模式中的教师提问具有以下特点。

1. 问题设计具有较强的针对性

布鲁姆认知领域目标分类总共包括六大类，但并不是每堂课都要涉及这六大类的问题，笔者根据每个单元的教学内容有针对性地设计微课视频和课堂教学中的问题。

2. 问题由易到难逐级排序

本项目中的翻转课堂教学模式和传统模式最大的区别之一在于对问题的设计。笔者基于布鲁姆认知领域目标分类对问题进行由易到难地逐级排序，在学习初始阶段利用较低一级的问题，也就是只需要学生简单记忆复述的问题来帮助学生理解课文基础知识。学生完成此阶段的任务后再利用较高一级的问题来帮助完成知识的内化阶段，包括语言知识点的应用、思辨思维能力的培养等方面。

第二节 综合英语课程翻转课堂模式设计总方案

一、综合英语课程单元教学内容实例

本项目研究以邹为诚教授主编的《综合英语教程1-4》为研究对象,对综合英语课程翻转课堂教学模式进行设计并开展教学行动研究。因此本小节内容主要介绍《综合英语教程1-4》的单元教学具体内容实例。

(一)《综合英语教程1》(Integrated Skills of English Book 1) Unit 1 实例

Unit 1 My First Job

表 4-4 《综合英语教程1》Unit 1 单元教学内容

Unit	Title	Functions and Communications	Language Knowledge	Read More	Cultural Information
1	My First Job	1. Talking about greeting and farewells; 2. Talking about making friends; 3. Talking about work and responsibilities; 4. Talking about personal aspirations.	Words and phrases for talking about: 1. doing good jobs; 2. personal qualities; 3. working schedule.	My First Job	Getting jobs

表 4-4 重点呈现了《综合英语教程1》中 Unit 1 的单元教学内容。该套教材第一册书中每个单元主要包括四个部分的学习内容,每个部分包含以下具体内容。(以本册书 Unit 1 为例,部分内容省略,详情可参见《综合英语教程1》Unit 1 第1-11页)

Part 1 Communicative Activities

1. Conversation 1

2. Listening 1

Before you listen, read the questions below, and then answer the questions after you have listened to the recording.

Questions:

(1) Where does the conversation take place?

(2) Did the two people know each other for a long time?

(3) Would they likely continue to communicate after this? And why?

3. Conversation 2

4. Listening 2

Before you listen, think about what you may say to a group of friends who come to say goodbye to you at a farewell party. Draft some words in the right circle.

5. What are they for?

6. More sentences

Part 2 Reading and Language Activities

Text: My First Job(文章内容见《综合英语教程1》第5页)

1. Comprehension work

A. Read the text carefully again and discuss the following questions.

B. Retell the text using the following key words.

C. Activity.

2. Language work

A. Fill in the blanks with word(s) from the text that match the descriptions below.

B. Find the expressions in the text for the following italicized words or phrases.

C. Guess the meanings of the words and phrases in the box according to the text. Then, use them to rewrite the following sentences.

Part 3 Extended Activities

1. Dictation

2. Read more

3. In other words

4. Translation

5. Writing

第四章 综合英语课程翻转课堂模式行动研究设计

Part 4 Cultural Information

(二)《综合英语教程2》(*Integrated Skills of English Book* 2) Unit 2 实例

Unit 2 He Was My Father

表 4-5 《综合英语教程2》Unit 2 单元教学内容

Unit	Title	Functions and Communications	Language Knowledge	Read More	Cultural Information
2	He Was My Father	1. Talking about what was (im)possible when discussing childhood life; 2. Talking about cultural differences in childhood education; 3. Critiquing Chinese cultural practice of childhood education; 4. Describing a person.	1. Possibilities/impossibilities with modal verbs and other structures; 2. Rules and arguments for or against them; 3. A person's appearance, personalities and his/her usual behavior.	A Father, a Son and an Answer	Family Structure in UK and US

表 4-5 重点呈现了《综合英语教程2》中 Unit 2 的单元教学内容。该套教材第二册书中每个单元主要包括四个部分的学习内容,每个部分包含以下具体内容。(以本册书 Unit 2 为例,部分内容省略,详情可参见《综合英语教程2》Unit 2 第17—32页)

Part 1 Communicative Activities

1. Interactive listening and speaking

A. Listening.

In this recording, two friends (Mary and Helen) are talking about life of childhood. Listen, and choose the correct answers from the choices. (There may be more than one choice for each question.)(听力训练问题部分省略,详情可参见《综合英语教程2》Unit 2 第18页)

B. Debating.

A Tiger Mother's Parenting

Recently a book entitled *The Battle Hymn of a Tiger Mother* ignites a wide range of heated conversations over what is counted as good parenting in both China and US. The author Amy Chua, is a Chinese－American professor from the Law School at Yale University. She is well－known for strict parenting principles for her two daughters. Below in the table is a list of her rules for her two daughters, and her arguments. Matt Comynes, an expert on China, has been working in China over ten years. On the right side is a list of his comments. Which side do you support? Why?（Rules 和 Arguments 部分省略，详情可参见《综合英语教程2》Unit 2 第18－19页）

C. Group discussion.

Benjamin Franklin and His Thirteen Virtues

Amy argues that her practice is actually both Chinese and American in nature. Work in small groups to study the Benjamin Franklin's thirteen virtues listed below. Which of the virtues both Chinese and American? Would you like to develop them? Give your reasons.

2. What are they for?

There are many ways of expressing possibility and impossibility. Read the following and match the functions with the actual words spoken.（搭配练习部分省略，详情可参见《综合英语教程2》Unit 2 第20－21页）

3. More sentences

Read the following sentences that are frequently used and complete the matching exercise.（搭配练习部分省略，详情可参见《综合英语教程2》Unit 2 第21－22页）

Part 2 Reading and Language Activities

Text：He Was My Father（文章内容可参见《综合英语2》第22页）

1. Comprehension work

A. Work in small groups to complete the following task.

What kind of person is the narrator's father? Use adjectives to describe him. For each adjective you use, find fact from the story.

B. Activity.

Select one student to be a celebrity. And design three following questions to

第四章　综合英语课程翻转课堂模式行动研究设计

interview him/her. The first one has been given as an example.

2. Language work

A. Idioms.

B. Word study.

C. Each of the following clues has an example sentence. Use the prompts to produce other sentences with the same pattern as the example.

Part 3 Extended Activities

1. Dictation

2. Read more：A Father，a son and an Answer

3. Grammar work

4. Work formation

5. Vocabulary work

6. Translation

7. Writing

Part 4 Cultural Information

（三）《综合英语教程 3》(*Integrated Skills of English Book* 3) Unit 5 实例

Unit 5 Creating a Caribbean Spring Festival

表 4-6　《综合英语教程 3》Unit 5 单元教学内容

Unit	Title	Functions and Communications	Language Knowledge	Read More	Cultural Information
5	Creating a Caribbean Spring Festival	1. Talking about festivals and activities; 2. Talking about the procedures of preparation and celebrations; 3. Talking about folk customs.	1. Describing activities of festival; 2. Expressing customary or ceremonial celebrations; 3. Objects and foods used in celebrations.	Thanksgiving Day	A Pantominme

表 4-6 重点呈现了《综合英语教程 3》中 Unit 5 的单元教学内容。该套教材第三册书中每个单元主要包括四个部分的学习内容，每个部分包含以下具体内容。（以本册书 Unit 5 为例，部分内容省略，详情可参见《综合英语教程 3》Unit 5 第 65—81 页）

Part 1 Communicative Activities

1. Brainstorming

Work with your group to think of at least five words/phrases/expressions regarding the following topics. Write them down in the blanks below.

2. Listening

Listen to the recording and answer the following questions.

(1) When does the Torch Festival begin and how long does it last?

(2) How do young men and women celebrate the festival at night?

(3) In what special way do some Yizu people in Yunnan Province celebrate the Festival?

(4) What is the torch parade like?

3. Speaking

A. How do you celebrate your favorite festival?

B. Look at the following picture and speculate on…

Working alone, study the following picture. Suppose one day we migrate to our new home on Mars, then, how could we celebrate our Spring Festival there? Remember, we are living in a huge glass house, and many of the activities we have now on the earth are prohibited there for the sake of safety. So you have to invent a lot of new forms of entertainment for the celebration.

Part 2 Reading and Language Activities

Text: Creating a Caribbean Spring Festival（文章内容可参见《综合英语3》第68页）

1. Comprehension work

A. Summarize the story.

B. Summarize the paragraphs.

C. Study the story.

D. Reproduce the story.

2. Language work

A. In other words.

B. Work with sentences.

C. Work study.

第四章 综合英语课程翻转课堂模式行动研究设计

Part 3 Extended Activities

1. Dictation
2. Read more
3. Grammar work
4. Vocabulary work

A. Preparing the Spring Festival dinner is a big task. How much do you know about cooking the following dishes in Chinese cuisine? Choose the correct flavorings and appropriate ways of cooking to prepare the following dishes.

B. Read the following lists of verbs and nouns and decide which verbs and nouns can go together.

5. Translation
6. Raise questions
7. Writing

Part 4 Cultural Information

(四)《综合英语教程 4》(*Integrated Skills of English Book* 4) Unit 1 实例

Unit 1 I Wandered Lonely as a Cloud

表4-7 《综合英语教程4》Unit 1 单元教学内容

Unit	Title	Functions and Communications	Language Knowledge and Skills	Read More	Read for Interest	Cultural Information
1	I Wandered Lonely as a Cloud	1. Talking about the poem I Wandered Lonely as a Cloud by Wordsworth; 2. Discussing the heritages of the Lake District in the UK; 3. Talking about features of local cultures such as Bali.	1. Describing the geographical, historical and cultural characteristic of a place; 2. Replacing the previously learned expressions for descriptions; 3. Writing about tourist attractions that students are familiar with.	Get Yourself Lost	Bali	The Canterbury Tales and Medieval Pilgrimage

表 4-7 重点呈现了《综合英语教程 4》中 Unit 1 的单元教学内容。该套教材第四册书中每个单元主要包括四个部分的学习内容,每个部分包含以下具体内容。(以 Unit 1 为例,部分内容省略,详情可参见《综合英语教程 4》Unit 1 第 1—19 页)

Part 1 Communicative Activities

1. Brainstorming

Work with your partner to think out about five to ten words/phrases/expressions about travel. Write them down in the blanks below.

2. Listening

Listen to the recording and complete the following tasks.

(1) Where are the following places?

Boutiques: _____

Chinese Restaurant: _____

Games Room: _____

Hotel Garden: _____

(2) Study the following map and listen to the recording again. Mark the names with appropriate numbers.

3. Speaking

A. Look at the four pictures below, and then read the poem *I Wandered Lonely as a Cloud* by William Wordsworth. Which picture does the poem match best in description? Why?

B. Read the first three stanzas, and pay attention to the poetic images of the daffodils. In groups, find out how they are described by the poet speaker.

C. Read the last stanza, and discuss in groups the questions below:

Did the poet really see the scenery in his own eyes, or just in his mind's eye? Which line(s) in this stanza tells you the answer?

Part 2 Reading and Language Activities

Text: The Splendor of the Lake District

1. Comprehension work

A. Scanning the article.

B. Reading for discourse meaning.

2. Language work

A. Word study.

第四章 综合英语课程翻转课堂模式行动研究设计

B. Description.
C. Group discussion.
D. Writing task.

Part 3 Extended Activities
1. Dictation
2. Read more
3. Grammar work
4. Vocabulary
5. Read for interest

Part 4 Cultural Information

上述四个实例呈现了《综合英语教程1—4》的单元教学内容,可以看出,本项目研究中所使用的邹为诚主编的《综合英语教程1—4》每个单元的具体教学内容。本套书每册书中的每个单元共包括四个部分的内容,其中第一、二、三部分为教师上课的主要内容,第二部分的精读课文又为教师上课的重中之重,第四部分,如果时间允许的话教师会将第四部分融入精读课文中进行文化渗透。以下部分内容将重点介绍本项目研究中的翻转课堂教学模式的整体设计方案。

二、综合英语课程翻转课堂模式总设计

(一)综合英语课程翻转课堂模式设计概述

在本项目研究中,笔者根据《综合英语教程》的内容特点和研究对象的学习特点对翻转课堂模式进行设计。该模式主要包括两个部分的内容:线上网络自主学习和线下面对面课堂教学,如图4-4所示:

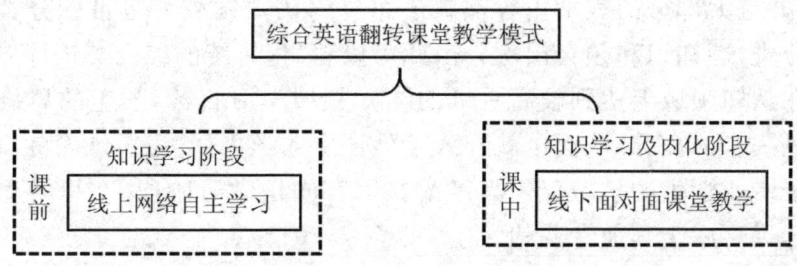

图4-4 综合英语翻转课堂教学模式

从图4-4可以看出,综合英语课程的翻转课堂教学模式主要采用混合式教学模式中的翻转课堂模式。混合式学习模式主要指学生的学习除了正常课堂教学以外,还包括课堂以外的可以收到监督的实体学习场所,并且在这个学期期间,学生可以自主控制自己的学习时间、地点、进度以及路径等因素(Horn and Staker,2015)。从具体的教学和学习方式来看,混合式学习模式主要是指一种将课堂学习和数字化的学习方式有机地整合在一起的学习模式,在这种学习模式中,教师通常结合不同的教学理论,不同的教学手段和技术来开展教学活动(黄荣怀等,2006)。

从上述可以看出翻转课堂教学模式是一种混合式的教学模式,自产生之日起便给教学领域带来了翻天覆地的改革。但Horn和Staker(2015)在他们的著作 *Blended: Using Disruptive Innovation to Improve Schools* 中就曾提出并不是所有的课程都适合用翻转课堂教学模式,因此,在本项目研究中,笔者主要对《综合英语教程》中的精读课文(Intensive Reading)部分进行翻转,将这部分的学习内容转变成学生的线上网络自主学习,其原因主要有以下几个方面。

1. 该部分内容为综合英语课程的学习重点内容

在综合英语课程教学中,精读课文部分历来都是教学的重点,因此在本项目的研究中,笔者将这部分内容作为翻转课堂教学的内容主要目的是想通过线上和线下的学习模式,在无形中延长学生对这部分内容的课外学习时间,从而加强学生对这部分内容的理解。

2. 传统教学中该部分内容的教学属于较低一级的认知领域教学目标

虽然精读课文部分是综合英语课程的教学重点,但在传统综合英语课程教学中,教师对该部分内容的教学仅仅停留在对文章重点词汇、句型结构以及篇章大意和结构上,并且大部分的教学内容都属于布鲁姆认知领域学习目标分类中的较低一级目标分类,即知识和领会层次。由此可以看出,传统的综合英语课堂没办法帮助学生在认知领域上达到较高一级的认知领域学习目标,学生的思维能力没办法得到进一步的提升,从而也就导致了外语专业学生的"思辨缺席症"的问题,因为大多外语专业学生的学习仅仅只停留在语言知识学习阶段,在思辨思维能力的发展上面远远落后于其他专业的学生(文秋芳,2012)。

因此,在本项目研究中,笔者将部分内容进行翻转,让学生在教学提供的学习视频及其他资料的帮助下在课前就先完成较低一级的认知领域学习目标;在课堂上,教师将进一步帮助学生完成知识的内化以及较高一级的认知领域学习目标,从而改变传统的综合英语课程教学模式。但正如上文中所提及的一样,由于综合英语课程教学内容和其他课程有所不同,单元内容涉及面较多,教学形式多样化,所以如果根据整个综合英语课程单元教学内容来看的话,本课程的翻转课堂流程可分为三个阶段(以某个单元为例),如图4-5所示。

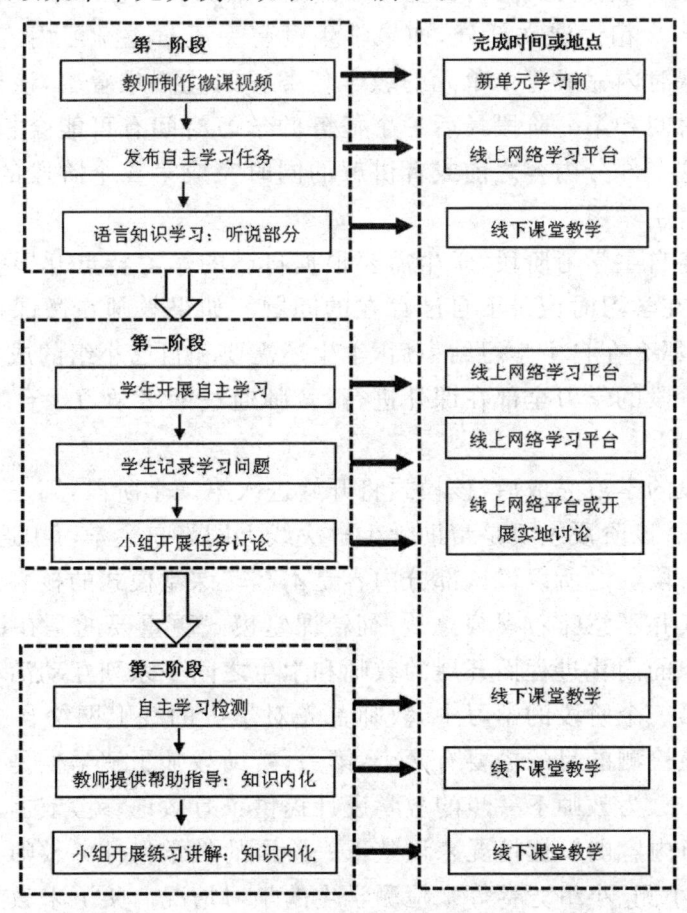

图4-5 综合英语课程翻转课堂教学模式流程图

图4-5展示了综合英语课程翻转课堂教学模式流程,该模式主要包括三个阶段,其中在第一阶段,教学需要制作好单元精读课文的学习视频,并将视频和其他学习材料发布在网络学习平台上供学生在课前开展自主学习,同时教师还需要在精读课文学习前教授Part 1听说部分的语言知识,笔者对这部分的内容不进行翻转,和传统的教学一样,这部分内容通过线下的面对面课堂教学完成;但从教学内容上来说,该部分内容的讲解又和传统的教学不一样,由于翻转课堂的教学模式延

伸了学生课堂及课外的学习时间,因此教师可以增加更多的教学内容丰富学生的语言输入渠道及内容。

虽然在翻转课堂学习模式中,学生可以根据自己的学习特点来调节自己的学习时间、地点等,但为了保证学习的持续性和完整性,教师要求学生在老师讲解完 Part 1 部分前必须完成线上网络自主学习部分,因为讲解完 Part 1 部分后,教师就必须进入到 Part 2 精读课文部分,如果学生没有完成自主学习内容,教师就很难保证在规定的课时内完成每个单元的教学任务。因此不难看出,该模式下的第二个阶段的学习时间和第一阶段最后一个任务的学习时间有可能会相重合,学生必须在教师讲解这个部分内容之前或者讲解的同时完成第二个阶段的学习任务,也就是线上网络自主学习。

在线上网络自主学习阶段,学生需要根据自己的学习特点开展完成个人的自主学习部分,并在学习时记录下自己存在的问题。如果教师在微课视频中提供了小组学习任务,那么在自主学习结束后,学生还需要和自己小组的成员共同讨论完成该任务。该阶段的学习全部在课外进行,教师通过网络学习平台后台监测学生的学习情况。

第二个阶段的学习完成后,该模式将开始进入第三个阶段,第三个阶段也是该模式的核心阶段,该阶段主要是帮助学生解决线上网络自主学习中遇到的问题、完成知识的内化阶段。之所以说该部分内容是本翻转课堂模式的核心内容是因为翻转课堂教学模式并不意味着视频教学,翻转课堂模式更重要的是在课堂上为了帮助学生完成知识的内化过程而开展的教师和学生之间一系列互动活动(刘锐、王海燕,2014)。在第三个阶段的学习中,教师首先对学生的线上网络自主学习进行进阶学习检测。该检测的目的主要有两个:第一,帮助教师了解学生是否掌握了自主学习的内容;第二,为教师下一步的教学设计提供了有效地参考依据。教师会根据学生对自主学习内容的掌握情况来调整下一阶段的教学目标。教师会通过多种形式,如自主学习小测、小组竞赛等来检测学生的学习情况。接下来教师会带领同学们进入知识的内化阶段,该阶段主要包括两个部分的内容:第一,教师通过多种形式,如提问、一对一辅导、小组合作等,帮助指导学生解决在自主学习过程中记录下的问题;第二,学生以小组为单位就课文的 Part 3 部分开展小组讲解。也就是说,教师通过以上两个环节帮助学生完成对语言知识的内化环节。

(二)综合英语课程翻转课堂模式信息技术手段概述

为了帮助教师和学生完成综合英语课程的翻转课堂教学模式,本项目研究采

第四章 综合英语课程翻转课堂模式行动研究设计

用以下几种信息技术手段来支撑完成翻转课堂的教学。为了便于理解,笔者将信息技术手段分成两个使用环境来进行介绍:第一,线上网络自主学习;第二,线下面对面课堂教学,如图4-6所示。

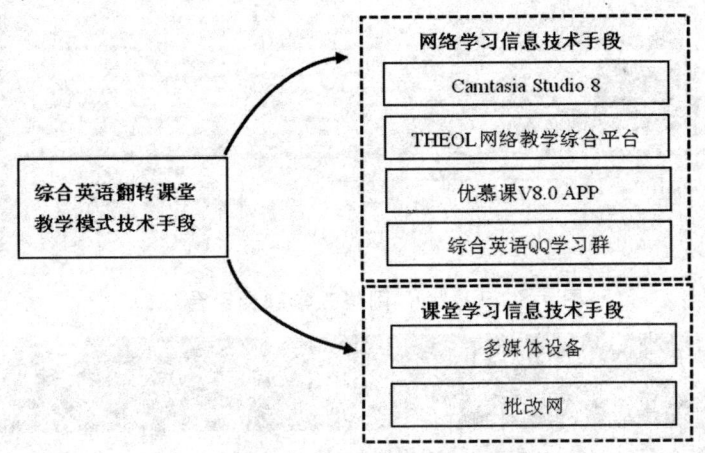

图4-6 综合英语课程翻转课堂教学模式技术手段概述图

从图4-6可以看出本项目研究所使用的信息技术手段。其中,在网络学习环境下,教师首先要借用Camtasia Studio 8软件录制微课视频(具体流程在本章第三节中详尽阐述),在录制完微课视频、准备好其他学习材料后,教师将所有自主学习材料上传至学校THEOL网络教学综合平台(也称为"凯里学院在线教育综合平台"),该平台是一个移动学习平台,教师可以通过平台上传教学资料,包括教学课件和视频,学生可以通过该平台学习下载教师上传的资料,也可以通过"资源中心"观看到其他高校的开放课件和视频公开课等优秀学习资源,如图4-7、4-8和4-9所示。

图4-7 THEOL网络教学综合平台(一)

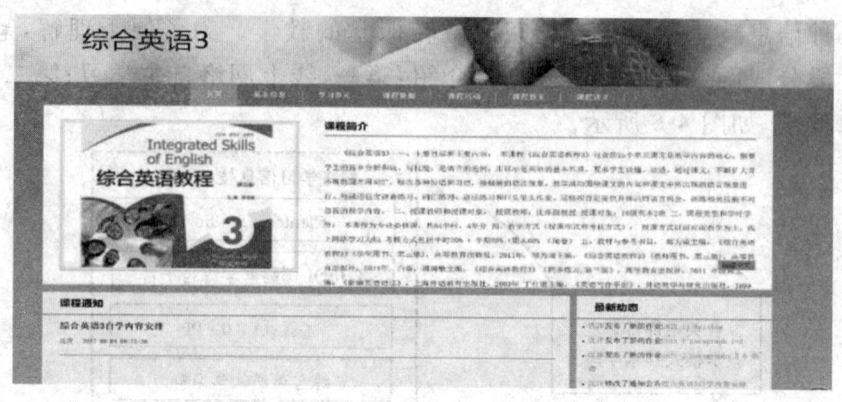

图 4-8　THEOL 网络教学综合平台（二）

图 4-9　THEOL 网络教学综合平台（三）

上图中展示了 THEOL 网络教学综合平台的部分学习资源，包括了本校教师建立的课程资源以及其他高校建立的公开课程资源。

在教师上传好教学资源后，学生可以通过电脑登录进网络教学综合平台开展自主学习，为了更好地体现"移动课堂"，学生还可以通过手机下载网络教学综合平台移动学习 APP，优慕课 V8.0，随时随地开展网络自主学习。在本项目研究中，笔者之所以使用 THEOL 网络教学综合平台，其原因主要有以下几点：

1. 学生的自主学习不受限制

学生不需要集中到课堂才能够完成自主学习部分的内容，借助于该平台，学生可以在任何有网络的地方随时随地根据自己的学习特点开展个性化的学习。

2. 教师可以监控学生的自主学习

该教学平台不仅可以为学生提供随时随地的学习,也可以为教师提供监控的平台,教师可以通过教师端的后台监控到学生开展自主学习的情况,并对学生的学习情况进行分析,如图 4-10、4-11 和 4-12 所示。

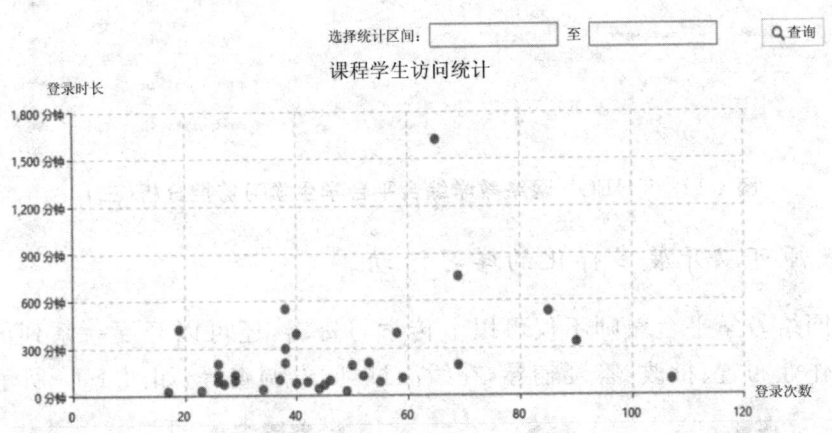

图 4-10　THEOL 网络教学综合平台学生学习监控分析(一)

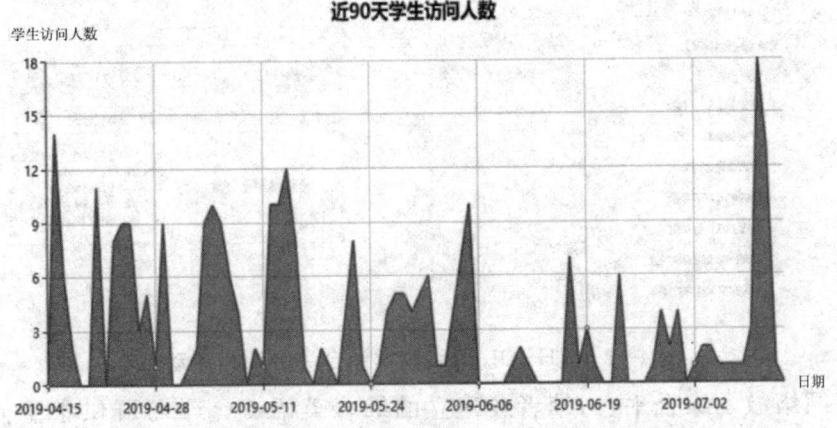

图 4-11　THEOL 网络教学综合平台学生学习监控分析(二)

学生列表

学生姓名: 学生用户名: 选择统计区间: 至 查询

学生姓名	学生用户名	登录课程次数	登录时长(分钟)	上次访问时间	学习统计
	2016405007	26	202	2019-05-07 22:06:40	查看
	2017401158	38	551	2019-06-05 07:52:57	查看
	2017412058	85	534	2019-07-10 20:03:01	查看
	2018404038	23	30	2019-06-05 07:56:15	查看
	2018412029	34	38	2019-07-10 22:25:32	查看
	2018412030	65	1624	2019-07-11 06:44:45	查看

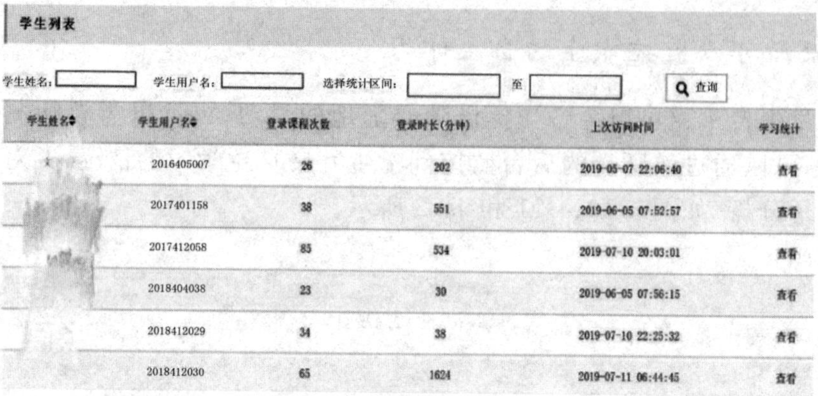

图 4-12 THEOL 网络教学综合平台学生学习监控分析(三)

3. 教师可以开展多样化的学习活动。

通过网络教学平台教师不仅可以上传学习资料,还可以开展一系列的教学活动,例如:作业布置、批改,答疑辅导,在线测试,问卷调查等,如图 4-13 所示。

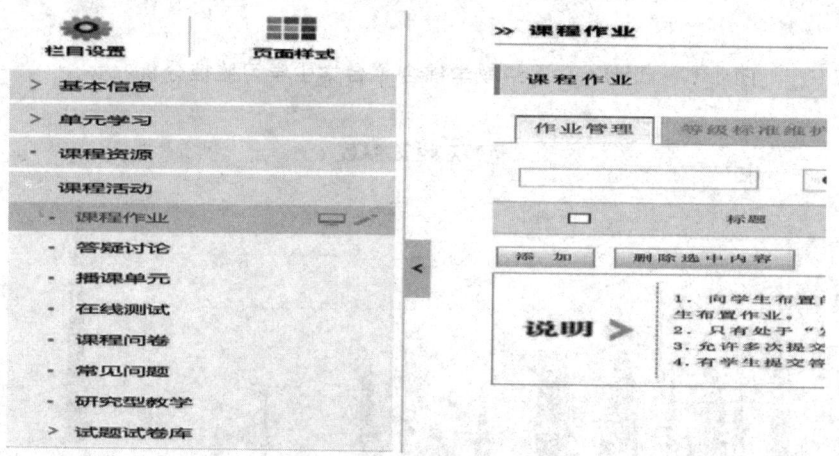

图 4-13 THEOL 网络教学综合平台课程活动

除了网络教学综合平台,笔者还建立的综合英语 QQ 学习群供学生们开展讨论。学生在开展自主学习时,遇到不明白的问题可以通过网络教学平台或者 QQ 群寻求帮助,由于 QQ 群的实时性比网络教学平台更加优越,因此大部分学生都会通过 QQ 群来发布问题,寻求帮助。本研究将合作型学习方式结合到 QQ 群的讨论中,学生通过相互间不断探讨寻求问题的答案,如图 4-14 所示。

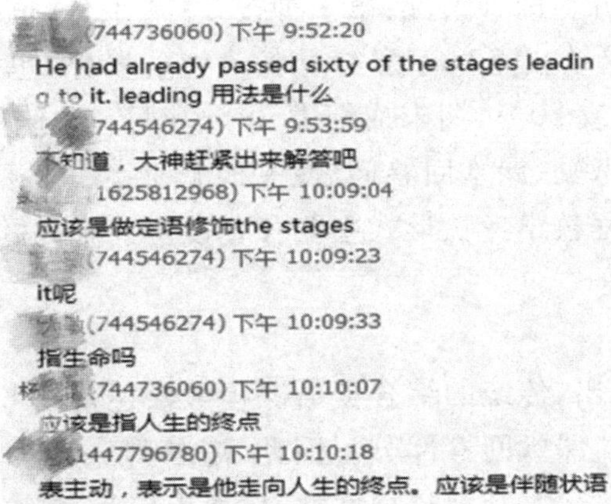

第四章 综合英语课程翻转课堂模式行动研究设计

图 4-14 综合英语 QQ 学习群讨论记录

从图 4-14 可以看出,综合英语 QQ 学习群的建立为学生搭建了一个相互学习、相互促进提升的平台。在这个平台上,学生可以发布任何关于网络自主学习或者与英语学习相关的问题,可以是一个语法题,也可以是一个长难句分析。并且为了更好地促进学生之间的互动合作学习,教师在看到问题后一般都不先做出回应,让学生之间开展学习讨论。通过相互讨论让学生达到合作学习的目的。

上述部分主要介绍了该课程的网络教学模式所采用的信息技术手段,在课堂面对面的学习中,该课程改革主要采用了多媒体设备和英语作文批改网平台。其中,多媒体设备和综合英语课程以往的常规教学所使用的多媒体设备一样,教师主要使用多媒体设备进行 PPT 展示,音视频播放等简单的教学活动;另外,英语作文批改网平台,是一个基于语料库和云计算的作文在线自动批改平台,批改网能够自动批改学生提交的论文,并按句给出相关的评论,方便教师和学生查看作文的优缺点,因此,在本项目研究中,批改网平台主要用于作文作业的布置,教师借助批改网平台完成过程性考核的一个方面,即作文撰写部分,以此来完善对学生的形成性评价。

(三)翻转课堂教学模式下的综合英语课程多元化考核评价制度

课程考核是教师用于检验教学效果,保证教学质量的重要手段之一,同时,也是课程教学的重要内容之一,一个全面完善的课程考核评价体系不仅能够帮助教师全面检验自己的教学成绩,更能帮助学生查缺补漏,充分发挥考核评价的激励作用(彭勇、贺琳,2016;曹金静、孙德刚,2019)。传统的综合英语课程考核评价主要包括三个部分:平时成绩、期中成绩、期末成绩。不同的高校对于三者的分值比例也有所不同,但大致可分为两种情况:第一种按 3∶7 来分,也就是平时占 10%,期中成绩占 20%,期末成绩占 70%;第二种按 4∶6 来分,也就是平时占 15% 或 20%,期中成绩占 25% 或 20%,期末成绩占 60%。两种分值比例中的平时成绩主要由几个部分组成,即考勤、课堂回答问题、平时作业等。从两种分值比例不难看出,传统的综合英语课程教学考核形式主要存在以下几个问题:

1. 考核形式单一

从上述比例可以看出,传统的综合英语课程考核还是以考试为主要形式,再加上一些常规的课后作业,课堂问答部分。因此,考核形式较为单一,教师很难从该考核形式中对学生的学习,尤其是过程性学习,做出较为准确的评价。

2. 弱化了对学生过程性学习的考核

另一方面,无论是哪一种分值比例,传统的综合英语课程考核还是以起期中考试和期末考试"定终身"为主要形式,完全弱化了对学生过程性学习的评价。并且期中考试和期末考试大多以闭卷的形式开展,题型与英语专业四、八级题型相似。

3. 弱化了对学生能力素质提升的考核

传统的综合英语课程考核形式在弱化了对学生过程性学习考核的同时,也弱化了对学生能力素质提升的考核,一味地强调对语言基础知识的考核。

正是由于传统的综合英语课程考核存在的诸多问题,因此,综合英语课程翻转课堂教学模式的考核评价体系也受到了前所未有的挑战。改变存在的问题,完善本课程的考核体系成为本项目研究的重点。结合传统考核体系的分析及现行课堂教学的特点,本项目研究所设计的综合英语课程考核模式主要包括三个部分,如图 4-15 所示。

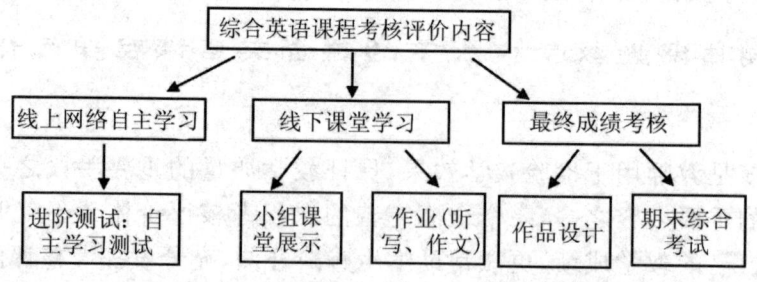

图 4-15　翻转课堂教学模式下的综合英语课程考核评价内容

第四章 综合英语课程翻转课堂模式行动研究设计

从图 4-15 看出,本项目研究中的综合英语课程翻转课堂教学模式的考核评价内容主要包括:线上网络自主学习、线下课堂学习以及最终成绩考核。对三个部分的具体说明如下。

1. 线上网络自主学习

该部分内容主要指教师对学生进行自主学习小测,该小测属于进阶测试,主要用于帮助教师了解学生网络自主学习的情况;了解学生是否掌握了相关的学习材料;能否进入到下一个阶段的学习。由于本研究环境的特殊性,学生不能在同一时间完成线上自主测试,因此,笔者将自主学习测试安排在课堂上进行。小测的形式主要以试卷为主,同时还有小组竞赛等各种形式。

2. 线下课堂学习

线下课堂学习主要包括两个部分的内容:小组课堂展示以及作业完成情况。小组课堂展示主要指小组间合作对教师布置的任务,尤其是综合英语课程每个单元的 Part 3,进行小组合作展示。课堂作业完成情况主要指听写、写作的等作业形式,其中写作作业由学生在批改网上完成。

3. 最终成绩考核

考核评价的最后一个部分为最终成绩考核,主要包括两部分内容:作品设计(final project)以及期末综合考试。其中,期末作品设计根据每册书的特点以个性或小组的形式完成;期末综合考试也是对学生的终结性考核评价,采用闭卷的形式进行,由综合英语任课教师根据课程教学大纲进行命题,并制作题型一致、难易度一致的 A、B 两套试卷,试卷题型一般单词连线题、语法词汇题、翻译题、阅读理解以及作文等多个方面,试卷经过相关教研室审查后随机抽取 A 卷或者 B 卷组织学生统一进行考核,试卷结果即为学生期末综合考试的成绩。

以上部分为综合英语课程翻转课堂教学模式的考核评价内容,可以看出,新模式下的考核内容加强了对学生的过程性评价,弱化了终结性评价,改变了传统的"一考定终身"的模式,更加地强调了学生的语言综合素质运用能力。任课教师按照各项考核内容要求分别打分并按照相关分值比例计算出学生在综合英语课程上的最后总成绩。各个部分具体的分值比例如图 4-16 所示。

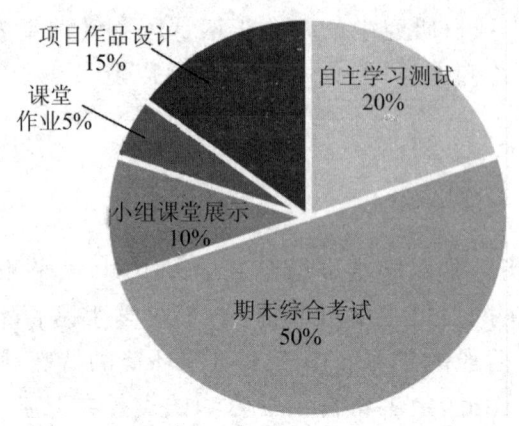

图 4-16　综合英语课程考核总成绩比例构成

图 4-16 呈现了本项目研究中综合英语课程考核评价总成绩的比例构成,总体上说主要由期末综合考试和平时部分两个大部分以 5∶5 组成,改变了传统的以"闭卷考试"为主的考核模式,加强了对学生平时各项综合素质能力的考核评价。整个期末综合考试形式与传统综合英语课程教学的期末综合考试一样,只是所占比例下降至 50％。对学生的过程性学习的考核主要包括四个部分,但细节内容笔者会根据综合英语每册书的教学内容和重点进行细微调整,四个部分内容按照分值比例由大到小依次是:自主学习测试,该部分占总成绩的 20％,主要用于检测学生线上自主学习的情况;项目作品设计(final project),该部分占总成绩的 15％,主要用于考核学生的语言综合运用能力,作品设计可以是以小组或者个人为单位,用不同的形式来完成,如话剧、微视频、演讲等;另一项内容为小组课堂展示(group presentation),该部分占总成绩的 10％,主要指学生以小组为单位就单元中的 Part 3 部分进行小组展示,此部分内容主要考核学生的小组合作学习能力以及对语言点的阐述表达能力;最后一个部分为课堂作业,占总成绩的 5％,作业的形式多样化,包括单词听写、撰写小作文等。

第三节　综合英语课程翻转课堂模式微课视频教学设计

本节内容主要介绍本项目研究中综合英语课程翻转课堂教学模式的微课视频

教学设计,具体内容主要包括微课视频设计理念、微课视频学习的考核方式以及微课视频具体实例。

一、综合英语课程微课视频设计理念

在本项目中,笔者对微课视频的设计和制作主要有以下两个设计指导理论,即布鲁姆认知领域目标分类理论和交互式阅读教学模式理论。

(一)以布鲁姆认知领域目标分类为设计理论框架

在第四章第一节中,笔者曾详细介绍了布鲁姆认知领域目标分类,因此在本部分中笔者不再对该理论进行过多的介绍。在微课视频设计的过程中,笔者和研究团队按照布鲁姆认知领域目标分类的理论将微课视频中所涉及的问题进行分类,并按照从较低一级的目标分类到较高一级的目标分类的顺序依次将问题进行排序,让学生的微课视频自主学习呈现一种由易到难、由简到繁的顺序,逐步引导学生依次完成各个阶段的学习目标。因此不难看出,笔者将布鲁姆认知领域目标分类应用到本项目中的微课视频设计制作中来,其原因主要有以下两点。

1. 其合理性被广泛接受

在二语习得领域,曾有许多的研究学者对教师的提问提出了不同的分类标准,但是布鲁姆认知领域目标分类标准被认为是最广为人知、最被广泛使用的一种分类标准(Bernadowski,2006)。除此之外,在二语习得领域中,大部分的分类标准其实都是基于布鲁姆认知领域目标分类理论而产生的,如开放性问题和封闭性问题(Almeida,2010)。

2. 其遵循自然学习的规律

布鲁姆认知领域目标分类理论恪守由易到难、由简到繁的学习规律,将学生的学习目标进行分层次划分,教师通过一步一步带领学生完成一级一级的目标,从而实现最终的教育目标,该分类遵循自然学习的规律,让学生在完成目标的时候不会因为目标太难超出自己的能力范围而有"挫败感"。

由此可以看出,布鲁姆认知领域目标分类可以将学生的目标或相关内容逐渐进行分类,有效地帮助教师了解掌握学生的学习情况,帮助学生了解自身学习的不足之处。

(二) 以交互式阅读教学模式(Interactive Model)为设计理论框架

本项目中的微课视频教学内容主要关于综合英语课程教材中的精读课文阅读部分,因此微课视频的制作以交互式阅读教学模式为理论框架。交互式阅读教学模式是一种教授阅读的教学方法,这种教学方法是一种结合了自上而下和自下而上的阅读教学模式。所谓自上而下阅读教学模式(Top-down Model),即是指在阅读教学中,教师先带领学生了解文章的背景知识,如作者背景信息、主人公信息等,便于学生掌握文章主要内容,构建背景图式;在了解背景信息后,教师引导学生找出理解文章大意并回答关于文章细节或大意的问题,最后带领学生共同分析长难句、重点词汇以及短语(王蔷,2000)。相反,自下而上阅读教学模式(Bottom-up Model)则认为阻碍学生理解文章大意的最大障碍是词汇和短语,因此这种教学模式要求教师先帮助学生解决文章中的新单词和新短语的障碍,再扫除这些障碍后,文章的大意便可自动解码(倪锦诚,2007)。

交互式的阅读教学模式结合了自下而上和自上而下的阅读教学模式,阅读本身是一个复杂的学习过程,这个过程包含了复杂的双向交互过程(倪锦诚,2007)。本项目的微课视频设计以交互式阅读教学模式为理论指导,主要原因有以下两点。

1. 语言基础知识和背景知识同样重要

自下而上阅读教学模式强调语言基础知识的重要性,相反,自上而下阅读教学模式则强调背景知识的对篇章理解的重要性。然后在实际阅读教学过程中,无论是语言基础知识中的词汇、短语、语法部分还是文章背景知识部分都影响着学生对文章的理解程度,因此只有交互式的阅读模式才倡导着两者共有的重要性。

2. 学生具有不一样的图式背景

同一个班的学生具有不一样的图式背景,阅读过程是一个将新的知识融入原本的知识体系中进一步构建原有图式的过程。但由于学生的背景图式不一样,对于阅读能力较差的学生而言,如果没有解决新的词汇和短语障碍就很难理解整篇文章的意思;而对于部分懂得相关背景知识的学生而言,即使遇到了单词障碍,但通过自己所掌握的背景知识也能够推断出文章的大意。

由此可以看出,交互式阅读教学模式可以有效地将自下而上和自上而下的阅读模式整合在一起共同互补,共同作用于提升学生的阅读理解能力。在阅读教学过程中,该模式既重视对学生基础语言知识的培养,又注重阅读技巧和文化知识的灌输,可以说交互式阅读教学模式是一种相对理想化的阅读教学模式(倪锦诚,2007)。

上述两个理论即为本项目微课设计中所遵循的理论原则,笔者在微课设计中根据不同的课文特点采用交互式阅读教学模式,通过阅读前(pre-reading),阅读中(while-reading)以及阅读后(post-reading)三个步骤来开展阅读视频教学。除此之外,笔者在视频中还会设计相应的阅读问题帮助学生通过寻找答案来理解文章内容,在问题设计时遵循布鲁姆认知领域目标分类理论,由易到难逐级设计阅读问题。具体问题实例可见以下综合英语课程微课视频实例部分。

二、综合英语课程微课视频学习考核方式

综合英语课程微课视频学习为该课程改革翻转课堂教学模式中的线上自主学习部分,根据上述中所提及的总设计方案,线上自主学习部分占总评成绩的20%。由于本项目研究下的研究对象所使用的线上学习手段不一,有的同学通过电脑开展学习,没有电脑的同学就通过手机开展学习,因此由于学习环境的硬件、软件设计不一,笔者很难通过在线统一对学生的自主学习进行考核,所以,线上自主学习的考核方式主要以课堂上20—30分钟的小测为主,小测的考核方式以常规的闭卷笔试进行,考试的内容均为微课视频中所涉及的知识点,可以有效地检查学生的学习情况。但值得一提的是,并不是所有的自主学习单元笔者都会进行小测,为了更加有效地、真实地检测出学生的自主学习情况,笔者采用随机的方式进行小测,对于不进行小测的单元,笔者会通过小组竞赛、讨论等方式对学生进行检测,并根据学生的表现给予其一定的物质奖励,该方法不仅可以丰富学生学习英语的方式,更能增加学生对学习英语的兴趣。

另外,除了自主学习小测和课堂活动等一些形式以外,笔者还会通过THEOL网络教学综合平台教师端后台对学生的学习痕迹进行监测,如果发现没有登录网络学习平台或者登录网络学习平台时长过短的学生,教师会及时与学生进行沟通了解具体情况,以确保学生能够有效地开展线上自主学习,从而培养自己良好的自主学习习惯。

三、综合英语课程微课视频实例展示

以下部分内容将具体对综合英语课程微课视频的总体特点和具体实例进行说明,通过实例展示形式介绍本项目研究的微课视频资源。

（一）综合英语课程微课视频特点

本项目研究中的微课视频遵循微课制作的原则，主要具有以下三方面特点。

1. 教学内容突出

本项目研究中的所有微课视频包含《综合英语教程》1－4册教材 Part 2 精读课文部分，其主要目的是让学生通过对视频的学习掌握精读课文的主要内容，因此微课中所有的教学内容围绕着精读课文展开，可以说微课视频中教学内容重点突出，知识点学习目标明确。

2. 视频短小、背景新颖

本项目研究中的微课视频在设计制作上遵循了微课视频短小精悍的特点。为了有效地抓住学生的学习注意力，所有的微课视频时长均在11分钟左右。另外，研究团队所制作的微课视频均以PPT的形式来进行录制，在PPT制作过程中笔者采用了色彩明亮新颖的背景颜色和花式，有效地吸引了学生在视频学习中的注意力，提升了学生的线上自主学习效率。

3. 在线视频教学

本项目所涉及的所有微课视频均以在线视频模式进行发布，教师不在课堂上使用微课视频资源进行面对面课堂教学，学生通过之前所提到的THEOL网络教学综合平台以及QQ群学习平台开展在线自主学习，最终实现综合英语课程精读课文的翻转课堂教学模式。

（二）综合英语课程自主学习任务单

在每一个单元的线上自主学习任务发布的同时，笔者还同时发布自主学习任务单。所谓的自主学习任务单是指"教师设计的以表单的形式呈现的指导学生自主学习的方案，是学生高效自主学习的支架与载体"（金陵，2015：137）。因此自主学习任务单主要用于引导学生如何在课外开展线上自主学习，为学生的学习提供相应的指南，具体内容如表4-8所示（以《综合英语教程》第二册 Unit 2 He Was My Father 为例）。

第四章 综合英语课程翻转课堂模式行动研究设计

表 4-8 综合英语课程自主学习任务单样例

姓名		班级	

一、学习指南
1. 学习内容：《综合英语教程》第二册 Unit 2 He Was My Father
2. 达成目标： 通过观看微课视频，应掌握以下内容： （1）准确定位并理解文章描述父亲的七个细节信息； （2）准确运用以下短语：remove…from; grind sth into sth; fall into one's lap; follow in one's footsteps; （3）通过小组讨论理解文中作者所使用的"对比"的修辞手法。
3. 课堂学习形式预告： （1）自主学习测试； （2）小组对 extraordinary ordinary man 话题进行观点陈述。
二、学习注意事项
1. 在观看微课视频时请结合单词表以及课文翻译材料进行辅助学习； 2. 在观看微课视频时视频要求进行暂停寻找答案，再通过视频检查答案，切勿直接查看答案； 3. 在观看微课视频重难点句型结构分析时请注意重点词汇、短语例句。
三、困惑与建议
（困惑与建议部分内容为了解掌握学生在自主学习过程中存在的学习困难，由学生完成自主学习后填写）

从表 4-8 中可以看出，自主学习任务单主要包括三大部分的内容：学习指南、学习注意事项、困惑与建议。其中学习指南主要给学生介绍本次自主学习课程的内容、学习目标以及学生在自主学习结束后需要完成的任务。注意事项部分主要用于提醒学生应该怎样正确观看微课视频，怎样结合其他学习资料等相关内容。最后一个部分困惑与建议主要由学生自己填写，学生自己记录在自主学习过程中遇到的问题以及对本次自主学习设计的建议，教师在课堂组织学生学习的过程中会以多种形式来解决学生存在的困惑和问题。因此，不难看出，自主学习任务单不

仅可以帮助引导学生正确开启自主学习模式,更为教师的下一步教学提供合理的依据,让教师在课堂上能够以多种形式有的放矢地帮助学生解决存在的问题,加速学生知识内化的过程。

(三)综合英语课程微课视频实例

在介绍单元微课视频实例之前,笔者先就所有微课视频的共性,即片头部分进行介绍。为了使本项目研究中的微课资源库形成统一的格式,因此本项目中所有的微课视频都采用统一的片头,如图4-17所示:

图4-17　综合英语课程微课视频片头

图4-17呈现了本项目研究中微课视频资源的片头,片头包含的内容主要有:项目研究团队所属单位、资源名称以及主讲教师等相关信息。统一的微课资源片头可以让学生在四个学期的综合英语课程学习中形成统一的学习意识,也能有效地将四个学期的综合英语课程学习串联在一起,形成联系性及连续性的教学。

在介绍完本微课视频资源的片头后,以下部分笔者主要以《综合英语教程》中四个不同的单元精读课文微课视频为例,重点展示本项目研究中的微课视频的主要内容,也就是说学生在微课视频中将会学到的内容(课文节选内容参见附录6综合英语课程微课Texts实例)。

1. 以Unit 2 He Was My Father为例(《综合英语教程》第二册)

微课格式:微课视频为mp4格式,整节微课时长为10分23秒。

课文背景:Unit 2 He Was My Father是一篇记叙文,作者通过几件家庭琐事来描写自己的父亲,全文共有九个自然段。

第四章 综合英语课程翻转课堂模式行动研究设计

微课教学方法：借助 pre-reading, while-reading 以及 post-reading 三个步骤实现交互式阅读模式。

教学重难点：

(1) 记叙文的写作技巧；

(2) 新单词和短语：callous; ground-in; concern; remove … from …; fall into one's lap; follow in one's footsteps。

教学步骤：

第一步：利用问题进行背景知识介绍，建立学生阅读图式结构。如图 4-18。

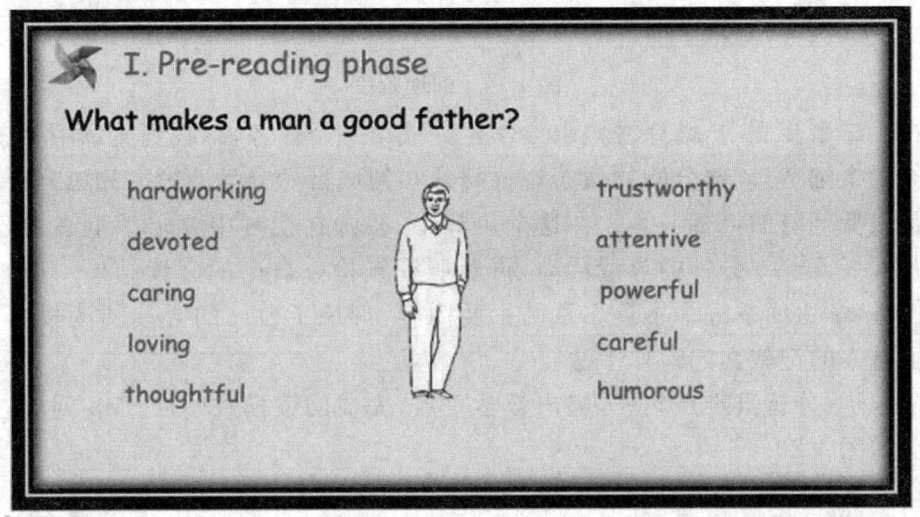

图 4-18 预读阶段

本单元学习主题与父亲相关，因此在微课视频教学中的第一步笔者以一个问题"What makes a man a good father？"为引导让学生熟知文章的主题，视频中要求学生对该问题进行数秒思考，然后再呈现出相应的形容父亲的形容词，并且部分形容词是课文中所使用的词汇，形容词的呈现可以让学生进一步了解课文的内容，并对课文中作者对自己父亲的描写进行大胆的预测。因此，本单元微课视频的第一步，也是阅读前阶段，主要利用问题对背景知识进行介绍，帮助学生构建相关背景知识，便于进一步了解文章的内容。

第二步：训练学生寻读(scanning)技能，完成"知识"和"领会"层次目标。如图 4-19。

```
II. While-reading phase

Task 1: Scan the text and then find the details that
the narrator used to describe his father.

    Detail 1: Scrubbing hands (paragraph 1)
    Detail 2: Telling moral tuition (paragraph 2)
    Detail 3: Father's job (paragraph 4 & 5)
    Detail 4: Father's weeping (paragraph 6)
    Detail 5: Father's euphoria (paragraph 7)
    Detail 6: holiday (paragraph 8)
    Detail 7: Staring at the grandson (paragraph 9)
```

图 4-19　阅读阶段

在第二个步骤中,微课视频引导学生完成第一个任务,即找到文章中关于描写父亲的七个细节,该部分问题属于布鲁姆认知领域目标分类的第一和第二个层次,也就是较低一级的目标分类。在这个步骤中,教师在视频中要求学生必须要暂停视频并开展 5—10 分钟的寻读活动,再对照视频检查自己的阅读结果。通过完成这个任务,学生便掌握了本篇文章的主要内容,训练了自己的寻读阅读技巧,并且掌握了基本的记叙文的写作手法。

第三步:分析重难点句子,突出教学重点,完成阅读模式中从 Top 到 Down 的转移。如图 4-20。

```
Task 2: Analyze the difficult sentences.

    grind: v. 折磨、磨碎  grind-ground-ground
    e.g. (1) The cleaner is designed to quickly remove ground-in dirt.
         (2) She angrily ground her cigarette into the ashtray.
    grind sth. into sth. : press sth. hard into sth else using a twisting movement

1. Pungent, because this was for removing ground-in dirt and oil
from beneath hardened fingernails and from calloused hands.

    remove from: delete sth./take sth. away
    e.g. Please remove the dish from the menu.

    刺鼻得很!因为他得把硬邦邦的指甲里的和布满老茧的手上的顽渍
    都洗掉。
```

图 4-20　难句分析

第四章　综合英语课程翻转课堂模式行动研究设计

第三步和第二步同样重要,重点突出了微课视频的教学重点内容,也是实现自上而下阅读模式的从 Top 到 Down 的转移。这个部分内容主要集中在文章中重点句型结构的分析,重点词汇和短语的讲解,同时还包括句子的翻译。为了方便学生对句子的理解,教师在微课视频讲解的过程中还增加了字幕以及必要的手写板文字输入来强化学生的理解。在本环节中,教师共分析了文章中的五个重点句型,包括句法、语法、词汇以及翻译几个部分。

可以看出,本单元的微课视频资源前三个步骤主要帮助学生完成对精读课文的较低一级的学习目标,在完成自主学习后,要求学生能够理解精读课文的内容以及重难点句型结构。

第四步:布置小组任务,引导学生完成较高一级的认知领域目标。如图 4-21。

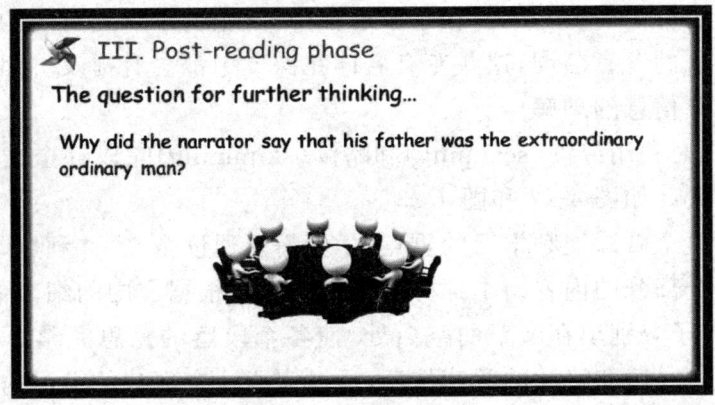

图 4-21　读后阶段

在讲解完本篇文章的重点和难点之后,在第四个步骤,即阅读后环节里,教师会给学生布置阅读后任务,引导学生开展小组讨论并形成统一的结论,然后在线下课堂面对面教学中学生会通过小组报告及小组间讨论的形式完成布鲁姆认知领域较高一级的学习目标。在完成这个任务的过程中,学生的小组合作学习能力、思辨思维将会得到培养。

2. 以 Unit 14 New York City 为例(《综合英语教程》第二册)

微课格式:微课视频为 mp4 格式,整节微课时长为 8 分 05 秒。

课文背景:Unit 14 New York City and Its Immigration Culture 是一篇描述性的文章,全文共有八个自然段,通过描写纽约市中心八个最具特色的地方来呈现纽约这座城市的各种文化,尤其是移民文化。

微课教学方法:交互式阅读模式。

教学重难点:

(1)文章的篇章结构分析;

(2)新单词和新短语:frenetic;sentimental;verdant;megalopolis;unprecedented;even so。

教学步骤:

第一步:利用图片介绍文章背景信息,帮助学生构建阅读图式。

本片文章主要介绍纽约的相关信息,因此,在微课视频中的第一步,笔者利用纽约的地图图片帮助学生构建图式。该图片主要展示纽约的地理位置以及其主要的五个行政区。在视频中,老师重点对五个行政区,尤其是纽约最重要、最核心的曼哈顿行政区进行了简要介绍。在这个过程中,学生会了解到纽约的基本信息,特别是五个行政区的专有名词,这些专有名词在课文中都会有提及。因此,该步骤有助于学生对文章信息的理解。

第二步:同时利用寻读(scanning)和略读(skimming)完成补全文章信息,实践交互式阅读模式。如图4-22和图4-23。

该步骤是整个微课视频学习的重点,学生需要通读全文,并利用寻读和略读阅读技巧完成这个部分的内容。本部分任务需要学生根据文中的细节信息以及主旨信息将12个句子分别填在文章的空白处,使各个段落的意思完整。因此,这个部分主要训练学生寻读和略读的阅读技巧,通过完成这个部分的学习内容,让学生达到布鲁姆认知领域分类层次的较低一级层次,即"知识"和"领会"层次目标。

Global Understanding

Task 1: Choose the correct sentences to make the passage complete. (P. 205)

Positions	Phrases
1	Still, with all its size and frenetic energy (i)
2	unlike cities such as Rome or Beijing (g)
3	Concentrated into a relatively small space (e)
4	the buildings scrape the sky (k)
5	immigrants to the United States (c)
6	most notable the Lower East Side of Manhattan (h)
7	creating unique neighborhoods that survive to this day (a)

图 4-22 了解世界 1

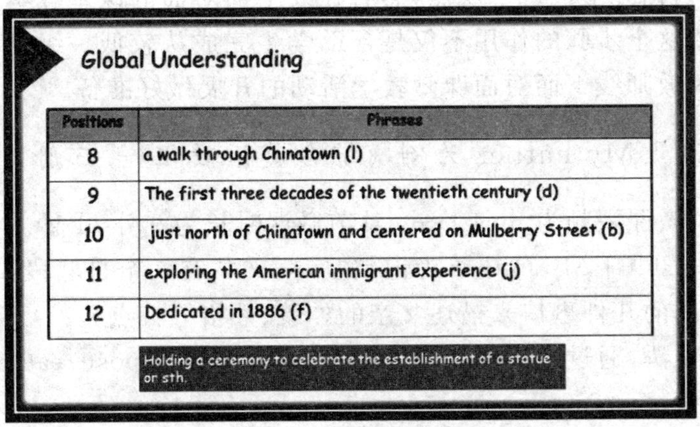

第四章 综合英语课程翻转课堂模式行动研究设计

图 4-23 了解世界 2

第三步:分析重难点句子,突出教学重点,完成阅读模式中从 Top 到 Down 的转移。

第三个步骤主要对文中的四个重点句子进行介绍分析,主要体现交互式阅读模式中从上至下的转变,如图 4-24。在这个步骤中,学生通过观看微课视频,将会掌握四个重点句子的句型结构、中文翻译,以及句子中重点词汇和短语的意思和应用。

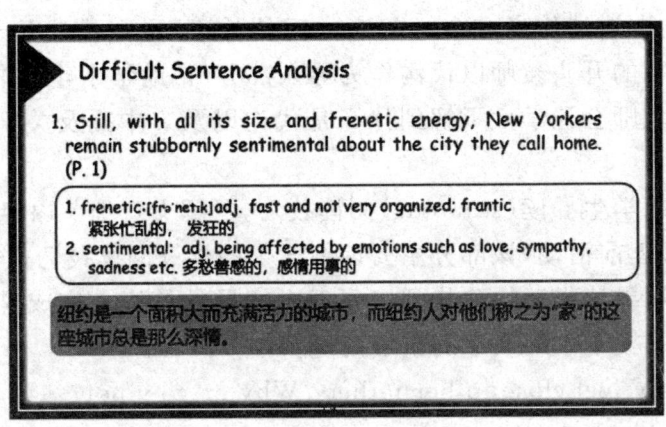

图 4-24 难句分析

第四步:布置小组任务,引导学生完成较高一级的认知领域目标。

第四个步骤主要是布置小组学习任务,让学生在观看微课视频后和小组成员一起共同开展讨论初步完成较高一级的认知领域目标。在第四步的任务 3 中,学生需要和小组成员就文章中所提及的关于纽约的信息进行总结。因此,学生需要提前完成小组讨论并形成统一观点,然后在线下面对面的课堂教学中进行讨论分享,因此可以说这个步骤的作用不仅是帮助学生完成从较低一级到较高一级的层次的飞跃,更为教师线下面对面课堂教学活动的开展做好准备。

3. 以 Unit 1 My Father 为例(《综合英语教程》第三册)

微课格式:微课视频为 mp4 格式,整节微课时长为 9 分 11 秒。

课文背景:Unit 1 My Father 为记叙文,全文共有六个自然段,笔者通过记叙自己和父亲之间的几件事情来描述父亲的外貌、性格等特点。

微课教学方法:通过 pre-reading,while-reading 以及 post-reading 三个环节实践交互式阅读模式。

教学重难点:

(1)文章的段落结构及每段的主题;

(2)重点词汇、短语:unapproachable; non-attendance; humble; keep oneself to oneself; out of touch; should have done。

教学步骤:

第一步:以代沟 generation gap 为导入,介绍文章背景信息,帮助学生构建阅读图式。

本篇文章主要讲述作者和自己父亲之间的故事,重点描述父子之间的代沟。因此,在微课视频的开头教师以代沟作为导入部分,帮助学生建立本文的阅读图式结构,在视频中教师会让学生了解到什么是代沟以及文中提及关于代沟的一些背景知识。

第二步:训练学生寻读(scanning)阅读技巧,了解文章细节内容。

第二步为阅读前活动,该部分主要训练学生的寻读阅读技巧,学生通过完成该部分的任务,利用寻读技巧快速找到以下五个问题的答案。完成这个部分的任务后,学生同时也掌握了本篇文章的核心内容及细节内容。

1. Does Amy feel close to her father? Why or why not?
2. What is her father's job? Is he successful in his career?
3. Why was she asked to leave school?
4. Do the father and daughter have some common interests?
5. What did the father think of Amy's marriage?

第三步:分析重点句型结构、词汇、短语及语法问题,实现从 Top 到 Down 的转换。如图 4-25。

第四章　综合英语课程翻转课堂模式行动研究设计

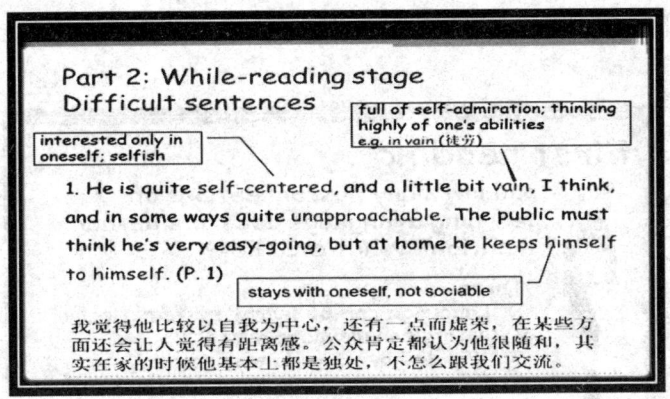

图 4-25　阅读阶段的难句

第三个步骤为阅读中任务,主要帮助学生理解本篇文章的重点句型结构,及其中的语法、词汇、短语问题。和第二步一样,第三个步骤同样也是帮助学生完成布鲁姆认知领域分类中的"知识"和"领会"层次的目标。同样这个步骤也是交互式阅读模式中的从 Top 到 Down 的知识点转换。

第四步:布置小组讨论任务,帮助学生实现较高一级的认知领域目标。

第四个步骤为阅读后活动,这个步骤的主要目标是培养学生的合作学习能力以及对文章主要内容的总结应用能力。在这个阶段,教师会让学生对文章每个段落的中心思想进行总结概括,并恰当运用微课视频中所提及的核心词汇、短语等知识点。因此,本环节的目标层次属于布鲁姆认知领域中的"应用"层次,也就是较高一级的目标层次。

4. 以 Unit 9 Learning a Language 为例(《综合英语教程》第三册)

微课格式:微课视频为 mp4 格式,整节微课时长为 8 分 23 秒。

课文背景:Unit 9 Learning a Language 是一篇说明文体裁的文章,全文共有五个自然段,作者从学习语言的三个误解来阐述语言学习的方法。

微课教学方法:交互式阅读模式。

教学重难点:

(1)文章的篇章段落结构;

(2)文中重点短语、词汇的用法:misconception; life-long; systematical; in question; embark on; collide with; bits and pieces。

教学步骤:

第一步:利用寻读(scanning)阅读技巧快速找到文章核心细节内容,如图4-26。

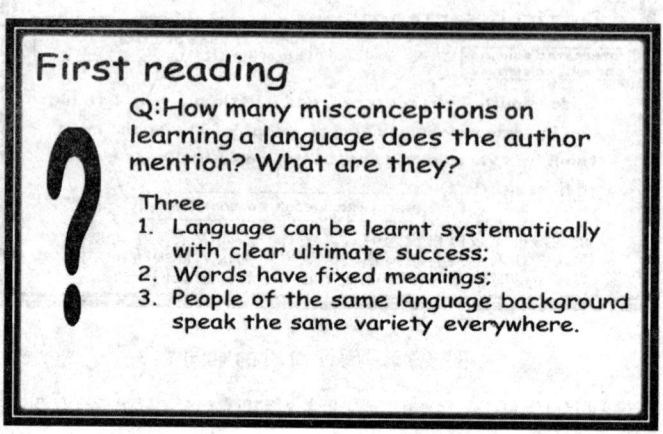

图 4-26 寻读

本单元微课视频内容的第一步即让学生利用寻读阅读技巧快速找到文章的核心细节内容并回答问题。该部分内容的问题为 How many misconceptions on learning a language does the author mention? What are they? 该问题是整篇文章讨论的核心问题,学生如果能够快速找到问题的答案,也就意味着学生掌握了文章的主要内容。因此,成功地完成微课视频学习的第一步可以帮助学生顺利有效地完成视频中接下来的任务。

第二步:利用交互式阅读模式中的 Top-down 阅读模式帮助学生掌握整篇文章的结构,如图 4-27。

Second reading: Text analysis

parts	paragraphs	Main ideas
Part 1	Paras. 1-2	The author argues learning a language is a <u>life-long</u> activity, instead of a <u>systematical</u> process with clear ultimate success and uses English as an example to illustrate, thus learning a language is an <u>endless voyage</u>.
Part 2	Paras. 3-4	The author discusses the 2nd misconception that words have <u>fixed</u> meanings, and points out that words, besides their core meanings, also have <u>extensive</u> meanings.
Part 3	Para. 5	The author presents the 3rd misconception that people of the same background speak the same variety and have no problem of understanding each other; however, the situation is different with <u>dialect</u> speakers.

图 4-27 文章结构分析

第四章 综合英语课程翻转课堂模式行动研究设计

该环节为交互式阅读模式的具体实践,教师在微课设计时利用 Top-down 阅读模式帮助学生掌握文章的整体结构。在这个环节,为了便于学生理解,教师先将文章按照大意进行了分段,然后让学生阅读课文,根据每段的意思将主要信息补充完整。学生在本阶段可以学会如何正确运用课文中的词汇、短语。

第三步:讲解文章中的重难点句型结构、短语以及相关语法,完成从 Top 到 Down 的转变,如图 4-28。

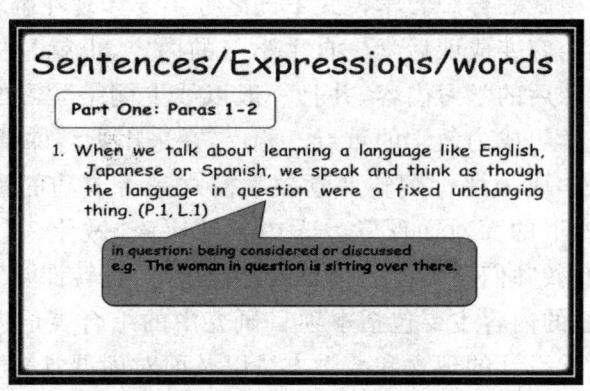

图 4-28　句型结构和短语

在本环节中,教师重点对文章中的五个句型结构进行讲解,其中包括句子中的语法结构、词汇等内容。在遇到新词汇和新短语的时候,教师会重点讲解英文意思以及相关的例句,通过例句帮助提升语言应用能力。

以上四个例子为本项目研究中的微课视频实例,笔者共选取了《综合英语教程》第二册和第三册教材中的四个单元为例呈现微课的部分内容。值得注意的是,学生在利用微课视频进行线上自主学习的同时,自主学习任务单要求学生必须结合其他学习资料,如单词表、课文翻译等,因此虽然微课视频时长不足十分钟,但学生每次的自主学习时长应不少于 2 个小时,否则即使看完了微课视频学生也不能完全地掌握文章的主要内容。另外,学生在观看微课视频时必须严格按照视频中教师的要求在必要的时候暂停视频进行寻读或者略读完成视频中的阅读任务,然后再继续观看视频检查自己的答案是否正确,而非连续不断地观看完视频,而且,在观看视频的时候如果遇到不明白的地方,学生还需要对视频进行反复回看,直到明白视频中教师的讲解为止。

第四节　综合英语课程翻转课堂模式面对面课堂教学设计

翻转课堂教学模式和传统教学模式不同之处主要体现在翻转课堂教学模式将传统课堂上的教学内容变成课后学生自主学习的内容,也就是将原本课堂的教学内容进行翻转变成课后的学习内容,并且一般以线上网络学习的方式来进行。但这并不意味着线上学习成为教学的重点。相反,在采用翻转课堂教学模式后,如何高效地利用课堂教学成为评价翻转课堂教学模式是否成功的重要因素之一。那么,在翻转课堂模式下的面对面课堂教学中教师应该"做什么"或者说应该"教什么"成为实践改革的教师们所关注的核心内容,也称为翻转课堂实践的核心内容。

因此,本节阐述的内容主要包括本项目研究中的综合英语课程翻转课堂模式下的面对面课堂教学设计的理念和教学方法以及面对面课堂教学考核形式和课堂教学实例。

一、综合英语课程翻转课堂模式面对面课堂教学设计理念及教学方法

(一)克拉申"i+1"理论

克拉申(Krashen),美国著名的语言教育学家,在二语习得领域有着卓越的成就。他所提出的语言输入假说(The Input Hypothesis)也成了二语习得领域中非常重要的理论之一。

"i+1"理论就是克拉申语言输入假说理论的精髓所在。克拉申(1982)认为学习者学习语言的途径即通过大量的可理解性的语言输入获得,用公式表述则是"i+1",其中i代表语言学习者目前的语言水平,1代表略高于语言学习者现有水平的语言知识。如果语言学习者所接受的语言知识远远高于现有语言水平即表述为"i+2",那么语言学习者就会因为知识点太难而不会发生语言学习;相反,如果语言学习者所接受的语言知识远远低于自己现有语言水平,用公式则表述为"i+0",那么语言学习者则会因为知识点太简单而同样不会发生语言学习(Ellis,1994;文秋芳,2010)。

因此,根据克拉申的"i+1"理论,语言学习者只有在下列情况下才有可能发生语言学习。

1. **必须有大量的语言输入**(即 in sufficient quantity)

根据二语习得理论,语言学习者在语言学习的前期会有一段时间的"沉默期"(silent period),在此阶段语言学习者不会有任何的语言产出,因为他需要接收大量的语言输入,但没有人知道这个语言输入的量是多少才会让学习者有语言的产出,因为每个人的学习都有个体差异性,不过在这个不断地获得大量语言输入的过程中,如果达到并发生了"i+1"的话,则表示发生了语言学习行为,语言学习者就会产生语言输出。由此可以看出,虽然"i+1"可以让语言学习者产生语言习得,但由于"i+1"理论中的1不好界定,谁也没有办法准确判断出1到底等于多少,不过只要保证对语言学习者有大量的语言输入的话,"i+1"就会发生(Ellis,1994;李炯英、戴秀珍,2001;王烈琴,2008)。

2. **语言输入必须是可理解性的**(即 comprehensible)

根据克拉申(1985)的语言习得机制(Language Acquisition Device,简称 LAD),语言学习者学习语言的过程是将所接收到的语言输入(input)转化为吸入(intake)后,LAD 就会发生作用,发生语言学习的行为。因此,对语言学习者的语言输入必须是可理解性的,只有在这种状态下,语言学习者才能够通过内在的 LAD 机制将所接收到的语言输入转化成自己的语言吸入,获得语言知识,完成语言的学习过程(李炯英、戴秀珍,2001)。除此之外,可理解性的语言还必须和交际结合在一起,才会发生语言习得的行为。因为只有在交际中,才能让语言变得有意义,变得灵活多变,语言学习者才能够体会到语言的真正含义。

(二)任务型教学法

任务型教学法,在当今外语教育领域是一种被广泛使用的教学方法,是建立在交际型教学法上的一种更进一步发展的教学方法(王蔷,2000)。

任务型教学法兴起于20世纪80年代,该方法强调的是一种"在做中学"的教学思想(武和平、武海霞,2014)。可以说它是一种基于任务的教学方法,该教学法认为让学生通过不断地完成任务,在完成各种不同任务的过程中掌握相应的语言知识,也就是把传统的以教师灌输语言知识的被动学习的方式改成一种学生主动学习的方式。让学生在学习过程中,不再是被动地接受教师所传递的语言知识,相反,学生是通过自己在解决任务的同时而学习语言。另外,在任务型教学法中,所谓的任务是指让学生通过使用语言来完成事情,并且在整个事情的完成过程中学生都是以一种积极的、主动的状态参与到其中的(武和平、武海霞,2014)。另外,这个任务的设计必须包含有真正的语言交际,也就是说有信息差(information gap)的存在,因为只有存在信息差,才会有所谓的语言交际产生。

著名的英国语言学家威利斯(Willis)在1996年曾提出了任务型教学法的三段式教学模式:即,任务前(pre-task)、任务环(task-cycle)以及任务后(post-task)。威利斯同时还列举出了在每一个阶段中,教师需要带领学生完成的任务,具体表现如下:

1. 任务前(pre-task)

在该阶段中教师主要用于介绍主题,引入任务,让学生了解接下来的任务,有必要的时候教师会先做示范,让学生明白如何去实施任务。

2. 任务环(task-cycle)

在该阶段中教师开展的活动主要包括三点。第一,任务(task)。学生需要根据教师在任务前所引入的任务执行教师所布置的任务。第二,计划(planning)。学生需要以小组或者个人为单位开始着手计划将如何向其他同学反馈自己小组或者个人的任务完成情况。第三,报告(report)。学生对任务的完成情况进行总结汇报。

3. 任务后(post-task)

在该阶段中教师带领学生开展的任务主要包括两点。第一,分析。在学生完成小组或者个人任务以后,教师将引导学生分析各组或者每个人的任务完成情况,带领学生共同进行评价。第二,操练。在分析完各组的任务完成情况以后,教师会指导学生完成语言知识中的重点和难点的学习,帮助学生完成知识的最后巩固阶段。

上述三个阶段为任务型教学法的三个主要阶段。从上述对三个任务的具体实施过程阐述中不难看出,和传统的教学方法不同,任务型教学法强调让学生充分参与到课堂的所有环节中来,增加了学生在课堂上参与活动的机会,让学生的学习变得更加主动,更能体现出学生在课堂教学中的主体地位。另外,上文曾提及任务型教学法是基于交际型教学法基础上的一种更加发展的教学方法,它强调语言形式的同时还强调语言的交际功能。也就是说,在任务型教学法中,学生不是单纯地接收教师所传递的语言知识,相反,学生是在自己主动地学习过程中,特别是使用语言开展交际的过程中来学习语言,学生不仅学习语言知识,更重要的是学习如何使用这些语言进行交流,也就是知识的运用。总而言之,可以说在任务型教学法的背景下,学生参与的活动越多,那么在课堂上接收到的语言输入就会越多,就越有可能尽早地度过语言学习的沉默期,产生语言输出。

(三)合作型学习法

20世纪70年代中期,美国著名的教育学家杜威提出了在合作中学习的理念,形成了合作型学习法的雏形(Richards and Rodgers,2001)。合作型学习法是一种教学策略,并非一种教学方法。这种教学理念认为教师应该将学生与学生或者学生和教师合作学习时产生的益处最大化,让学生学会在小组合作中共同解决问题,共同进步,形成一种积极的依赖关系(positive interdependence)(McCafferty et al.,2006)。也就是说,从某种程度上来说,合作型学习是让学生组成一个学习团体,这个团体中的所有成员有着共同的目标,只有当所有的团体成员全部达到这个共同目标的时候,个人或者集体才算获得真正的成功,这就要求团体中的所有成员必须积极努力形成一个相互合作学习的关系(李俏,2003)。

合作型学习法提倡著名心理学家皮亚杰和维果斯基的学习理论,强调人只有在社会交往活动中才能学习,因此合作型学习法建议在课堂中建立一种学生与学生相互合作的学习环境,而不是相互竞争的学习氛围(Richards and Rodgers,2001)。这种相互合作的学习关系让他们形成一种相互依赖的学习局面,并在这种局面中形成一种相互学习、共同进步的学习形态。

除此之外,上文曾提及合作型学习是一种教学策略,而非一种教学方法。在这种教学理念下,小组合作则是合作型学习的一种具体的教学活动形式,所谓的小组活动是指教师以组为单位将学生组织在一起共同开展学习,在这个过程中,学生们在组内开展分工学习,广思集益,共同完成学习任务,达到学习目标。Mcgroarty(1989)就曾提出开展合作型学习模式具有以下优点。

第一,可以通过课堂上不同类型的互动模式提升学习者对第二外语或者外语的使用频率;

第二,可以有效地促进学生的各项语言使用技能和认知的发展;

第三,可以让教师在课堂上重点关注学生语言交际能力的发展,也就是对知识运用能力的发展;

第四,可以让学生通过相互之间的互动养成一种积极的学习模式。

因此可以说,合作型学习法改变传统的学习模式,让语言成为一种真正的交际工具而并非学习的对象。在这里,值得一提的是合作型学习模式中的 jigsaw 活动,它是合作型学习法中一个经典的教学方法或者课堂教学活动。所谓的 jigsaw 活动,也称为拼图教学法,是合作型学习法中教师经常用到的一种教学活动。在本项目研究中,笔者也多次在听力和阅读活动中使用到了 jigsaw 活动。因此在这里笔者重点对 jigsaw 活动进行阐述说明。

该活动要求学生以小组为单位来开展活动,它被广泛应用于英语教学的各类课程中,例如:听力、阅读以及写作。在这个活动中,教师会将学生分成几个不同的小组,并且给每个小组不同的信息材料,为下一步的信息交流做准备。由于各组之间掌握着不同的信息,因此如果每个组想要拿到完整的信息,小组之间就必须开展相互交流(Richards and Rodgers,2001)。Jigsaw 活动之所以受到广大教师和学生的喜爱,不仅是因为它可以在课堂上提供信息差(information gap),创造真正的语言交流环境,更能让学生在相互交流的过程中培养自身的语言交际能力和合作学习的能力。

二、综合英语课程翻转课堂模式面对面课堂教学考核形式

上文中曾提及本项目研究中的综合英语课程翻转课堂教学模式改革后的考核评价体系,在本小节中,笔者将再一次简要地对面对面课堂教学考核形式进行阐述。

改革后的综合英语课程教学注重对学生语言素质以及语言应用能力的培养,因此面对面课堂教学和线上自主学习测试占综合英语课程总评成绩的50%,打破了传统的以期末闭卷考试成绩"一锤定音"的局面,强调了对学生过程性学习的考核。由此可以看出,面对面的课堂教学考核形式是该门课程的总评成绩的重要构成之一,因此,其形式也包含多个方面。

本项目研究中的综合英语课程面对面课堂教学考核占总评成绩的30%,考核形式主要包括以下几个方面。

(一)小组课堂展示

小组课堂展示或者汇报,group presentation,也就是通过小组互动合作的学习形式培养学生的合作学习能力。该部分占综合英语课程总评成绩的10%,分值由学生4—5次的小组课堂展示成绩构成。小组课堂展示的内容、形式多样,主要由单元课文内容所决定,如:

单元课后练习:由小组负责对单元的课后练习以PPT或者其他的形式进行讲解,尤其是句子改写和翻译部分。在这里值得强调的是,为了培养学生的语言应用能力,小组的整个汇报过程都要求学生用英语来完成;

课文读后感:由小组负责对某个单元中的精读课文部分的读后感以多种形式进行分享汇报;

课文开放性问题:对于某些单元的精读课文部分,教师会在视频的结尾布置一个开放性的问题由学生以小组为单位开展讨论,并把他们的讨论结果进行汇报。

(二)课堂作业

在面对面的课堂教学评价考核中,课堂作业占综合英语课程总评成绩的5%,分值由学生3—4次的作业成绩构成,作业的形式包括多个方面,每个学期教师都会根据教学内容和教学需求进行相应地调整,作业的具体形式主要有单词听写、英语写作、课堂对话训练等。

(三)项目作品设计

项目作品设计,final project,占综合英语课程总评成绩的15%,所谓的作品设计是指教师根据整个学期综合英语课程教学的内容让学生以小组为单位以视频或者面对面课堂的形式完成一次英语类的作品设计。教师一般会在每个学期的十二周或十三周提前将项目作品设计的任务布置给学生,学生会有两个星期的准备时间,然后在十六周或者十七周左右教师对学生的设计进行考核评定。

值得注意的是,项目作品设计要求学生具备相对较高的语言综合运用能力,因此,笔者一般只会在第三和第四个学期的综合英语课程教学中才采用。例如:在第三个学期的综合英语课程教学中,教师让学生设计了一次关于莎士比亚话剧的项目作品,这次项目作品设计不仅可以培养学生对外国语言文学作品的鉴赏,更能培养学生的语言素养。但这个项目作品的完成需要学生具备良好的文化功底以及扎实的语言知识。

三、综合英语课程翻转课堂模式面对面课堂教学设计实例

为了更加清楚地介绍本行动研究中的面对面课堂教学的具体设计内容,在本小节中,笔者将以综合英语课程中的六个单元为例,呈现综合英语翻转课堂模式面对面课堂教学设计实例。

(一)Unit 1 My First Job《综合英语教程》第一册

教学内容：

1. Part 1 Communicative Activities Conversation and Listening
2. Part 1 Communicative Activities What are they for and More Sentences
3. Part 2 Text My First Job 自主学习检测与课堂讨论
4. Part 3 Extended Activities:Group Presentation

教学目标：

1. 学生能学会如何用英语与人打招呼、道别、交朋友；
2. 学生能完成网络自主学习部分并参加自主学习检测；
3. 学生能掌握精读课文的主要篇章结构及重难点句型结构；
4. 学生能够熟悉翻转课堂教学模式。

教学步骤：

Warm-up：

由于本堂课是综合英语课程的第一次课，因此，为了让学生更好地适应翻转课堂教学模式，教师首先对翻转课堂教学模式的相关教学流程和要求介绍给学生，内容主要包括教学形式、教学内容、对学生的要求以及课程考核形式。

Part 1 Communicative Activities Conversation and Listening

第一步：观看视频

在这个部分，学生需要掌握如何用英文与人打招呼、道别。为了增加课堂的趣味性，为学生提供更多的语言输入形式，教师从网络上找到了与教学内容相关的视频，名为 How to greet and say goodbye with others，该视频时长仅有 5 分钟。在观看视频的过程中，学生需要同时记录下视频里面所提及重点句型结构。

第二步：句子分享

在观看完视频后，学生有 1 分钟的时间对自己记录下来的句子结构进行整理，然后以自愿的形式进行分享。教师在学生分享结束后，对如何打招呼、如何道别的句型结构进行补充总结，例如：

How have you been?

How are you getting on?

How is it going?

I'll look forward to seeing you.

Thank you very much for the meal.

第四章　综合英语课程翻转课堂模式行动研究设计

第三步：对话学习、口语表达训练

基于以上学习，学生需要借用上述句子完成两个口语表达任务：

Task 1：自行阅读完课文中的对话 1 和对话 2，并找出对话中打招呼和道别的句型结构。

Task 2：给学生 2 分钟的时间准备自己的介绍词，在介绍中学生需要首先和其他同学打招呼。

第四步：听力训练

在完成了句型结构、口语表达后，在第四步中，教师需要带领学生完成听力训练，帮助学生提升听力能力。本听力训练是基于教材第 2 页的听力材料，学生在这个过程中需要完成两个听力任务：

Task 1：听听力材料，完成三个问题。

问题一：Where does the conversation take place?

问题二：Did the two people know each other for a long time?

问题三：Would they likely continue to communicate after this? And why?

Task 2：听听力材料，将下面对话补充完整。

Hello everyone! What a wonderful surprise to see you all here today! It's sad job for me to _____. For six years I have taught in this school. I'm lucky to have had so many good students like you here. I'm _____ that so many of you would come here today to say goodbye. Tomorrow I'll _____ the new job in a _____ place, but I'll miss you a lot. Thanks again for everything.

Part 1 Communicative Activities What are they for and More Sentences

该部分内容是对上述内容的补充，主要包括两个部分：What are they for 和 More Sentences，也就是对口语表达部分的内容拓展。这两个部分的内容主要是就如何打招呼和道别的句型结构进行拓展，例如：

I'm afraid I must leave now.

Let's have lunch sometime.

Fancy meeting you here.

Couldn't be better.

It's been a long time since we last met.

How are you getting along?

教师带领学生共同完成这两个部分的练习训练，并对重点的句型结构进行总结。

Part 2 Text My First Job 自主学习检测与课堂讨论

第一步:自主学习检测

本单元为学生开始学习综合英语课程的第一单元,为了给学生足够的缓冲时间,让他们适应翻转课堂教学模式,因此,对学生的自主学习检测会有所不同。

教师使用 PPT 的形式,将视频中提及的课文重点单词及短语以图片或者填空的形式呈现出来,让学生以小组竞赛的方式来根据图片猜单词,或者根据句子来填单词。

小组竞赛的方式,不仅可以增加课堂的趣味性,更能检测学生的自主学习效果,但同时也具有一定的不足之处,也就是无法对全部的学生进行检测,大部分回答问题的学生都是平时表现比较积极的学生。

第二步:课堂讨论

在自主学习检测结束后,教师带领学生进行第一次课堂讨论。学生将自己记录在网络自主学习单上的问题提出来,并由老师和同学一起来解决问题。因为是第一次完成这样的学习任务,所以学生们提出来的问题并不多。

Part 3 Extended Activities:Group Presentation

本部分内容是本单元的最后一个内容,在传统的综合英语课堂上,该部分内容都是以教师为主讲来进行的,在这种模式中学生往往都处于被动的学习状态。在翻转课堂模式中,教师将这部分内容安排给学生,让学生以小组合作的方式来讲解这部分内容。

由于每个单元这个部分的内容较多,因此,教师根据学生的学习特点以及各种题型结构的特点,对学生的小组讲解进行了相应的划分,主要包括以下几个部分。

1. Comprehension work;

2. Language work;

3. Translation。

以上内容为《综合英语教程》第一册 Unit 1 的简要教学步骤,通过该教学步骤可以看出,教师将任务型教学法和合作型教学法的理念应用到了具体的教学步骤中。根据《综合英语教程》第一册的学时安排,在第一个学期的综合英语课上,教师将通过6－8个学时来完成一个单元的教学任务,因此,在本单元的教学中,Part 1 部分的教学时长为2个学时,Part 2 部分的教学时长为2－3个学时,Part 3 部分的教学时长为3个学时。

（二）Unit 13 Words Can Give You Power《综合英语教程》第一册

教学内容：

1. Part 1 Communicative Activities Conversation
2. Part 1 Communicative Activities What are they for and More Sentences
3. Part 2 Text Words Can Give You Power 自主学习检测与课堂讨论
4. Part 3 Extended Activities：Group Presentation

教学目标：

1. 学生应学会如何用英语寻求别人的建议以及如何给别人提建议；
2. 学生应完成网络自主学习部分并参加教师的自主学习检测；
3. 学生应掌握精读课文的主要篇章结构及重难点句型结构；
4. 学生应掌握英语中冠词的用法；
5. 学生应提升自己用英文独立讲解练习的能力。

教学步骤：

Part 1 Communicative Activities Conversation，What are they for and More sentences

第一步：导入部分

教师利用图片进行导入，介绍本单元听说部分的主题——建议，让学生了解单元教学的主题，并对此产生兴趣。

第二步：对话学习部分

该部分内容为对话学习部分，教师并没有让学生先大声地朗读对话，而是让他们先带着任务去理解对话的内容。

任务 1：根据对话回答以下两个问题

1. What is the possible relationship between the two speakers?
2. What are the useful sentences for asking and giving advice according to the conversation?

通过对这两个问题进行回答，学生可以很快地理解该对话的意思并且可以学会如何使用英语来寻求别人的意见以及给别人提建议。在学生回答完这两个问题后，教师就寻求意见和给予建议方面的话题为学生提供更多的语言模板，让学生通过对语言模板的学习学会灵活运用、举一反三。

任务 2：口语表达训练

学生根据教师所提供的两个主题以及之前所学的如何给别人提建议的句子完

成下列口语表达训练。

1. Travelling in your hometown;
2. Good restaurants or canteens in our school campus;
3. Good ways to learn English well.

第三步：学生口语拓展练习

上述部分主要帮助学生掌握如何寻求别人的意见以及如何给别人提建议，因此在第三步中，教师带领学生完成书上 What are they for 和 More sentences 部分，这两个部分就意见和建议给出了更多的表达形式，学生可以从中掌握更多的句型结构。

Part 2 Text Words Can Give You Power 自主学习检测与课堂讨论

在该阶段教师主要对学生的自主学习进行检测，并和学生共同解决他们在自主学习阶段存在的问题。该部分也是综合英语课程实施翻转课堂后面对面课堂进行改革的重点阶段。

第一步：小组单词竞赛

对于本单元的自主学习部分，教师采用小组单词竞赛的方式来检测学生的自主学习效果。教师将精读课文微课视频中所提及的单元学习重点词汇以图片或者练习题的方式呈现在学生面前，让学生根据教师所提供的图片或者题目选择正确的单词，如果答案正确的话该小组即可获得相应的得分。在竞赛结束后，教师对这部分内容进行总结，巩固学生的重难点单词或者短语，并对获胜的小组进行一定的物质奖励。

第二步：问题讨论

在学生开展线上网络自主学习的时候，教师要求学生使用学习任务单记录自己的网络自主学习过程，特别是记录自己存在的问题。因此，在对学生网络自主学习进行检测后，教师通过课堂讨论的方式带领学生共同解决存在的问题。在该阶段，教师的角色仅为讨论的组织者和评价者，也就是说，整个讨论的过程基本上都是由学生自己完成的。学生在相互讨论的过程中，为了完成共同的目标搭建了一种相互促进、积极的学习模式。

Part 3 Extended Activities：Group Presentation

该环节是学生以小组为单位对课后练习进行课堂展示部分。为了提升学生的口语表达能力，给予学生大量的口语表达机会，教师将这个单元的课后练习内容进行了小组分工，全班六个小组分别负责填空、词汇、翻译、语法等练习。在小组展示时，教师要求必须使用PPT或者其他形式对练习进行全英文的讲解，教师对学生的讲解进行打分及评价。在这个过程中,其他小组可以向汇报展示的小组提出任何问题,并由汇报的小组进行解答。小组对课后练习进行课堂展示可以有效地锻炼学生的口语表达能力,并且还可以锻炼学生的文献搜索能力,因为如果学生想要将练习问题解释清楚的话就必须查阅一定的文献资料。

以上内容为《综合英语教程》第一册 Unit 13 的简要教学步骤,在这个单元的教学中,教师同样将任务型教学法和合作型学习法有效地应用到了综合英语课程教学中。《综合英语教程》第一册为大一新生在第一个学期时所学教材,根据安排,该门课程在本学期周学时为 6 个,因此教师安排一个单元的完成学时为 6—8 个学时。第一步、第二步和第三步属于 Part 1 部分,教学时长为 3 个学时,Part 2 教学时长为 2 个学时,最后一个部分的教学 Part 3 时长为 2—3 个学时。

(三) Unit 7 The English Countryside《综合英语教程》第二册

教学内容:
1. Part 1 Communicative Activities:Listening and Speaking
2. Part 2 Text The English Countryside 自主学习检测与课堂讨论
3. Part 3 Extended Activities:Group Presentation

教学目标:
1. 学生应了解英国乡村的风景,并能够用英文就农村和城镇的生活表达自己的观点;
2. 学生应完成网络自主学习部分并参加教师的自主学习检测;
3. 学生应掌握精读课文的主要篇章结构及重难点句型结构;
4. 学生应掌握主观形容词和客观形容词的用法区别;
5. 学生应提升自己用英文独立讲解练习的能力。

教学步骤:

Part 1 Communicative Activities:Listening and Speaking

第一步:功能语句介绍

在让学生做听力练习之前,教师先对本单元的功能语句进行介绍。所谓功能语句,即是指本单元在语言交际交流上重点要讲解的知识点。本单元的功能语句是关于就某个主题如何用英文寻求别人的看法以及给出自己的观点。

例如:

I was wondering where you stood on the question of X?

What's your position on X?

It would seem to me that …

As far as I am able to judge, …

在这个教学过程中,教师首先借用 Brainstorming(头脑风暴)让学生就该主题开展讨论,让学生自己先写出类似的句型结构出来,然后教师在学生的基础上进行额外的补充。在头脑风暴的训练过程中,学生们可以集思广益,在最短的时间内获得最多的灵感,并且每个人的思维可以在头脑风暴中得到最大限度的刺激开发。

第二步:听力练习

为了降低听力的难度,让学生们在听的过程中充分理解材料的内容,教师带领学生提前对听力材料内容进行了预测。本篇听力材料的标题为 Life in the Village and in the City,教师让学生根据此标题对下面的问题进行答案预测,然后再听听力,判断自己的预测是否正确。

问题 1:Which kind of life did the speaker prefer?

问题 2:Why did the speaker prefer to live in the countryside or city?

学生完成对这两个问题的预测后,便开始进入正式听力部分。在听的过程中,学生还需要完成听力任务 1,What are the five advantages of living in the city did the speaker mention in the listening material? 学生需要根据自己所听到的内容进行填空。

第三步:听力话题拓展巩固

为了更加有效地帮助学生巩固在听力训练中所掌握的语言知识点,教师带领学生进入到听力话题拓展巩固阶段。

教师让学生观看一段全英文的简短辩论,主题是关于 living in the countryside or city。视频中,两个人在主持人的引导下对该话题发表自己的观点。教师要求学生在观看视频的同时将两位嘉宾的论据及观点记录下来。视频观看结束后,学生以小组为单位分享他们记录的句型结构。教师在学生分享结束后,对学生的句型结构进行总结讲解。

第四步:口语训练

本单元听说训练的主题主要是围绕生活在农村还是城镇展开,因此,在口语训练部分,教师将书本上的口语训练部分进行了调整。让全班就 living in the countryside or city 的话题进行一次全体性的辩论。教师将按照 living in the countryside 和 living in the city 进行分组,然后给大家十分钟的时间进行准备。在辩论的过程中,学生就他们在功能语言学习阶段和听力训练阶段所学到的语言进行了灵活运用。

Part 2 Text The English Countryside 自主学习检测与课堂讨论

第一步:自主学习检测

为了检测学生的网络自主学习完成情况,在面对面的课堂教学中,教师先要求学生完成时长 30 分钟的自主学习小测(自主学习测试试题可参见附录 6)。

检测的内容全部围绕着视频资料中所提及句型结构、重难点单词展开考查。自主学习检测的成绩同时也是学生们过程性考核的重要组成之一。

第二步:开展课堂讨论

该环节的主要目的是帮助学生快速完成知识的内化阶段,帮助他们解决自主学习过程中遇到的问题。教师在该环节中的角色为引导者和组织者,偶尔也会充当知识的传授者。学生们在课堂上提出自己在自主学习过程中遇到的问题并开展讨论,共同解决问题。

Part 3 Extended Activities:Group Presentation

该环节为学生的课堂小组展示部分。教师将本单元的课后练习分成以下几个部分:单词填空、句型转换、造句、语法改错、构词法以及翻译六大部分,并按照学生小组提前进行任务分工,让学生利用 PPT 对六大部分练习进行全英文的讲解。如果出现学生难以解决的问题时,教师会适当进行补充。

以上环节为《综合英语教程》第二册第七单元的面对面课堂教学内容。整体教学内容主要包括三大部分。整个单元的完成时长为 8 个学时,其中第一部分 Part 1 完成时长为 3 个学时,第二部分 Part2 完成时长为 3 个学时,最后一个部分 Part3 完成时长为 2 个学时。

(四) Unit 9 Learning a Language《综合英语教程》第三册

教学内容:

1. Part 1 Communicative Activities:Brainstorming and Listening
2. Part 2 Text Learning a Language 自主学习检测与课堂讨论
3. Part 3 Extended Activities:Group Presentation

教学目标:

1. 学生应学会谈论自己的语言学习经历并学会分析语言学习的过程;
2. 学生应完成网络自主学习部分并参加教师的自主学习检测;
3. 学生应掌握精读课文的主要篇章结构及重难点句型结构;
4. 学生应掌握条件句的用法;

5. 学生应提升自己用英文独立讲解练习的能力。

教学步骤：

Part 1 Communicative Activities: Brainstorming and Listening

第一步：Brainstorming

本环节中，课文内容要求学生根据六个和语言学习相关的主题利用头脑风暴列举出相应的单词或者短语，如：

1. Expressing for assessing language behavior
2. Expressions for using a language

为了增加课堂的互动性，为学生提供更多的语言输入形式，教师将该部分内容改成利用问题进行 Brainstorming，并分两个阶段完成。

1. Brainstorming

教师借助两个问题来让学生进行头脑风暴，该问题和学生的学习过程密切相关，因此会让学生产生浓厚的兴趣；同时，该问题与本单元的学习主题相关，可以让学生在头脑风暴的过程中构建自己的图式结构。

问题一：What is the most important thing of a language?

问题二：What is the most effective way to learn a language?

2. Viewing

在本阶段，教师利用 TED[①] 视频资源为学生提供更加纯正的语言输入。该视频题为 Hacking Language Learning。教师需要学生在观看完 TED 视频后，根据视频内容回答问题。

问题一：What does polyglot mean?

问题二：What kind of motivation do the polyglots have in terms of learning a language?

问题三：If we can't travel to the country, how can we learn English in our daily life?

问题四：How can we learn vocabulary if we have bad memory?

问题五：How can we deal with the trouble of frustrating native speakers?

本环节的教学目的主要是让学生可以获得更多更加接近母语的语言输入形

---

① TED：Technology, Entertainment, Design, 美国一家非营利性的机构创办的大会，大会的宗旨是"传播一切值得传播的创意"。大会每年会邀请各行各业杰出的人才做演讲，演讲的视频都是可以免费观看的，并且已成为非常棒的语言学习资源。

式,并且通过视频的方式从视觉和听觉两个方面来刺激、训练学生的听力。除此之外,学生可以通过视频内容了解更多语言学习的原则和方法。

第二步:听力训练

本环节为课本132页听力部分内容。听力材料为一篇访谈,主题为 Language Learning(语言学习)。本环节的目的主要是加强对学生的听力训练。教师分三个阶段完成本环节教学内容。

1. 听力前(Pre-listening)

在听力开始前,教师先提供一些听力材料里面的新单词或者短语,利用单词和短语帮助学生构建听力背景信息,再让学生根据单词和短语对文章的内容进行简要的预测,让学生带着一定的背景知识去听听力材料。

新单词、短语样例:drive from; kick; persuasive

2. 听力中(While-listening)

在本环节,学生需要边听听力材料,边完成听力任务,即根据听力材料回答问题。

问题一:Why is Li studying a foreign language?

问题二:What, according to Li, is the most difficult aspect in learning English? And why?

问题三:How does Li define the term "idiom"?

问题四:Which aspect of language is Li going to study in the future?

听力材料播放完毕后,教师组织学生以小组为单位对问题答案进行讨论,教师再随机抽取学生进行回答并记录平时成绩。

3. 听力后(Post-listening)

教师一般会在"听力后"对学生在听力过程中所学到的语言知识以说、读、写等各种方式进行巩固训练。因此,在本环节中,教师借助听力材料里面的内容,拓展学生在英语习语(idiom)方面的知识。教师以以下几个习语为例让学生根据字面单词来猜习语的意思,并开展讨论。

the apple of one's eye; smile from ear to ear; walls have ears; black sheep; a white lie; as poor as Job; go in one ear and out the other; turn a deaf ear to a red letter day; as white as a sheet

Part 2 Text Learning a Language 自主学习检测与课堂讨论

第一步:自主学习检测

为了检测学生的网络自主学习完成情况,在面对面的课堂教学中,教师利用小组竞赛的方式对网络微课视频资源中的知识点进行了检测。检测借助PPT的形式开展,共包括两大部分内容:第一:根据图片猜单词;第二:根据句子意思用单词或者短语的正确形式填空。

教师在该环节没有采用小测的方式进行主要原因有以下几点。

1. 调节课堂气氛,激发学生学习兴趣

小组竞赛的方式可以有效地活跃课堂气氛,比起单调的测试来说更加能够激发学生学习英语的兴趣。

2. 培养学生合作学习能力

小组竞赛可以增强学生的合作学习意识,有效地培养学生的团队精神。

第二步:课堂讨论

在小组竞赛结束后,教师组织学生一起就学生在网络自主学习中遇到的问题进行讨论。学生在自主学习时对自己存在的问题进行了记录,包括句型结构、单词、语法等。当学生在课堂上提出问题的时候,教师先不对问题进行解决,而是让学生相互之间开展讨论来解决问题,教师再对不足之处进行相应的补充。开展课堂讨论可以让教师清楚地了解到学生的不足,并对今后的教学内容进行相应的调整。

Part 3 Extended Activities:Group Presentation

本单元的练习任务共包括词汇填空、短语替换、语法改错、形容词填空以及翻译练习五个部分。教师根据题型及题量的不同,由学生自行选择小组讲解任务。在课堂讲解过程中,教师要求学生必须使用全英文来组织自己的讲解,并以小组为单位来回答其他组提出的问题。在本环节中,教师主要担任组织者、引导者以及评价者的角色,组织学生开展小组练习呈现,并对学生的讲解进行适当补充和评价。

在传统课堂中,综合英语课程第三部分内容一般都是由教师单一讲授完成,但在讲授的过程中也会出现一些问题。例如:部分教师对于该部分内容流于形式,将答案发放给学生,但不进行进一步的讲解;讲解形式单一,基本上以教师单方面讲授为主,学生大多都处于被动的学习状态,完全没有知识的加工处理过程,因此学习成效也是可想而知的。相反,在本项目研究中,教师统一都采用了学生主动讲解的形式,学生要想将问题讲解清楚,就必须主动去查阅资料,寻求小组成员的帮助。因此,在这个过程中,学生的学习主观能动性便得到了极大的发展。

以上内容为《综合英语教程》第三册第九单元的面对面课堂教学内容。整体教学内容主要包括三大部分。由于综合英语课程从第三册开始在本项目研究对象中的时长有所调整,从第三册书开始,综合英语课程每个单元的完成时长由原来的9

个学时变为6个学时,因此,综合英语课程单元内容中第一部分Part 1完成时长为2个学时,第二部分Part 2完成时长为2个学时,最后一个部分Part 3完成时长为2个学时。

(五) Unit 10 Bargains《综合英语教程》第三册

教学内容:
1. Part 1 Communicative Activities: Listening and Speaking
2. Part 2 Text Bargains 自主学习检测与课堂讨论
3. Part 3 Extended Activities: Group Presentation

教学目标:
1. 学生应学会用英文购物并进行讨价还价;
2. 学生应完成网络自主学习部分并参加教师的自主学习检测;
3. 学生应掌握精读课文的主要篇章结构及重难点句型结构;
4. 学生应掌握情态动词虚拟语气的用法;
5. 学生应提升自己用英文独立讲解练习的能力。

教学步骤:

Part 1 Communicative Activities: Listening and Speaking

第一步:课堂导入

本单元的教学主题与购物有关,因此在课堂导入环节,教师利用两个问题组织学生一起开展课堂讨论:

问题一:Do you have any experiences on bargaining?

问题二:How can you bargain in English?

问题三:Please brainstorm words or expressions that you may use when you do bargaining.

从上述三个问题可以看出,所有的问题都与本单元的学习主题相关,并且都与学生的日常生活有关,因此利用问题的导入可以让学生熟悉单元的学习主题,并且提起对单元学习的兴趣。

第二步:观看视频

本环节内容同样与单元主题相关,教师利用一段时长为5分钟左右的全英文视频让学生学习一些关于购物和讨价还价的句型结构。在观看之前,教师先将任务布置给学生,请学生通过观看视频,将视频中关于讨价还价的英文句型记录下来,然后进行课堂分享。

本环节的主要目的是让学生学会不同的购物以及讨价还价的句型结构,通过观看视频的方式可以从视觉和听觉两个方面给予刺激,给学生提供多元化的学习资源。观看视频任务完成后,教师紧接着会给学生补充更多的相关的单词和句型结构,以此来拓展学生的知识面,例如:

1. 购物 go shopping, shop around, shop in/at, purchase, go window shopping

2. 批发、零售 wholesale, retail

3. 讨价还价 make/drive a bargain, bargain for, haggle over the price

4. 打折 give a 10% discount, discount 10%, 50%...off (the original price)

……

通过第二步,学生掌握了更多的关于购物和讨价还价的句型结构,因此在接下来的步骤中,教师进一步训练学生的听力理解能力。

第三步:听力练习

本部分的内容为课本第 148 页上的听力内容,听力材料为一篇题为 I Bought a Chair 的小短文。教师要求学生以小组为单位听听力,回答下列问题并就答案进行小组讨论:

问题一:Why didn't the speaker buy the chair the first time she saw it?

问题二:According to the shopkeeper, why was the chair bought and returned several times?

问题三:What did the speaker worry about after she bought the chair?

问题四:What happened when her husband came home in the evening?

在听完听力后,教师组织大家一起对自己所听到的答案进行讨论形成最后统一意见并以小组为单位对答案进行汇报。

第四步:口语练习

为了帮助学生对所学知识的内容进行应用,教师在 Part 1 最后部分增加了口语练习任务。学生需要根据教师所提供的图片,对图片上的沙发的价格进行估计,并以 2-3 个人为单位编写并表演一段关于购物和讨价还价的对话,学生需要运用到教师在前边所提到的单词、短语或者句型结构。

Part 2 Text Bargains 自主学习检测与课堂讨论

第一步:自主学习检测

为了检测学生对本单元微课视频的学习情况,在面对面的课堂教学中,教师对学生的网络自主学习进行了检测。检测以课堂小测的形式进行(小测试题可参见附录6)。试题内容与教师所提供的微课视频相关,小测时间为30分钟。小测的题型主要包括单词、翻译、造句等,并且小测中所涉及的单词以及句型结构均是本单元微课视频中所涉及的知识点,因此小测可以有效地检测学生的网络自主学习情况及效果。

第二步:课堂讨论

在进行自主学习小测之后,教师组织学生开展课堂讨论。讨论的内容围绕学生们在自主学习时所遇到的问题进行。在讨论过程中,学生提出不理解的句型结构、语法结构、翻译问题等,而后学生与学生之间开展合作型学习,共同讨论、解决问题,教师在必要的时候对学生的问题进行补充说明。教师通过对学生的问题和讨论进行归纳分析发现,学生在开展自主学习时存在的主要问题有以下几点。

1. 复杂句型

What breathtaking impertinence to advertise 10% off your soap or washing powder or dog food or whatever.

2. 习语翻译

When greedy fools fall for this trick, it serves them right.

3. 整体文章语篇结构分析

通过对上述问题的分析,教师明确了下一步的教学内容。教师在接下来的微课视频中会重点对精读课文的语篇结构、习语翻译以及省略句等问题进行讲解。开展课堂讨论,可以更有效地帮助学生掌握知识的运用能力,完成知识的内化过程,并且在相互讨论的同时,学生的学习主观能动性以及合作学习能力得到了有效的训练,进一步培养了他们的自主学习能力。

Part 3 Extended Activities:Group Presentation

本单元的拓展练习内容共包括单词填空、短语句型结构替换、情态动词虚拟语气句型改写、完形填空以及句子翻译五大部分。学生根据自己小组的需求自行选择所讲解的任务,在准备过程中,学生需要在自己小组内开展合作寻找相应的参考资料解决问题,再通过PPT的形式将问题呈现出来,学生需要使用全英文对问题进行讲解。在讲解过程中,教师对学生的讲解进行打分评价,对讲解存在的问题进行记录,并在整组讲解结束后进行必要的评价和补充。教师通过记录发现,学生在对所学知识的运用过程中主要存在以下问题。

1. 口语表达还不够准确流利

教师发现部分学生的口语表达还不够准确流利,这与学生在课后的实际准备情况有关,准备充分的学生即使平时口语表达水平不行,但在小组展示也能清楚、准确地使用口语。大家存在的主要问题是专业术语的英文表达,尤其是语法知识点的专业术语。

2. 语法问题讲解不够清楚

同时,教师也发现学生对于练习中存在的语法问题理解还不够透彻,没办法准确地将语法问题解释清楚,这说明学生的语法基本功还不够扎实。

3. PPT 制作能力有待提高

在信息技术背景下培养的高校毕业生在具备专业知识的同时,还应具备一定的信息素养。本项目的研究对象为师范类人才,因此他们还必须掌握最基本的教学信息技术手段,包括 PPT 的制作等。通过对学生的 PPT 制作成品分析发现,部分学生的 PPT 制作达到课堂使用要求,但绝大部分学生所制作的 PPT 在背景、字体、内容等方面都存在问题。

采用小组讲解练习的方式可以有效地加速学生对知识的内化过程,更能让教师直观地发现学生在学习过程中存在的缺陷,为教师进一步教学提供了更加有效可靠的依据。

以上内容为《综合英语教程》第三册第十单元的面对面课堂教学内容。整体教学内容主要包括三大部分。整个单元的学习时长为 6 个学时,因此,综合英语课程单元内容中第一部分 Part 1 完成时长为 2 个学时,第二部分 Part 2 完成时长为 2 个学时,最后一个部分 Part 3 完成时长为 2 个学时。但值得注意的是,并不是所有的单元三个部分的内容教师都会平均分配时长,事实上,教师会根据具体内容对教学时长进行安排,在此就不再一一举例说明。

(六)Unit 1 I Wandered Lonely as a Cloud《综合英语教程》第四册

教学内容:

1. Part 1 Communicative Activities:Listening and Speaking
2. Part 2 Text The Splendor of the Lake District 自主学习检测与课堂讨论
3. Part 3 Extended Activities:Group Presentation

教学目标:

1. 学生应理解 I Wandered Lonely as a Cloud 这首诗的含义并开展讨论;
2. 学生应完成网络自主学习部分并参加教师的自主学习检测;
3. 学生应掌握精读课文的主要篇章结构及重难点句型结构;
4. 学生应掌握非谓语动词中现在分词的用法;

5. 学生应提升自己用英文独立讲解练习的能力。

教学步骤：

Part 1 Communicative Activities: Listening and Speaking

第一步：课堂导入

本单元的教学内容和著名诗歌 I Wandered Lonely as a Cloud 有关，因此教师借用了一个问题让同学们利用手机查询相关资料并开展讨论。

问题：Do you know what the I Wandered Lonely as a Cloud is?

在学生利用手机查询相关资料后，教师让学生对他们所查询到的知识进行简要汇报。之后，教师对本诗歌的内容以及作者进行了介绍。在这个过程中，教师还让学生观看了这首诗歌的相关视频。本环节的主要目的在于让学生熟悉本单元的教学内容，并且培养学生对外国文学的鉴赏能力。

第二步：头脑风暴（Brainstorming）

本单元的教学内容主要是如何描写自然风景，因此在头脑风暴环节，教师带领学生共同对以下主题的单词开展活动，让学生熟悉相关的知识点以便他们能够将这些词熟练地运用到下一个环节中。

1. Places to go to/stay at
2. Expressions of traveling
3. People who travel
4. Expressions of physical positions
5. Expressions of enjoying views

第三步：听力训练（Listening Practice）

该步骤主要是对学生的听力能力进行训练，学生需要完成课本第2页的听力环节。对于听力训练部分教师主要分为三个步骤来完成。

1. 听力前（Pre-listening）

同样，为了让学生能够带着背景知识去完成听力任务，教师会提供一些听力材料里面出现的新单词，让学生对听力材料的背景知识有所了解，便于他们能够理解听力材料的内容；同时，对于学生不够熟悉的单词，教师在听力前先对这些单词进行讲解，这可以有效地帮助学生解决他们在听力中存在的障碍，提高他们的听力效果。具体单词如下所示。

north wing

south wing

boutique

junk boutique

eatery

在介绍完单词后,教师还使用图片作为道具,让学生了解英式英语和美式英语在房子楼层表达上的不同之处,因为在听力材料中会涉及相关的内容,因此需要学生对此进行有效的分析。

2. 听力中(While-listening)

在本环节,学生要完成两个任务。第一个任务是根据所听到的内容来回答具体涉及的商店在哪一个楼层;第二个任务是根据内容和所给的地图正确地将每个商店的具体位置标注出来。

3. 听力后(Post-listening)

在该阶段,教师在听力训练的基础上,对学生的其他各项能力进行拓展巩固。教师对此设计了相关的任务,要求学生使用他们在听力材料中所学习到的单词对自己感兴趣的一个景点进行简要的描述,然后以个人的形式进行汇报。该任务可以帮助学生学会正确地运用自己所学的语言知识。

Part 2 Text The Splendor of the Lake District 自主学习检测与课堂讨论

第一步:自主学习检测

本单元同样需要学生首先完成线上网络自主学习部分。由于本课的内容主要涉及英国的著名景点,因此文章中会有许多生词和短语用于描写风景,教师针对本课的内容特点,使用单词竞赛的方式来检验学生对课文视频的学习情况。单词竞赛主要以小组为单位来开展,竞赛内容包括两个方面:第一,学生根据图片来猜单词;第二,学生根据题干用课文中尤其是微课视频中所涉及的新单词来进行填空,将题干的句子补充完整。

第二步:课堂讨论

在该环节,教师带领学生根据他们学习任务单中所记录的问题开展讨论,以合作学习的方式共同解决问题。由于本课的内容主要是关于风景介绍的,因此有很多较难的句子不易理解,其中包含了许多语法,例如:定语从句、非谓语动词以及倒装结构。

Part 3 Extended Activities:Group Presentation

本单元的课后练习不多,但难度较大,学生不易解决,但教师还是让学生先以小组合作的方式完成,教师再根据学生的表现对知识点进行补充说明。本单元的练习内容主要包括以下几个方面。

1. Language work

2. Grammar work

3. Vocabulary work

其中，Language work 包括选词填空以及词义解释两个方面；Grammar work 包括语法讲解和句子改写两个方面；Vocabulary work 主要是完形填空题型。

以上内容为《综合英语教程》第四册第一单元的面对面课堂教学内容。整体教学内容主要包括三大部分。整个单元的学习时长为6个学时，因此，教师在面对面课堂上的时间主要分布为：第一部分 Part 1 完成时长为2个学时，第二部分 Part 2 完成时长为2个学时，最后一个部分 Part 3 完成时长为2个学时。

第五节　结　语

本章内容主要介绍了本项目研究中的综合英语课程翻转课堂教学模式的总体设计。笔者从三个大的方面对本教学设计进行阐述：第一，翻转课堂教学模式构建的理论框架及总体设计；第二，翻转课堂教学模式下的线上微课视频资源设计；第三，翻转课堂教学模式下的线下面对面课堂教学设计。

首先，本项目研究的翻转课堂教学模式在总体设计上以布鲁姆认知领域目标为理论框架，通过布鲁姆目标分类的六个层次，即知识、领会、应用、分析、综合、评价，对综合英语课程翻转课堂教学模式的线上和线下的内容进行总体设计安排。本项目研究打破传统的教学模式，将传统教学模式的语言知识传授阶段改为线上自主学习阶段，要求学生通过网络教学平台在线上完成语言知识学习阶段，也就是布鲁姆认知领域目标分类的较低一级目标分类，也就是知识和领会阶段。在学生完成线上网络自主学习阶段后，将会进入到线下面对面课堂教学阶段。在该阶段，教师主要带领学生完成知识的内化过程，即布鲁姆认知领域中目标分类的较高一级目标分类。可以说，新的教学模式将学生学习的各个环节进行了相应的调整，在这个调整的过程中，教师更加注重对学生语言知识应用的培养，而不仅仅只是花大量的时间停留在语言知识的传授上。

另外，本项目研究还将布鲁姆认知领域目标分类应用到微课和面对面课堂教学中的教师问题设计中来。根据布鲁姆目标分类，笔者将教师的微课和课堂提问分成六大类，也就是上述提及的知识、领会、应用、分析、综合、评价。其中，知识和领会属于较低一级的教师提问，剩下四类属于较高一级的教师提问。在进行教师提问设计时,笔者遵循由易到难、由低级到高级的原则,让学生由简到繁地逐级完成学习目标,避免学生因为一开始遇到困难的问题而产生厌学的想法。

以上内容为本项目研究的理论总体框架。除此之外,本章节还对本项目的总体设计进行了详尽的阐述:第一,综合英语课程翻转课堂模式设计概述,本部分内容主要包括基本模式介绍以及单元流程图介绍;第二,综合英语课程翻转课堂模式信息技术手段概述,本部分内容主要介绍本项目研究中网络学习和课堂学习使用的信息技术手段;第三,翻转课堂教学模式下综合英语课程多元化的考核评价制度,本项目中的多元化考核评价制度包括三个部分,即线上网络自主学习、线下课堂学习以及最后成绩考核。另外,为了更加有效地对学生的综合英语课程学习进行客观、公正的评价,笔者根据综合英语课程每个学期的教学内容以及学生的学习特点对考核评价体系进行了微调。

其次,本章节还对综合英语课程翻转课堂模式微课视频教学设计进行了进一步的阐述说明,主要介绍了微课视频设计的理念、微课视频学习的考核方式以及具体的微课实例。在本项目研究中,笔者以布鲁姆认知领域目标分类和交互式阅读教学模式为基本理论框架对微课视频资源进行设计。在本节内容中,笔者重点对交互式阅读教学模式进行介绍是因为本教学改革实践的微课视频资源内容主要是关于综合英语课程中的精读课文部分,与培养学生的阅读能力有关,因此笔者在微课视频资源设计时主要基于交互式阅读教学模式。为了更加直观地介绍本项目中的微课视频资源,笔者以四个单元的微课视频资源为实例并配相关截图对微课视频资源进行介绍。另外,笔者还重点对微课视频资源的自主学习任务单、考核方式以及学习方法进行了举例介绍。

最后,本章节对综合英语课程翻转课堂模式面对面课堂教学设计进行了详尽阐述,介绍的内容主要包括教学设计理论及教学方法、面对面课堂教学考核形式以及教学设计实例。在本项目研究中,笔者基于克拉申的"i+1"理论对课堂教学进行设计。根据本章第四节的内容,"i+1"理论是指语言学习者只有在"i+1"的条件下才会发生语言学习,i是指语言学习者目前的语言水平,1代表略高于语言学习者现有水平的语言知识,太难或者太易的语言知识都不会产生语言学习行为,只有当新的语言知识略高于语言学习者现有知识的时候,语言学习者才能够学习到新的知识。但事实上,1的概念很难界定,很难正确地把握什么是略高于语言学习者的语言知识。因此,克拉申认为,要想让语言学习者获得语言知识就应该做到:首先,有大量的语言输入;其次,语言输入必须是可理解性的。因此,基于该理论,笔者将任务型教学法和合作型教学法应用到综合英语课程翻转课堂模式的面对面课堂教学中来。本项目研究中的面对面课堂教学设计基本上是围绕任务型教学法下的三段式教学模式来开展的,即任务前、任务中以及任务后。教师通过任务逐渐培养学生在课堂上"从做中学"的一种积极的、主动的学习状态。除此之外,教师还将合作型学习法引入到课堂改革中来,让学生在彼此相互学习中将相互学习所产生的益处最大化。介绍完理论和教学方法后,笔者对面对面课堂教学考核形式进行了具体介绍。在本课程教学改革中,面对面课堂教学考核占综合英语课程总评成绩的 30%,考核形式主要包括三个方面,即小组课堂展示、课堂作业以及项目作品设计,但由于综合英语课程对学生每个学期的要求有所不同,因此每个学期的实际考核形式会略有差异。

上述内容即为本章节的主要内容。从第五章开始,笔者将对综合英语课程翻转课堂教学模式行动研究的结果进行调查、总结、评价以及反思,并重点对第三章——行动研究设计中的第二节所提及的研究问题进行阐述分析。

第五章　综合英语课程翻转课堂教学模式可行性分析

翻转课堂教学模式从 2007 年在美国林地公园高中兴起以来,无论是在国内还是在国外,在短短十几年里都得到了飞速地发展。大量的教学实证研究不断证明,翻转课堂教学模式能够有效地促进学习者学习兴趣的提升、学习成绩的提升,甚至学习行为的改变。

众所周知,翻转课堂教学模式需要借助相应的信息技术手段支撑来开展教学,但对于中国这么偌大的国家来说,由于每个省份的经济发展各不相同,教育的发展也大不一样。所以构建适合各个省份的翻转课堂教学模式,推进翻转课堂教学模式在各省份的本土化运行和发展,才能更好地推动翻转课堂教学模式的整体发展,更好地全面促进教学质量的提高,更好地将信息技术融入课堂教学中,实现教育的信息化。因此,在本行动研究背景下,笔者将首先对翻转课堂教学模式在本项目研究环境下的可行性进行分析。具体来说,笔者将从教学环境、教师因素以及学生因素三个方面对综合英语课程翻转课堂教学模式的可行性进行整体全面的分析,为下一步本行动研究模式的调整和完善提供有价值的实践参考依据。

第一节　教学环境因素分析

翻转课堂教学模式的顺利实施离不开信息技术的支持,良好的信息技术教学环境可以让翻转课堂教学模式收到事半功倍的效果。在第四章综合英语课程翻转课堂模式行动研究设计第二节综合英语课程翻转课堂模式设计总方案中,笔者对本项目研究中的信息技术手段进行了简要的概述,因此,在本环节中,笔者将从具体的行动研究中分析这些信息技术手段在具体教学实践中的可行性,其中包括实施中存在的问题以及解决的方案。

一、教室多媒体设备

翻转课堂教学模式的实施首先需要依赖教室的多媒体设备,这也是最传统、最常规的现代化教学手段。本项目的研究对象为贵州省黔东南州凯里学院。凯里学院是一所地方普通本科院校,坐落于贵州东南部少数民族地区,由于地处我国西部经济不发达地区,因此在教学环境硬件、软件设备上落后于我国发达地区高校。但是,就最传统常规的多媒体教室而言,虽然凯里学院并不是所有的教室都是多媒体教室,但还拥有新增加的智能触摸屏教室以及语音室,因此这些教室基本上能够满足综合英语课程翻转课堂教学模式的改革需求。并且,由于综合英语课程属于专业基础核心课程,和其他课程相比,所占课时量较大,而且教学内容涉及语言运用能力的各个方面,因此,学校在排课时都会优先考虑安排多媒体教室。因此,可以说,学校提供的多媒体教室能够完全满足综合英语课程翻转课堂教学模式的需求。

二、THEOL 网络教学综合平台

THEOL 网络教学综合平台,也称凯里学院在线教育综合平台,是本项目研究对象——凯里学院所购买的校园网络教学平台,同时也是本翻转课堂教学改革实施的主要平台之一。该平台集教学管理、课程建设、课堂活动以及学习分析等操作为一体。教师可以通过该平台随时随地上传任何形式的教学资料,包括 WORD 文档、PDF 文档、PPT 文档、视频以及音频资料等;另外,教师还可以通过该平台发布任何与课程学习相关的通知、讨论话题以及作业等,并且通过该平台直接对学生的作业进行批改;同时,教师还可以在平台上开展一系列的教学活动,例如:在线测试、课程问卷、试题库建设等;更重要的是,教师可以通过该平台对学生的学习进行监督,包括学生在平台的访问次数、访问时长、学习内容、作业完成情况等。因此,对于学生而言,确切地说,网络教学综合平台有效地延长了学生在课外的学习时间,有助于学生自主学习习惯的培养。

在本翻转课堂教学改革中,学生可以通过网络教学平台在课外观看教师上传的微课视频。微课视频不同于传统教师讲解的课堂,在传统课堂上教师讲授的内容一闪即过,对于程度较差、无法跟上教师速度的学生来说,就会越来越产生学习的挫败感。但微课视频不一样,学生可以对微课视频进行反复地播放,尤其是当遇到他们不理解的地方时,因此,可以说,这样的学习模式在一定程度上体现了学生的个性化学习。除此之外,在视频学习时,如果学生遇到任何无法理解的问题时,可以在教学平台的讨论区上直接发布问题，教师和其他同学可以随时对问题进行回复，也就是说，网络教学平台为学生和教师创造了一个虚拟的，而且没有时间限制的讨论平台。

总而言之，THEOL 网络教学综合平台保障了本项目的翻转课堂教学模式的线上教学部分的顺利实施。但值得注意的是，该网络教学综合平台一般是通过电脑端的方式在线打开，因此在本行动研究中，为了弥补网络教学综合平台的不足之处，对于部分没有电脑的学生，他们还可借助手机优慕课 V8.0APP 进行网络学习。

三、优慕课 V8.0APP

优慕课 V8.0APP 是上述所提及的 THEOL 网络教学综合平台的手机端教学软件，对于没有电脑的同学而言可以直接在手机上下载该软件便可随时随地地开展线上网络自主学习部分。学生可以通过优慕课手机端直接学习教师上传的各种学习资料，和网络教学综合平台相比，优慕课手机端更加便捷，只要有流量或者无线网络，学生便可以随时随地地开展学习。

但相比 THEOL 网络教学综合平台，手机端的优慕课 V8.0APP 还是存在一些问题。由于版本及网络技术支撑的不同，在行动研究中，教师发现，通过电脑上传到网络教学综合平台上的部分教学资源，主要表现为视频和音频。由于不同技术支持的限制，学生在网络教学综合平台的电脑端上能够顺利地观看，并可以进行反复的回放、暂停操作，但在手机端优慕课 APP 上有时候却不能顺利地开展此操作。由此可以看出，虽然手机优慕课 APP 能弥补网络教学综合平台的一些不便之处，但由于手机某些功能以及版本的限制，也会造成学生不能顺利开展线上网络自主学习的情况。所以，为了保障学生的课外网络自主学习，在利用综合教学平台和手机端优慕课 APP 开展线上教学的同时，教师还利用 QQ 学习群平台来弥补前两者的不足之处。

四、QQ 学习群

为了便于学生开展综合英语课程学习，特别是网络自主学习环节，教师为学生专门建立了一个综合英语课程 QQ 学习群，以此来弥补其他教学信息技术平台的不足之处。QQ 学习群以班级为单位建立，笔者会同时在网络教学综合平台及 QQ 学习群中上传每个单元的微课视频资源或者其他音频学习材料，当学生因为电脑或手机版本等各种因素无法登录教学综合平台观看视频时，便可以直接通过手机在综合英语QQ学习群中下载学习视频。除此之外,学生如果遇到疑难问题时也可直接将问题发布在QQ学习群中。不同于网络教学平台,QQ群的信息发布比网络教学综合平台信息发布的及时性更强,其他同学和教师更加能够在第一时间内看到问题并对问题开展讨论。

五、批改网

批改网是一个在线的英文作文批改网站,本项目研究对象凯里学院已购买了批改网的使用权,教师可以借助批改网布置作文任务,批改网在大量语言数据库的支持下对学生提交的作文由人工智能进行批改。批改网帮助教师解决了作文难批改、反馈慢等问题,学生在线提交作文后立刻就可以看到自己作文的成绩,并且批改网会就得分点和失分点给出相应的评价,学生可以基于反馈评价的信息多次反复不断地修改作文,最终通过一次次不断地修改来提升自己的写作能力。在本项目研究中,批改网虽不是综合英语课程翻转课堂教学模式重要的信息技术支撑,但是构成了学生过程性考核重要的一个方面。在本行动研究中,笔者之所以会用批改网作为信息技术教学平台主要有以下几个方面的原因。

(一)完善过程性考核

过程性考核是本翻转课堂教学改革中的一个重要方面。在本行动研究中,教师不仅对教学方法和形式进行改革调整,更重要的一个方面还体现在对综合英语课程学生学习评价考核的改革,即强调过程性评价,弱化终结性评价。综合英语课程涉及听、说、读、写、译五大语言技能,因此,教师的考核也应全面涉及这些方面,将批改网融入本教学改革中,就是便于教师对学生的"写"的技能进行有效的评价,从而进一步完善综合英语课程的过程性考核。

(二)加快作文的反馈速度

正如上述中所提及的"写"的语言技能历来都是综合英语课程教师教学的主要内容之一,但由于作文批改需要花费较长的时间,任课教师的教学任务和科研任务也较重,因此在传统课堂上教师很少会布置作文的作业给学生,即使布置了反馈的速度也较慢。因此,在本课程教学改革中,教师有效地将批改网融入课程改革中来,利用批改网对学生的作文进行考核评价,不仅能够快速地给教师提供反馈,更能让学生从及时的反馈中看到自己的不足之处并立即改之。

上述主要从教学环境因素方面对本行动研究的可行性进行了分析,从上述五个方面来看,虽然研究对象院校处于我国经济欠发达地区,但是由于教育部门对教育环境的重视,研究对象院校在教学环境硬件设施方面为翻转课堂的顺利实施提供了良好的技术环境保障,虽然单方面的技术并不能完全符合翻转课堂教学模式所有的要求,但随着网络信息技术的不断发展,各种不同的信息技术手段相互之间形成了一个互助互补的模式,为教学的信息化奠定了扎实的基础。

第二节 教师因素分析

教师是翻转课堂教学模式顺利实施的关键因素,教师的信息素养及对翻转课堂教学模式的整体设计都决定着翻转课堂教学模式成功与否。在信息化时代的背景下,传统的教学理念和方法已经无法满足信息化时代的需求。在信息技术时代背景下,教师不仅是教育家,也应该是信息技术应用的专家,必须具备足够的信息素养,可见信息素养已俨然成为信息技术新时代背景下教师基本素养的一个重要方面。因此,在本小节中教师将重点对本行动研究中的教师因素进行调查分析,试图从教师方面来对本行动研究的可行性进行分析。

一、研究对象院校教师基本信息

笔者对本行动研究中的研究院校,即凯里学院外国语学院教师的基本情况进行了调查研究,结果显示,凯里学院外国语学院共有教职工 54 人,教授 8 人,副教授 37 人,其中 85% 的教师具有硕士以上学位,教职工平均年龄为 34.6 岁,以中青年教师为中间骨干核心力量。戴曼纯、张希春(2004)曾对大学英语教师的素质进行了调查研究,结果发现,我国大学英语教师平均年龄为 31.19 岁,并且研究表明这样的年龄段更容易接受新鲜的事物。由此可见,本项目的研究对象院校大部分教师还是愿意接受教学的改变,愿意接受新鲜的事物。

除此之外,在教学科研方面,凯里学院外国语学院到目前为止共获得省级教改课题两项、校级"范式改革"课题两项、校级"师范做精"课题两项以及校级课堂教学模式改革一项,并且课题的内容基本上围绕翻转课堂教学模式、基于"百万同题"写作数据库、绘本教学等新型的教学改革模式开展,全院 85% 的教师参与到这几项教改课题当中,并积极地配合课题主持人开展课题研究。由此可以看出,从年龄结构上来说,本项目研究对象教师的平均年龄结构使他们较易接受新鲜的事物,愿意去改变传统的模式;从教学科研上来说,这些教师也积极投入到传统教学改革的实际工作中来。因此,教师们的基本态度为翻转课堂教学模式的顺利实施提供了前提条件,更为本行动研究教学成果的推广奠定了良好的基础。

二、研究对象院校教师信息技术应用能力基本情况

在信息化教育的时代,高等教育的信息化无疑走在其他层次教育的前面(卢海燕,2014)。高校教师,尤其是具有硕士以上学位的中青年教师,在信息教育时代背景下,都应该具备熟练地操作多媒体设备、搜索网络教学资源,以及制作课件等多种信息技术运用能力。因此,为了更好地了解本项目的研究对象,笔者对研究对象院校教师的信息技术应用能力,尤其是在微课制作和翻转课堂设计方面的信息技术应用能力进行了相关的调查,结果发现:

(一)翻转课堂信息掌握情况

翻转课堂教学模式是本行动研究课堂教学改革的主要教学模式,同时也是信息化时代背景下当今教育领域中的宠儿,因此,笔者重点对教师对翻转课堂相关信息的认知情况进行了调查,调查的内容包括教师们对翻转课堂教学模式的熟知情况以及使用情况等。通过调查,笔者发现,94.4%(51位)的教师知道翻转课堂教学模式,并且其中有25.9%(14位)的教师曾参加过全省或者全国的关于慕课、微课、翻转课堂以及与之相关的培训学习,较为熟知翻转课堂的内容。另外,有两位教师的课题教学研究团队正在使用翻转课堂教学模式开展教学研究。

从上述数据中不难看出,研究院校的教师对翻转课堂教学模式具备一定的了解,并且部分教师由于参加过类似的培训,所以对该模式也有着自己的看法和理解。因此,可以说在翻转课堂信息掌握方面,本项目研究的对象还是掌握一定的相关知识的。

(二)微课制作技能掌握情况

教师的微课制作能力是翻转课堂教学模式顺利实施的一个重要因素。虽然现在的网络资源非常丰富,教师可以在网络上搜索到任意的教学材料,但如果教师想找一个和自己教学内容完全吻合的教学资源,可能还不是一件容易的事情,因此,对于想要开展翻转课堂教学,尤其是基于微课的翻转课堂教学来说,教师最好掌握一定的微课制作技能。因此,笔者同样对研究院校的教师进行了该方面的调查,结果发现:有11.1%(6位)的教师正在或者打算制作自己课堂上所使用的微课视频,

这些教师通常使用的微课制作软件有 Camtasia Studio、会声会影以及爱剪辑等，其中 Camtasia Studio 是属于比较难，但是功能齐全的一款微课制作必备的录屏软件，会声会影和爱剪辑相比之下功能较少，但操作比较简单；另外，剩余教师中有65%的教师知道微课制作，但没有真正实践操作过，他们一般都是在有需要的情况下，在网络上搜索和自己教学内容相关的微课视频。由此可以看出，微课的制作对于研究院校的教师来说并不是一件陌生的事物，即使没有真正参与到微课制作的过程中来，但他们对于微课制作也是有一定的了解的。

(三)其他多媒体技术掌握情况

除了上述所提及的翻转课堂以及微课制作方面等问题以外，在其他多媒体技术掌握方面，笔者也对此进行了调查。调查发现，在研究对象院校的教师中100%的教师都有使用多媒体授课的经验，并且72.3%(39位)的教师都是自己制作教学课件，没有使用教材配置的固定教学课件；另外，70.3%(38位)的教师比较擅长在国内和国外的网站上搜索所需要的教学资源，他们经常使用的搜索引擎包括百度、谷歌和必应，其中谷歌和必应属于国外的搜索引擎，除此之外，教师们还经常在国内各种视频网站上，例如：优酷、爱奇艺等，搜索各类与教学内容相关的视频。因此，可以说，研究对象院校教师在多媒体技术方面所具有的扎实的功底为翻转课堂的实施提供了良好的信息技术保障。

总而言之，从上述两大方面的调查可以看出，研究院校的教师对于翻转课堂教学模式基本上都持积极肯定的态度，愿意接受这种新的教学模式；并且就研究院校的教师而言，他们也具备了一定的信息技术运用能力。因此，可以说，无论是在他们的态度方面，还是在实际应用方面都为本行动研究翻转课堂的实施提供了良好的前提条件。即使对于从未使用过翻转课堂模式的教师来说，他们都愿意接受新鲜的事物，愿意改变自身传统的教学课堂，为翻转课堂的顺利实施和推广奠定了良好的基础。

第三节 学生因素分析

在上述部分内容中，笔者主要从教学环境和教师因素两个方面，对翻转课堂教学模式实施的可行性进行了调查分析。在本小节内容中，笔者主要从学生因素方

第五章 综合英语课程翻转课堂教学模式可行性分析

面对本行动研究的可行性进行调查分析。对学生因素的分析主要是指对学生学习特点的分析,因此,笔者随机对研究对象院校英语专业学生的学习特点进行了问卷调查,调查对象为英语专业120名学生,调查的内容主要包括学生的学习习惯、自主学习行为以及学习工具等。

一、学生学习习惯

对学生学习习惯的调查,主要包括学习的时间、学习的地点和学习的内容。通过调查,笔者发现,除了课堂学习时间以外,95.2%的学生课外学习时间主要集中在晚上,包括在教室上晚自习和晚自习结束后在寝室的1—2个小时内(特别说明:本项目中研究院校要求本校大一和大二的学生周一到周四以及周日晚上必须到规定教室上晚自习,晚自习时间从19:00到21:00)。除了在教室和寝室学习以外,75.3%的学生表示,在没有课的时候更愿意去图书馆上自习。

另外,66.8%的学生表示课外学习的内容主要是完成教师在课堂上所布置的作业,剩下33.2%的学生表示除了完成教师布置的作业以外,他们还给自己布置了各类的考级学习任务,例如:英语专业四八级考试、大学英语四六级考试、计算机等级考试、普通话考试等。

从学生的学习习惯来看,大部分的学生还是比较自觉,能够利用自己的课外时间来开展学习,并且学习的内容大部分都是完成课后练习,只有少部分的学生对自己的课外学习时间进行了另外的规划。

二、学生自主学习能力

本行动研究的翻转课堂教学模式需要学生具备一定的自主学习能力,并在这个基础上不断地培养、激发自己的自主学习能力。因此在对项目的可行性进行分析时,笔者对学生自主学习能力进行了调查,调查的内容主要包括学生是否能够在没有教师监督的情况下按照自己的学习进度安排来开展学习。我国也有许多学者开展过类似的研究,例如:卜彩丽等(2013)曾对我国大学生的学习特点进行了调查研究,结果发现除了24%的学生认为自己的自主学习能力较差,容易受到外界的干扰以外,76%的学生认为自己的自主学习能力不错,并且在无人打扰的环境下能够安静地开展自主学习。在本研究中,笔者通过调查,结果发现,有11%的学生认为自己有很好的自主学习能力,能够合理地对自己的学习进行计划安排,并逐步按照计划开展学习;有24%的学生认为自己的自主学习能力较好;有34%的学生认为自己的自主学习能力一般,如果在安静的环境中,他们便能够自觉地开展自主学习;另外,还有31%的学生认为自己的自主学习能力较差,需要在教师和家长的监督下才能开展自主学习。

从上述调查来看,本项目研究中的研究对象具备一定的自主学习能力,能够按照老师的要求开展自主学习,即使对于自主学习能力较弱的学生来说,如果教师给予一定的监督,相信他们也能够顺利地开展自主学习,并能慢慢培养自己的自主学习能力。因此,在对学生自主学习能力进行调查后,笔者认为,部分具备一定自主学习能力的学生保障了本教学改革的顺利实施,对于自主学习能力较差的学生来说,笔者会在加强教师监督的基础上来保障这部分学生的自主学习情况。

三、学生信息技术应用能力特点

在对学生学习特点调查的过程中,笔者同时也对学生的信息技术应用能力进行了调查。通过调查,笔者发现,当遇到不明白的问题时66.5%的学生首先会利用互联网上各种搜索引擎来解决问题,例如:百度、谷歌、必应等,24.5%的学生会选择向同学或者老师请教,其余学生不确定自己的答案。另外,笔者还对学生的信息技术方面的学习策略进行了调查,也就是主要针对学生是否会借助各种软件,包括手机APP等来帮助自己学习英语。调查结果发现,研究对象中95.6%的学生都使用智能手机,其中有70.2%的学生会通过手机APP来帮助自己学习英语,学生所使用的手机APP主要有以下几种,如表5-1所示。

表5-1 英语专业学生常用手机学习软件

手机学习软件名称	功能用途	使用学生比例/%
墨墨背单词	帮助学生背单词	60.6
英语趣配音	帮助学生训练口语	56.1
英语听力	帮助学生训练听力	50.9
BBC News	帮助学生训练听力	48.5
有道词典	帮助学生学习单词	46.5

表5-1所列举出的是五种学生常用的手机英语学习软件,笔者调查的对象总人数为120人,其中上文中曾提及70.2%的学生表示会通过手机APP来帮助自己学习英语,因此在调查具体的手机学习软件名称时,笔者所调查的对象则为84人。在84人中,可以看出学生常用来学习的APP主要是针对提升自己的单词、口语、听力方面的学习软件。

综上所述,就学生因素来看,笔者从学生学习特点、自主学习能力以及信息技术应用能力特点三个方面对学生的相关情况进行了调查。从调查结果中可以得知,本项目中的学生具备一定的信息素养,他们能够运用现代化的信息技术手段来辅助自己的英语学习,解决自己在英语学习中存在的问题。虽然只有部分学生具备良好的自主学习能力,但通过相关的教学设计,相信本行动研究一定能够顺利地开展,并取得良好的结果。

第四节 结 语

本章节主要对本行动研究的可行性进行了分析,笔者从教学环境、教师以及学生三个方面对综合英语课程的翻转课堂教学模式的可行性进行了分析。对项目可行性的分析可以帮助笔者在项目实施前了解掌握相关的条件,这些条件可以是促进项目实施的条件,同时也有可能成为阻碍项目实施的条件,因此,对相关因素开展调查,可以帮助笔者更清楚地掌握并预见项目实施中遇到的各种问题,并且能够在项目实施前解决这些问题,保证项目的顺利实施。

从教学环境因素来看,虽然研究院校地处我国西部欠发达地区,并且我国西部地方高校的教学环境中的硬件和软件设施远远比不上沿海发达地区,但在本行动研究中通过结合各种网络平台,形成网络平台间互惠互助的关系,有效地保障了翻转课堂模式的顺利实施,特别是线上网络自主学习部分的顺利开展。

从教师因素来看,本项目研究院校外国语学院的教师平均年龄为34.6岁,并且均以中青年教师为主,这样的年龄段比较容易接受和尝试新鲜的事物;并且,部分教师还曾参加过与翻转课堂教学相关的各类省级和国家级的培训,以及参与到各类省级、校级教改课题中,可以说,研究院校的教师对翻转课堂教学改革具有一定的认识。除此之外,教师具备一定的信息素养以及信息技术应用能力,这些都为翻转课堂教学模式的顺利实施奠定了良好的基础。

最后,从学生因素来看,本项目研究院校英语专业学生具备一定的自主学习能力,虽然部分同学的自主学习能力较弱,但如果在教师的有效监督下这部分学生可以顺利完成自主学习的相关内容,因此可以说,本项目研究中学生所具备的自主学习能力能够帮助他们顺利地开展线上网络自主学习,并且通过线上网络自主学习还能更进一步地促进他们自主学习能力的培养,从而形成一个学习的良性循环。

除此之外，调查研究还发现，学生在平时的学习中都会借助各种手机学习软件辅助自己的学习，并且还会通过网络搜索来帮助自己解决问题，可以说，学生们都具备一定的信息技术应用能力，这也有效地保障了综合英语课程翻转课堂教学改革模式的顺利实施。

综上所述，从教学环境、教师因素以及学生因素三个方面来看，各类教学平台软硬件配备的情况能够很好地满足基于微课的翻转课堂教学模式改革的需求；并且，在本行动研究中，教师的年龄结构、知识结构以及学生的学习特点等也与翻转课堂教学模式改革的特点相符合，因此，可以说，在本研究院校中，基于微课的翻转课堂教学模式具有一定的可行性。

第六章 综合英语课程翻转课堂模式满意度研究

本章节内容主要对学生对本项目研究的综合英语课程翻转课堂教学模式的满意度进行调查,内容主要包括三个部分:数据收集及分析、研究结果讨论以及结语。可以说,对综合英语课程翻转课堂模式满意度的调查分析为该教学改革行动研究进一步地反思调整提供了直接的参考依据。

第一节 数据收集及分析

在前面第三章行动研究设计中,笔者曾对数据收集方法进行了阐述,但为了便于读者更加清楚地了解关于满意度的数据收集及分析方法,因此在本节内容中,笔者将再次简要地就学生对综合英语课程翻转课堂模式的满意度的数据收集调查方法进行介绍。

为了调查学生对综合英语课程翻转课堂教学模式的满意度,笔者主要通过问卷和学生半结构化的访谈的方式来收集数据(问卷和访谈具体内容可见附录1和附录2)。

一、问卷调查

问卷调查的优点在于能够让研究者在较短的时间内收集到大量的信息,因此,在满意度调查中笔者使用问卷对学生的满意度进行调查。整个问卷共包括三个部分的内容:学习过程、课堂组织形式(线下及线上)以及教学评价。整个问卷包括客观题和主观题两种类型,其中有15道题是利用李克特五级量表形式制作的,笔者将借助SPSS 23.0数据分析软件来对15道题的答案进行分析,另外的题型笔者将通过数据统计来进行定量以及定性分析。

二、半结构化访谈

在本行动研究中,笔者还采用半结构化访谈来收集数据。半结构化访谈不同于结构化访谈,半结构化访谈可以帮助访谈者按照预期的计划开展数据收集的同时还能让访谈者根据被访谈者给出的答案提出其他的问题。总而言之,半结构化访谈可以让访谈者收到预期数据的同时,还能收集到其他意料之外的数据。在本行动研究中,半结构化访谈主要包括四道大题,采用访谈来收集数据的目的主要是为了进一步调查学生对综合英语课程翻转课堂教学模式行动研究的评价,其中包括学生在问卷调查中所给出的答案背后的原因。因此,对学生半结构化的访谈可以让笔者收集到更多有参考价值的数据。访谈结束后,笔者将会对数据进行分类定性分析,得出最终结果。

第二节　研究结果讨论

本节内容主要是学生对综合英语课程翻转课堂教学模式改革的满意度进行调查。满意度指的是一种态度,也就是某人对某人、某事、某物的评价,并且这个评价可以是积极的也可以是消极的(于文浩,2015)。在本项目研究中,满意度主要指学生对综合英语课程翻转课堂教学模式设计的评价以及支持度,对学生满意度的调查可以帮助研究者从整体上以及各个要素上对翻转课堂教学模式的设计得出客观的评价,为行动研究的反思和调整提供有价值的参考依据。

因此,对于学生对综合英语课程翻转课堂教学模式的满意度调查结果,笔者将从整体和局部各个要素开展结果讨论分析。所谓整体主要是指学生从整体感觉上对综合英语课程翻转课堂教学模式进行评价,包括学生的适应程度以及对翻转课堂教学模式的喜好程度;所谓局部各个要素主要是指学生具体从翻转课堂教学模式的线下设计、线上设计以及评价体制等方面对该教学改革模式进行评价分析,评价要素包括教学内容、教学方法、教学手段等各个方面。从整体和局部要素对学生的满意度和喜好程度进行调查可以让笔者首先从宏观上了解综合英语课程翻转课堂教学改革模式是否成功,然后再从微观上了解教学改革各个环节的设计是否合理,最终对教学改革各个环节做出正确的反思以及相应的调整。

第六章 综合英语课程翻转课堂模式满意度研究

一、学生对综合英语课程翻转课堂整体评价

本行动研究以凯里学院外国语学院 2018 级学生为研究对象，整个行动研究中实验研究时长 4 个月，也就是一个自然教学学期。该行动研究首先选择在大一下学期进行，主要原因是 18 级学生大一上学期刚进入大学校园，对大学的环境、课程、教师的教学方式等都不熟悉，不利于教师开展教学改革，另外，学生没有经历过传统的教学方法，不能很好地对教学改革效果进行评价，如果经历了传统教学方法，学生能更好地将传统教学方法和新的翻转课堂教学模式进行对比并做出更加准确地判断。

笔者首先借助问卷对学生的整体评价进行了调查，笔者共发放了 64 份问卷，收回 64 份问卷，问卷回收率 100%。通过对回收到的 64 份问卷结果进行分析，笔者发现，在问及学生是否能够适应综合英语这种翻转课堂教学模式时，共有 8 名同学，占总数的 12.5%，表示能够非常适应这种翻转课堂教学模式；43 名同学，占总数的 67.2%，表示能够比较适应新的教学改革模式，另外 13 名同学，占总数的 20.3%认为一般。另外，在问及学生是否愿意继续在下学期的教学中采用翻转课堂教学模式时，64 名学生中，有 13 人，占总数的 20.3%，表示非常愿意继续使用该教学模式；有 41 人，占总数的 64.1%，表示比较愿意；有 9 人，占总数的 14.1%，表示一般；剩下还有 1 人，占总数的 1.5%，表示不愿意继续使用该教学模式。从上述数据中可以整体上看得出，大部分的同学还是能够适应新的翻转课堂教学模式的，并且也愿意继续使用该模式来进行综合英语课程的学习。另外，笔者还对学生的半结构化访谈数据进行了定性整理分析，通过对 19 位同学的访谈数据进行分析，笔者发现所得到的结果和问卷调查的结果一致，访谈者都是更加喜欢综合英语课程翻转课堂教学模式。除此之外，笔者对问卷中的 15 道利用李克特五级量表的形式设计的客观题同样用 SPSS 23.0 进行分析，得出表 6-1。

表 6-1 学生对综合英语课程翻转课堂模式满意度描述性分析

项目	总数	最小值	最大值	平均值	标准差
Item1 我认为教师课堂讲解的内容与网络学习的内容衔接合理。	64	4	5	4.59	0.496
Item2 我认为教师在课堂上的教学活动安排设计合理。	64	3	5	4.44	0.616

续表

项目	总数	最小值	最大值	平均值	标准差
Item3 我认为教师在课堂上开展的教学活动能够激发我学英语的兴趣。	64	3	5	4.19	0.664
Item4 在新模式中,我认为教师能及时解答我存在的问题。	64	2	5	4.12	0.766
Item5 与以往教学模式相比,教师在课堂上的问题解答环节让我学到更多的东西。	64	3	5	4.28	0.629
Item6 新的教学模式让我在课堂上有了更多的时间跟老师和同学进行交流、探究。	64	2	5	4.19	0.710
Item7 我认为教师建立的QQ平台为我和老师、同学的交流提供了便利。	64	2	5	4.44	0.639
Item8 我认为教师的微课能反映出课文的重点。	64	3	5	4.58	0.558
Item9 我认为教师的微课能有效帮助我理解文章。	64	3	5	4.41	0.660
Item10 我认为教师的微课结构合理,讲解清楚。	64	2	5	4.41	0.660
Item11 我认为新模式能帮助我更好地运用语言。	64	2	5	4.08	0.741
Item12 我认为翻转课堂教学模式能帮助我更好地管理自己的学习时间。	64	2	5	4.02	0.864
Item13 我认为新模式让我学会了如何去发现问题、解决问题。	64	2	5	4.05	0.677
Item14 我认为新模式增加了我的课外学习时间。	64	2	5	4.33	0.757
Item15 我认为翻转课堂教学模式让我学会了如何和同学开展合作学习。	64	1	5	3.92	0.948

第六章　综合英语课程翻转课堂模式满意度研究

从表 6-1 中可以看出,除了最后一个选项以外,其余选项的平均值都在 4 以上。在本问卷中笔者利用李克特五级量表的形式来设计问卷,其中 5 表示"完全同意",4 表示"同意",3 表示"不确定",2 表示"不同意",1 表示"完全不同意",均值在 4 以上则说明同学们对各选项持积极的态度,都表示同意,这就说明学生从整体上对综合英语翻转课堂教学模式持积极满意的态度。该结果和学生在整体满意度中调查的结果一致。

为了进一步调查学生所给答案背后的原因,笔者开展了半结构化的访谈并对访谈结果进行了定性分析。笔者首先对访谈问题 1 调查结果进行了分析(问题 1:你更喜欢之前的教学模式还是本学期的翻转课堂教学模式?请说明一下原因。),得出学生更喜欢翻转课堂教学模式的原因主要有以下几点。

(一)自主学习能力得到训练

在对综合英语课程翻转课堂教学模式可行性分析时,笔者发现,研究院校的学生具备一定的自主学习能力,在访谈中,学生也认为在翻转课堂教学模式下自己的自主学习能力得到了更好的培养和训练,下面是学生的访谈数据节选。

老师:你们觉得这个学期老师在综合英语课堂上的教学方法和上个学期的教学方法一样吗?

学生:不一样。(集体回答)

老师:那你们更喜欢哪个学期的教学方法呢?

学生:嗯……这个学期的吧。

老师:为什么呢?

学生 1:以前上综合英语课程时我都没有怎么预习,直接带着课本就来上课了,但现在上课前我必须预习完成老师布置的自主学习内容,如果不完成的话,我就没办法跟上老师的节奏,更没有办法完成单元小测了。

学生 2:对啊,以前上综英课基本上没怎么花时间去学习,上课听课,下课有作业就做,没作业就不管了,考试前总复习一下,感觉什么都没学到,期末考试只要背好了就可以,特别是句子翻译题。现在你的这种教学方法,我学会对自己的综合英语课程学习进行整体管理,并且学会充分利用好自己的课外时间完成各种不同的学习任务……

学生 3:……因为这样的教学模式真的让我的自觉性提高了很多,因为自己知道如果不去观看视频,不去看单词,不去看篇章翻译的话,我就无法完成本单元的学习内容,就考不过小测……

学生4:真是这样……嗯……感觉这样的教学模式能够让我自主安排自己的学习时间,并且让我能够学会如何去发现问题,解决问题,有时候我们在一起讨论时都觉得现在的综合英语课程让我们感到有点压力……

老师:等一下,你说的这种压力是指学习综合英语的时候有些困难吗?

学生4:不是这个意思哦,就是以前的综英课我基本上没什么感觉,也从来不会去预习和复习,最多就是在考试前复习一下,但现在综英课会让我有一种紧迫感,如果我不去学的话,我就跟不上你的进度.

老师:好的,那这个同学,你怎么看现在的综合英语课程呢?

学生5:我觉得这种教学方法……让我自己学会提前安排好学习时间,嗯……并且自觉地按照自己和教师所布置的任务来开展学习,这种方法让我知道该怎么去学习,嗯……也就是该从哪里开始,现在的综英课我都开始预习和复习了。

(学生半结构化访谈转录节选)

上述访谈转录节选只是针对自主学习部分笔者进行的分类定性分析,因此有些时候不一定是一个连续的、完整的访谈过程,但不影响笔者对该数据分析的真实性。从上述学生的给出的观点中可以看出,大部分学生表示接受综合英语课程的翻转课堂教学模式,这与笔者在问卷中收集到的数据相吻合,在问卷调查中,学生同样也表示喜欢并愿意继续使用翻转课堂教学模式。在访谈中,学生也对他们的回答给出了相关的解释,通过对访谈数据进行归类分析,笔者发现,翻转课堂教学模式能够有效地培养学生的自主学习能力,促进学生自主学习能力的提升,即使对于自主学习能力较弱的学生来说,只要保证信息技术平台和教师的有效监控,他们同样能按时完成自主学习部分的内容。因此可以说,翻转课堂教学模式能够促进学生自主学习能力的养成。

(二)个性化学习得到体现

除了自主学习能力以外,学生们喜欢翻转课堂教学模式的另一个原因是自己的个性化学习能够得到很好的体现。在这里,所谓的个性化学习是指不同的学生具有不同的学习能力和学习基础,他们能够根据自己的学习特点来进行学习。在传统教师讲授的课堂中,教师讲解的内容一般一闪而过,学习程度较好的同学或者注意力集中的同学一般能够捕捉到教师的主要内容,但对于学习程度较差的学生来说就很难跟上,从而形成越跟不上就越差的恶性循环。翻转课堂教学模式不同于传统的教学模式,在基于微视频资源的翻转课堂教学模式中,教师将教学的重点内容制作成微课视频资源提供给学生供他们开展学习,对于不理解的知识点学生

第六章 综合英语课程翻转课堂模式满意度研究

可以进行无数次地播放、回放、暂停等。因此可以说,翻转课堂教学模式为学生提供了个性化的学习,学习层次不同的学生可以自行选择在不同的时间、不同的地点,以及以不同的形式来开展自己的自主学习。下面几段话是学生在访谈中就个性化的学习给出的看法节选。

老师:那你们更喜欢哪个学期的教学方法呢?

学生:嗯……这个学期的吧。

老师:为什么呢?

……

学生1:我更喜欢本学期的翻转课堂教学模式,因为视频里有不懂的地方我可以反复地进行观看直到把问题弄明白,即使还是不明白,我还可以把问题记录在学习任务单上,然后在课堂上再问老师……

学生2:我也喜欢老师发的视频,那个微课视频让我更加清楚地了解教学的重点和难点,根据教师提供的微课视频认真做好笔记,并且对自己不明白的问题做好记录,然后找老师或者同学解决。

……

学生3:我更喜欢本学期的教学方法,利用网络观看微课视频可以让我任意选择适合自己的时间来进行学习,并且对于视频中有疑问的地方我可以反复地进行回放,一次一次地重听教师的讲解,并对重难点进行记录……

学生4:我很喜欢观看微课视频的形式,微课视频时间比较短,再加上我自己阅读花掉的时间,整个学习过程让我觉得还算轻松。尤其是我可以通过多种形式观看视频,但我一般都会把视频下载下来,然后反复地学习……

(学生半结构化访谈转录节选)

从上述访谈调查中可以得出,学生们更倾向于翻转课堂教学模式的另外一个原因是因为学生认为微课形式可以帮助他们更好地开展个性化的学习,帮助他们更好地理解教学的重难点,学生可以在任何时候、任何地点、通过教师提供的任意渠道观看视频,开展学习,并且可以对视频进行反复播放,直到把问题理解明白。由此可以看出,综合英语课程的翻转课堂教学模式可以有效地体现出学生的个性化学习的特点。

(三)合作学习能力得到培养

在综合英语课程翻转课堂教学中,除了线上网络自主学习以外,在线下的课堂教学中,教师还重点对学生们的合作学习能力进行了培养,让学生们以小组合作的方式开展各类的课堂活动。从学生的访谈记录中,笔者也不难发现,学生较倾向于喜爱翻转课堂教学模式的另一个原因是,他们认为新的综合英语教学模式培养了他们的小组合作能力,让他们学会了如何和小组成员一起为了共同的目标而进行奋斗,如何在小组合作中取得进步。下面几段话是学生在访谈中就合作学习能力给出的看法。

老师:你们觉得这个学期教师在综合英语课堂上的教学方法和上个学期的教学方法一样吗?

学生:不一样。

老师:那你们更喜欢哪个学期的教学方法呢?

学生:嗯……这个学期的吧。

老师:为什么呢?

……

学生1:新的综合英语教学模式,老师总让我们在课堂上通过小组合作来完成各种各样的任务,比如:对话练习、小组展示等,每一次的小组合作都让我觉得其他同学有着更好的想法和观点,大家都在相互借鉴,相互学习。

学生2:是啊,大家都有不同的想法,每次开始准备小组展示时,大家就凑在一起讨论用什么方法,在这个过程中我发现其实每个人都很有想法,而且有些观点都是我想不到的,所以我觉得我在小组合作中学习到了许多。

学生3:我认为新的综合英语课程学习模式可以帮助我们训练如何和其他同学开展合作学习。因为在课上教师总是提供很多机会让我们开展小组合作,通过这些小组合作,我发现大家都有很多的想法,而且有些想法是我完全想不到的,所以我觉得自己在小组合作中学到了很多……

学生4:我觉得新的综合英语课程学习模式可以帮助我们训练如何和其他同学开展合作学习。因为在课上教师总是提供很多机会让我们开展小组合作,通过无数次的小组合作,我发现大家都有很多的想法……

……

(学生半结构化访谈转录节选)

小组合作学习强调的是一种合作,而非一种竞争。在综合英语课程翻转课堂教学模式下,综合英语课程的课堂时间得到了重新分配,教师在课堂上不再是以自己唱独角戏的形式来完成教学内容,相反,新模式下,教师可以利用课堂时间为学生准备更多的小组合作训练,为学生提供更多的语言训练时间。因此,从对学生的访谈记录中便可看出,学生们认为自己的小组合作能力在新的教学模式下得到了有效的训练。

（四）知识的内化过程效率更高

传统的课堂教学注重的是知识的传授,忽视学生对知识的实际运用能力,也就是学生对所学知识的内化结果。相反,本项目研究中的翻转课堂教学模式强调的是知识的内化过程,把教师对知识的传授阶段改成学生自主学习的内容,把原来传授知识的时间分配到知识的内化过程中,帮助学生能够真正地做好活学活用。下面几段话是学生在访谈时对知识内化过程所给出的具体看法。

老师：你们觉得这个学期教师在综合英语课堂上的教学方法和上个学期的教学方法一样吗？

学生：不一样。

老师：那你们更喜欢哪个学期的教学方法呢？

学生：嗯……这个学期的吧。

老师：为什么呢？

……

学生1：我比较喜欢现在的翻转课堂教学模式。因为在这样的模式中,我可以很方便地使用手机去学习,而且也会很认真地去预习,在课堂上也有很多的时间来解决自己不理解的问题……

学生2：我也更喜欢本学期的翻转课堂教学模式,因为这样我们可以利用课外的时间去学习课文部分的内容,并主动发现自己的问题,然后将问题记录在学习任务单上,在面对面上课时,我就可以把自己不懂的问题和老师、同学进行讨论,从而学到更多的知识。

学生3：我个人觉得新的综合英语课程教学模式让我们自己在课前开展自主学习,嗯…….我的意思是,这样的话在课上我们就有更多的时间来解决课文中存在的问题以及课后的练习,这让我更好地理解了课文中和课后练习的知识点。

学生4：以前的综合英语课堂,我们总是跟着老师跑,老师讲什么我们就听什么,觉得学得也不错,但考试下来的结果却不理想……但是现在这种教学模式我特别喜欢课堂上你带领我们一起开展问题讨论,我们可以提出任何自己不懂的问题,然后其他同学和老师你一起帮我们共同解决问题,我感觉自己学得更加明白了,至少知道怎么去用那些语言点了,特别是在长难句的分析上。

……

（学生半结构化访谈转录节选）

从上述学生所给出的想法节选中不难看出,综合英语课程翻转课堂教学模式对综合英语课程学习时间和学习内容进行了重新整理分配,与传统的教学方法不同,新的模式更加强调知识的内化过程,强调帮助学生们解决存在的问题,不再让他们在课后自己单独解决问题、完成作业,而是通过课堂教师和学生一起的形式来共同解决问题,这样的方式可以让学生们更加高效地掌握知识,并对知识进行灵活运用。

综上所述,学生们从整体上来说更加喜欢综合英语课程的翻转课堂教学模式,并认为新的教学模式无论在他们的自主学习能力上、个性化学习上,还是在知识的内化进程上都能够产生积极的促进效果。

二、学生对综合英语课程线上、线下教学设计满意度分析

为了便于统计描述,更深入地了解影响本行动研究的各个因素,笔者将满意度调查根据其共性和个性共分为九个因素:教学内容、教学活动、教师反馈、师生、生生互动、微课视频设计、知识内化过程、自主学习、课程评价以及合作学习。上文笔者主要从整体上对学生的满意度进行调查分析,在本小节中笔者将根据这九个分类对学生的满意度进行分类分析,试图从这九个方面来探索学生的满意因素和不满意因素,为本行动研究的进一步反思调整提供参考依据。

结合上述表 6-1 的描述性结果,笔者从满意面和不满意面就学生对综合英语课程翻转课堂线上、线下设计的满意度分别进行分析,得出以下结果。

(一)学生对综合英语课程翻转课堂线上、线下设计满意面

问卷调查中的 15 个项目主要以综合英语课程翻转课堂教学模式的线上和线下教学设计为研究对象,重点调查学生对该教学模式的满意度具体集中在哪些方面。较为典型的满意面表现在以下几个方面。

1. 教学内容

教学内容设计包括线上和线下教学内容的衔接以及微课教学内容方面,从满意度问卷调查数据来看,平均值最高的选项为第一项,均值为 4.59。该选项主要调查教师的线上和线下教学设计内容是否衔接合理,并且是否满足单元教学的内容。综合英语课程每册书共有 15 个单元,而每个单元的学习任务较多,传统的课堂很难满足所有内容的学习,因此在本项目研究中笔者借用了翻转课堂的模式,并

且结合综合英语课程的特点仅将精读课文部分进行翻转,而非将所有的内容进行翻转,这不仅让学生更加明确了学习的重点,更培养了学生良好的阅读习惯。除此之外,每个单元的开始教师先要带领学生了解单元学习的主题,借用听和说两个方面的训练让学生熟悉相关内容,再让学生开始进入翻转课堂学习,这样的衔接方式有利于提升学生翻转课堂的学习效果。最终,在行动研究后,通过调查,结果表明学生认为教师的翻转课堂教学模式线上和线下两部分内容衔接合理,能有效地满足他们对综合英语课程单元学习的需求,线下部分的教学内容能够有效地帮助他们熟悉了解线上部分的教学内容。与此同时,线上部分的教学内容能够帮助他们顺利地开展线下课堂的教学活动,两者之间具有很强的衔接性,能够相辅相成形成统一的单元学习材料。

2. 教学活动

项目2和项目3的平均值为4.44和4.19,其中最大值是5,最小值是3。这两项内容主要是针对线下课堂教学活动设计的合理性而设计的问题,通过对学生满意度的调查分析笔者发现,对于教师设计的课堂教学活动,学生没有持否定的态度,因为最小值是3。由此可以看出,学生对教师在课堂上设计的教学活动持支持的态度。笔者将项目3进行频率分析,得出图6-1。

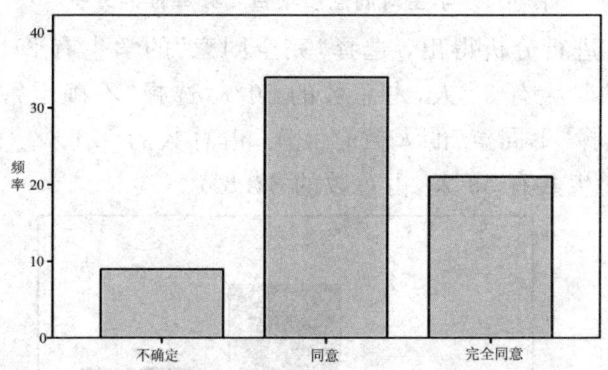

图6-1 学生对满意度项目3频率描述分析

图6-1表示学生对于项目3上的具体频率分析。从上图可以看出,在64份问卷调查中,选择"完全同意"的学生人数为21人,占总数的32.8%,选择"同意"的人数有34人,占总数的53.1%,另外有9人选择不确定,占总数的14.1%。由此可以看出,85.9%的学生都认为新的翻转课堂教学模式中的课堂活动能够激发他们学习英语的兴趣,对此项目持积极的态度。

3. 教师反馈

项目4和项目5代表教师对学生的问题的反馈情况,从平均值看,两项的均值为4.12和4.28,这表示学生对此项内容持积极满意的态度。教师对课堂的反馈主要指教师在教学内容进行翻转了以后如何开展课堂教学。因此,翻转课堂教学模式的课堂教学应该更加集中帮助解决学生的知识内化过程。教师的课堂反馈便是帮助学生进行知识内化的很重要的一个方面。从两项的具体频率描述来看得出以下结果。

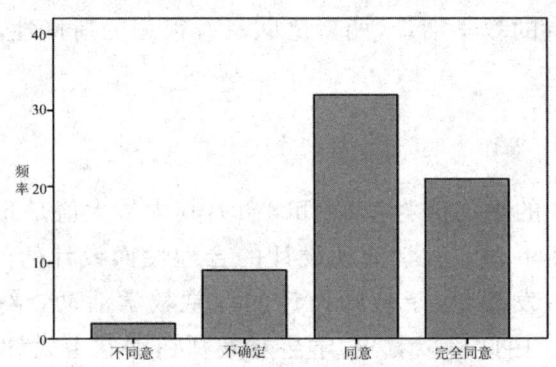

图 6-2　学生对满意度项目 4 频率描述分析

通过对图6-2进行分析得出,选择"完全同意"的学生有21人,占总数的32.8%,选择"同意"的学生有32人,占总数的50%,选择"不确定"的人数有9人,占总数的14.1%,选择"不同意"的人数有2人,占总数的3.1%。也就是说,对于此项持支持态度的学生共有53人,占总数的82.8%。

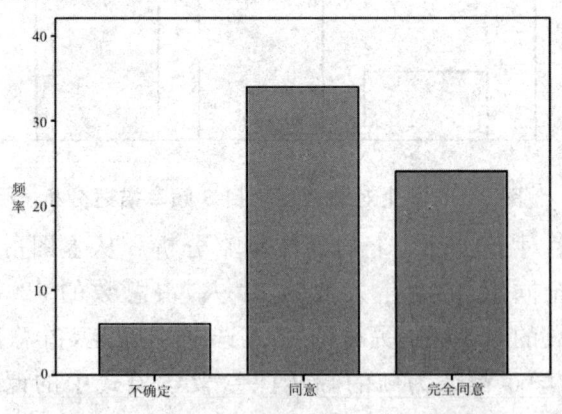

图 6-3　学生对满意度项目 5 频率描述分析

第六章　综合英语课程翻转课堂模式满意度研究

通过对图 6-3 进行分析得出,选择"完全同意"的学生有 24 人,占总数的 37.5%,选择"同意"的学生有 34 人,占总数的 53.1%,选择"不确定"的人数有 6 人,占总数的 9.4%,此项没有选择"不同意"或者"完全不同意"的学生。换言之,对于此项持支持态度的学生共有 58 人,占总数的 90.6%。

因此,从上述数据中不难看出,学生对翻转课堂模式下的教师反馈持积极的态度,学生们认为新的模式下教师的反馈更加具有及时性。

4. 师生、生生互动

项目 6 和项目 7 代表着满意度因素里面的师生和生生互动。本研究中的教学设计不仅重整了课堂教学的内容,而且还延伸了课外的学习时间,学生和教师的互动不仅在课堂中得到了体现,在线上教学平台上也得到了体现。通过对问卷数据进行分析,项目 6 和项目 7 的均值为 4.19 和 4.44,均值均在 4 以上,这说明学生对于此两项同样持积极的态度。从两项具体频率描述来看得出以下结果。

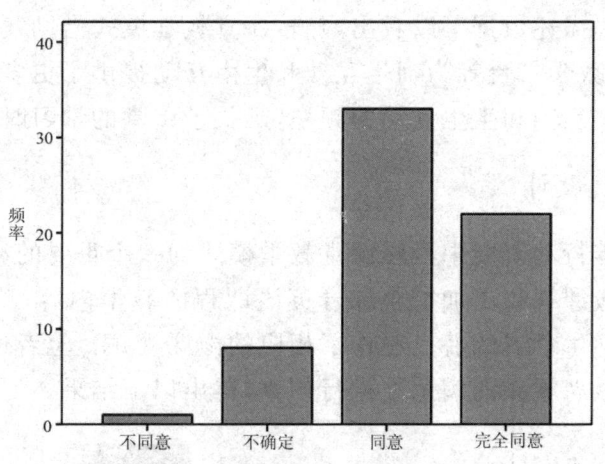

图 6-4　学生对满意度项目 6 频率描述分析

通过对图 6-4 进行分析得出,此项选择"完全同意"的学生有 22 人,占总数的 34.4%,选择"同意"的学生有 33 人,占总数的 51.6%,选择"不确定"的人数有 8 人,占总数的 12.5%,选择"不同意"的有 1 人,占总数的 1.6%。也就是说,对于此项持支持满意态度的学生共有 55 人,占总数的 86%。

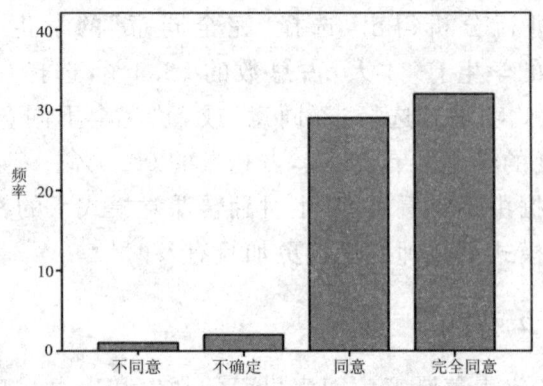

图 6-5　学生对满意度项目 7 频率描述分析

通过对图 6-5 进行分析得出,此项选择"完全同意"的学生有 32 人,占总数的 50%,选择"同意"的学生有 29 人,占总数的 45.3%,选择"不确定"的人数有 2 人,占总数的 3.1%,选择"不同意"的有 1 人,占总数的 1.6%。也就是说,对于此项持支持满意态度的学生共有 61 人,占总数的 95.3%。

从两项的频率描述数据可以看出,翻转课堂教学模式借助线上信息技术平台,包括 QQ 群、网络教学平台等为师生互动和生生互动提供了更多便捷的交流方式,同时也增加了师生互动和生生互动的频率,延长了课堂的学习时间。

5. 微课视频设计

微课视频是本行动研究中翻转课堂教学模式的一个重要的教学手段之一。为了使本研究中的微课视频更加符合综合英语课程的教学内容,项目研究团队特意根据教学内容和学生学习的特点制作了相应的微课视频。笔者通过问卷调查就学生对教师制作的微课视频的满意度进行调查,得出以下结果。

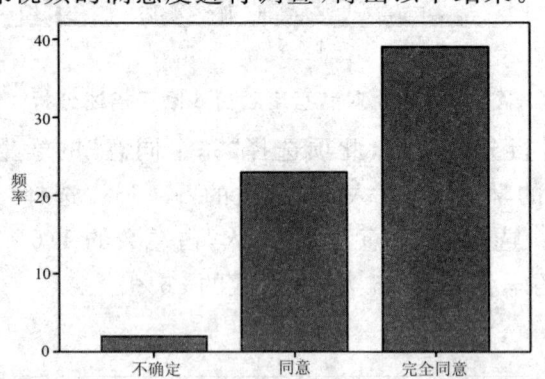

图 6-6　学生对满意度项目 8 频率描述分析

第六章　综合英语课程翻转课堂模式满意度研究

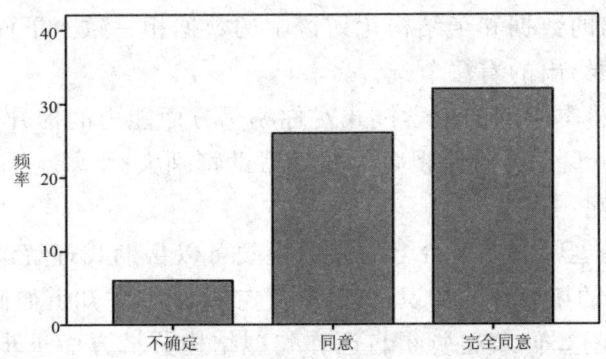

图 6-7　学生对满意度项目 9 频率描述分析

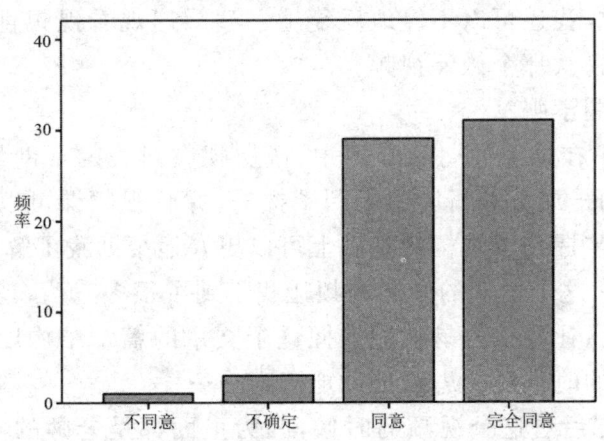

图 6-8　学生对满意度项目 10 频率描述分析

项目 8、项目 9 和项目 10 分别从微课视频的教学内容,尤其是教学重难点以及教师的讲解等几个方面对学生的满意情况进行了调查并得出了图 6-6、6-7 以及 6-8。结果显示:对于项目 8,选择"完全同意"的学生有 39 人,占总数的 60.9％,选择"同意"的学生有 23 人,占总数的 35.9％,选择"不确定"的学生有 2 人,占总数的 3.1％;对于项目 9,选择"完全同意"的学生有 32 人,占总数的 50％,选择"同意"的学生有 26 人,占总数的 40.6％,选择"不确定"的学生有 6 人,占总数的 9.4％;对于项目 10,选择"完全同意"的学生有 31 人,占总数的 48.4％,选择"同意"的学生有 29 人,占总数的 45.3％,选择"不确定"的学生有 3 人,占总数的 4.7％,选择"不同意"的学生有 1 人,占总数的 1.6％。

从上述具体频率数据可以看出,从整体上来看,90％以上的学生对本研究中的微课视频内容都持积极满意的态度。除此之外,笔者通过对访谈问题进行分析同样发现,学生对微课视频持积极满意的态度,因此可以说,对于这方面的数据笔者在问卷调查中得出的数据和半结构化访谈中的数据相一致。下面几段话是学生在访谈中对微课视频给出的看法节选。

老师:你们觉得本学期的教学模式对你哪个方面能力的提升作用最大?

学生1:嗯……我觉得微课视频对我的帮助特别大。

老师:为什么呢?

学生1:我觉得老师放在平台上的微课视频可以帮助我理解课文、重难点句子,并且可以学到更多的拓展性的知识,也更清楚句子结构,并知道如何翻译句子……

学生2:真的是这样,我也觉得自己在句型结构分析方面进步很大。老师的微课视频让我更加理解了句子成分结构以及如何分析长难句的句型结构。并且对于没有弄清楚的问题,我还可以不停地反复地一遍一遍观看视频直到自己弄清楚了为止,所以我比较喜欢那个微课视频。

老师:那其他同学呢?

学生3:嗯……在这个学期的学习中,微课视频对我的帮助最大,通过对微课视频的学习我的句子成分分析能力得到了提升,并且视频课可以更好地帮助我掌握重难点句型,在掌握句子结构的基础上可以更好地帮助我了解句意。

学生4:嗯嗯。这个学期的微课视频让我学到了很多东西,视频里教师对课文的重难点清楚明了,让我很容易就能掌握这个文章的篇章结构以及重难点句型结构,特别是在复习的时候我的思路更加地清晰……

学生5:我在课后看这个视频的时候,因为里面都是老师的声音,所以就觉得像老师你给我们上课一样(哈哈哈……)……

……

(学生半结构化访谈转录节选)

通过对上述学生的看法进行分析,可以看出学生对教师所提供的微课视频持积极满意的态度,这与问卷的调查结果一致。因此可以说,教师所制作的微课视频无论是在教学内容、教学方法还是在教师讲解上都符合综合英语课程的内容特点,符合综合英语课程翻转课堂教学改革模式的需求,并且可以有助于翻转课堂教学模式的顺利实施。

6. 知识内化过程

学生知识的传授和知识的内化是两个重要的方面。所谓翻转课堂就是将原本课堂的知识传授环节翻转到课外由学生自己开展自主学习,而课堂则注重的是知识的内化过程。因此,在对学生进行满意度调查时,笔者也同时对知识的内化过程的满意度进行了调查。项目 11 和 13 即是对知识的内化过程的满意度调查,该项平均值为 4.08 和 4.05,从整体上看学生对于翻转课堂教学模式促进自己知识的内化过程持积极满意的态度。从具体频率上分析,得出图 6-9。

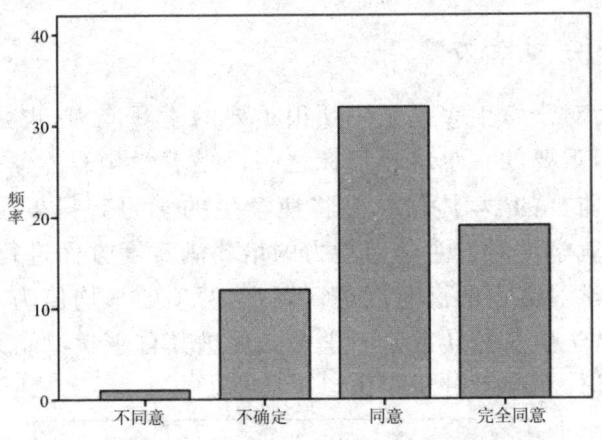

图 6-9　学生对满意度项目 11 频率描述分析

通过对图 6-9 进行分析得出,对于项目 11 选择"完全同意"的学生有 19 人,占总数的 29.7,选择"同意"的学生有 32 人,占总数的 50%,选择"不确定"的学生有 12 人,占总数的 18.8%,选择"不同意"的学生有 1 人,占总数的 1.6%。虽然对于该项有 1 人选择"不同意",但从总体上看,对该项持积极满意态度的学生共有 51 人,占总数的 79.7%。

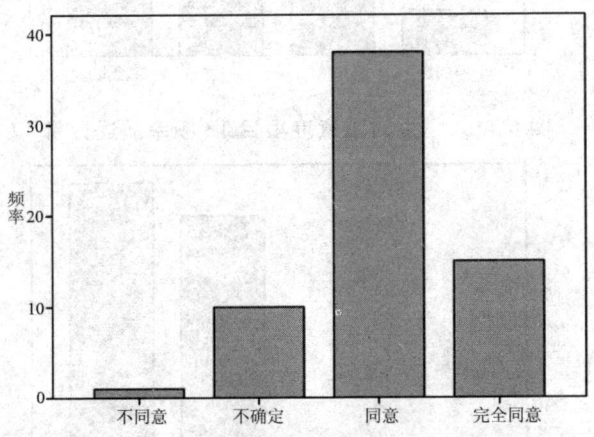

图 6-10　学生对满意度项目 13 频率描述分析

通过对图 6-10 进行分析得出,对于项目 13 选择"完全同意"和"同意"的学生人数较多,其中选择"完全同意"的学生有 15 人,占总数的 23.4%,选择"同意"的学生有 38 人,占总数的 59.4％,选择"不确定"的学生有 10 人,占总数的 15.6％,选择"不同意"的学生有 1 人,占总数的 1.6％。因此,共有 53 人,占总数的 82.8％对翻转课堂模式能够促进学生知识的内化方面持积极满意的态度。

7. 学生自主学习能力

自主学习能力对于学生来说是一项很重要的学习能力,也是本行动研究中翻转课堂教学模式很重要的一个培养目标之一。培养学生自主学习能力,让学生养成自我规划、自我监督的学习习惯,会将使学生的学习获得事半功倍的效果。因此,本调查同样也就学生对自主学习能力的培养满意度方面进行了调查。选项 12 和 14 即是对自主学习方面的满意度进行调查,两项的平均值为 4.02 和 4.33。因此,从整体上来说,学生对翻转课堂教学模式促进其自主学习能力方面持积极肯定的态度。笔者从具体频率上分析得出以下数据。

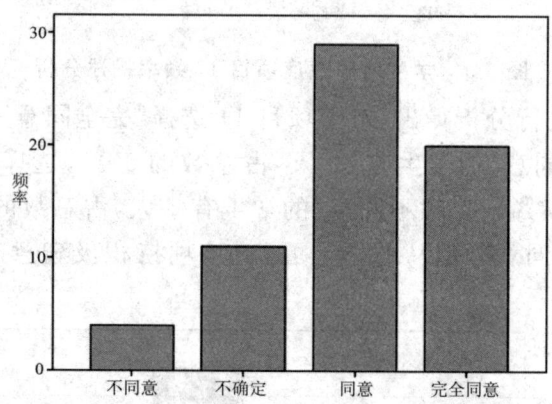

图 6-11　学生对满意度项目 12 频率描述分析

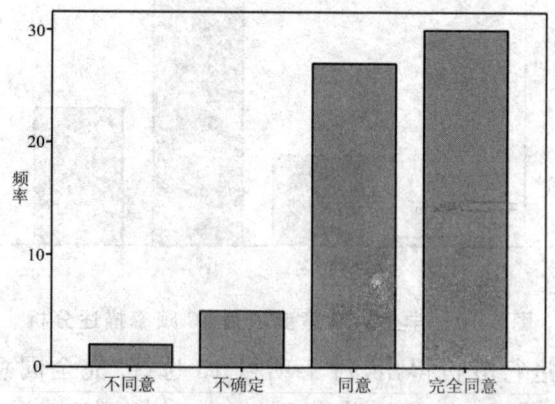

图 6-12　学生对满意度项目 14 频率描述分析

第六章 综合英语课程翻转课堂模式满意度研究

根据上图 6-11 分析得出，对于项目 12 选择"完全同意"的学生有 20 人，占总数的 31.3%，选择"同意"的学生有 29 人，占总数的 45.3%，选择"不确定"的学生有 11 人，占总数的 17.2%，选择"不同意"的学生有 4 人，占总数的"6.3%"。换言之，对于该项共有 49 名同学对该项持支持的态度，占总数的 76.6%。学生普遍认为，综合英语课程的翻转课堂模式能够帮助他们更好地去管理、分配自己的学习时间，培养他们的自主学习能力。

根据上图 6-12 分析得出，对于该选项，选择"完全同意"的学生有 30 人，占总数的 46.9%，选择"同意"的学生有 27 人，占总数的 42.2%，选择"不确定"的学生有 5 人，占总数的 7.8%，选择"不同意"的学生有 2 人，占总数的 3.1%。因此，对于该项选择持积极支持的人数较多，共有 57 人，占总数的 89.1%。也就是说，学生普遍认为翻转课堂教学模式延伸了他们的课外学习时间。因此，通过对选项 12 和 14 的分析不难看出，综合英语课程的翻转课堂教学模式在一定程度上对学生自主学习能力的培养起到了积极的促进作用，并且，问卷调查中所收集到的数据和笔者在学生访谈中收集到的数据一致，学生在半结构化访谈中也认为综合英语翻转课堂教学模式可以帮助他们培养自主学习能力。

8. 课程评价

在问卷调查中，笔者同样对综合英语课程翻转课堂教学模式的课程评价体系满意度进行了调查，但该项并没有用李克特五级量表进行设计，而是让学生通过选项 A"合理"，选项 B"一般"，以及选项 C"不合理"进行整体评价。通过对学生评价数据进行分析得出图 6-13。

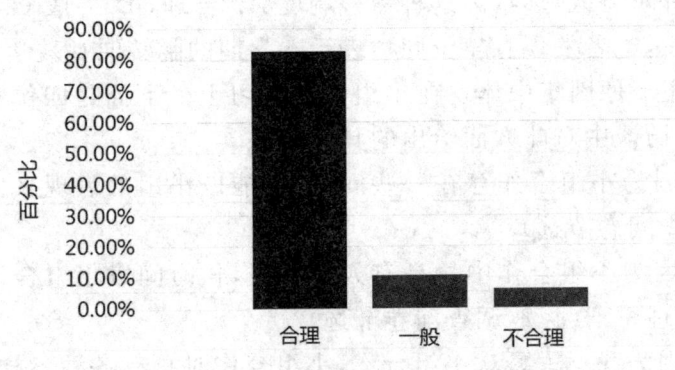

图 6-13 学生对课程评价满意度分析

从图 6-13 中可以看出，在 64 份问卷中，选择 A 选项"合理"的学生共有 53 人，占总数的 82.8%，选择 B 选项"一般"的学生有 7 人，占总数的 10.9%，选择 C 选项"不合理"的学生有 4 人，占总数的 6.3%。也就是说，大部分的学生认为本课程改革中的课程评价体系是合理的，学生对该项持积极满意的态度。另外，在调查满意度的同时，笔者也对学生认为不合理的因素进行了调查，通过对四位认为不合理的学生问卷进行分析，笔者发现，他们认为不合理的主要原因集中在小组合作学习上，对此笔者也集中对本行动研究中的小组合作进行了调查，得出了学生的不满意面主要体现在哪些方面。

（二）学生对综合英语课程翻转课堂线上、线下设计不满意面

上述部分笔者主要对学生的满意面进行了分析阐述，在本小节内容中，笔者主要对学生的不满意面进行分析。

学生对综合英语课程翻转课堂教学模式的不满意面主要集中在合作学习方面。通过对问卷进行定量及定性分析，笔者发现，在 15 个选项中，平均值最低的是第 15 条，均值为 3.92，笔者也对此进行了分析。该条选项为"我认为翻转课堂教学模式让我学会了如何和同学开展合作学习"，笔者是根据翻转课堂教学模式中的课堂小组合作活动设计所开展的调查问题，本选项的主要目的是调查学生是否对课堂小组合作活动设计。该选项的均值未达到 4，这表明有部分学生对翻转课堂教学模式能否提高他们的合作学习能力持"不确定"，或者"不同意"的观点。该结论笔者在问卷中的课程评价题和访谈中得到了一致的数据，其中，课程评价题为"本课程采用的评价方式，你认为这种考核制度 A. 合理，B. 一般 C. 不合理，因为_____。"从 64 份问卷中，笔者发现有 4 位同学表示本学期的翻转课堂教学模式的课程评价方式不合理，主要原因集中体现在小组合作学习上。下面是四位学生在问卷中给出的原因以及访谈中对此方面给出的具体看法。

C. 不合理，因为小组合作存在一些问题，不能以小组的表现来体现个人的成绩。（学生 1，调查问卷节选）

C. 不合理，因为小组合作中总是有人不积极，长时间以小组合作来作为评价标准有点不太合理。（学生 2，调查问卷节选）

C. 不合理，因为我不太喜欢小组合作，小组合作时总有各种各样的人，有些人什么事情都不做，仍然也可以得分，我觉得不太公平。（学生 3，调查问卷节选）

C. 不合理，因为小组合作形式我不太喜欢，在实际中有些人从来不参与讨论，

从来都不做事。(学生4,调查问卷节选)

老师:那你们觉得新的翻转课堂教学模式哪些地方还需要改进?比如教学内容、教学方法、课时安排或者课程评价等方面。

学生1:嗯……老师,坦白说,我不太喜欢小组合作,这一块的课程评价可以改一下吗?

老师:为什么不太喜欢小组合作呢?

学生1:翻转课堂教学模式中的小组合作做presentation的时候特别多,所以我们经常都会要求小组课后聚在一起讨论怎么完成每一次的作业。但每次总会都有一些同学什么都不做,就连喊都喊不来,所以……老师不瞒你说,好多时候好多次作业,其实我们组都是那一两个人做完的,根本就没有什么小组合作,我相信其他组肯定也有类似的情况。

学生2:真的是这样老师,我们组也是这种情况,小组合作开展的活动形同虚设,你每次分配的任务事实上都是由一些积极的同学完成的,其他不积极的同学要么从来都不参与,要么一参与就不停地吵架……

老师:那你们有没有好好找那些不积极的同学聊过呢?

学生2:嗯嗯,有时候他们太过分了,什么都不做,我们就说了他们,但经常会引起吵架,你知道的。

学生3:是的,老师,说老实话,每次小组活动下来都觉得很累,感觉没有真正地做到小组合作,其实这样也很难培养我们的合作学习能力。而且,主要是这种教学模式以小组合作作为评价手段,小组合作的次数又多,几乎都要求在课后完成,那些不积极的人在课后总会找各种各样的理由不参加讨论,所以我们也很难召集大家在一起。

老师:我懂了,我大概明白大家在这个方面遇到的困难是什么了。那如果让你们给出建议的话,你们想怎么去做小组合作呢?

学生1:嗯……我个人觉得小组合作是可以,但老师可不可以考虑把小组合作全部放在课堂上来完成,尽量少让我们在课后完成呢?课后大家各有各的时间安排,做一次两次还可以,但经常做的话时间就不太好安排了。

老师:嗯嗯,那你觉得课上和课后做有没有什么区别呢?会不会也是一样的效果?

学生1:课上的话,有你的监督,大家基本上还算积极的,而且大家可以及时在课堂上开展讨论,确实还是会收到一定的效果的……

学生4:我觉得小组合作学习presentation的形式可以有,但可不可以在课程评价的时候少占一点分,这样其他同学就不会觉得不公平了……个人建议啊,老师……

(学生半结构化访谈转录节选)

根据前面所提及的内容,笔者在本翻转课堂模式教学改革中采用了合作型教学法,目的主要在于培养学生的合作学习能力,让学生在相互依赖、相互帮助的过程中完成统一的学习目标,提升自己的语言能力。因此笔者着重借用小组合作的形式来开展合作型学习,让同学们5—6人为一组形成一个相对较为固定的合作团队,并且小组搭配的原则以男女生混合、好差生混合的形式。另外小组合作完成的练习讲解也成为综合英语课程过程性考核的重要指标之一。但通过对上述问卷以及访谈的数据记录来看,笔者发现,虽然大部分同学支持小组合作的形式,但同时小组合作形式的弊端也显现出来。例如:虽然老师以好差生结合的形式初衷是想让学习成绩优秀、学习积极的同学能够带动成绩较差的同学,但事与愿违,有时候不积极的同学反而会影响积极的同学,让好的同学有"与其和你搭配,还不如我自己干"的想法,并且事实上,同学们虽然不排斥小组合作的形式,但还是认为如果在课程评价中小组合作所占比例稍微降低一点,或者小组合作的形式尽量改成课堂小组合作,少采用课后小组合作的形式,应该还是可以发挥小组合作的优势。

第三节 结 语

本章节主要对综合英语课程翻转课堂模式的满意度进行调查分析研究,正如上文中曾提到的,满意度调查属于一种对态度的调查,调查人们对某事、某物等的看法、观点以及评价等。对满意度的调查可以让调查者了解被调查者对该事物的客观评价,为调查者今后的调整、整改提供有价值的参考依据。在教学上,对教学新模式的满意度调查,可以让研究者或者教师掌握直接的数据,通过分析学生对教学新模式的积极和消极的评价,为教学新模式今后的整改和完善提供有参考价值的实践思路。因此,在本行动研究中,笔者对本研究的可行性进行分析后,则开始对本研究的满意度进行了调查分析。

通过对问卷和访谈的数据进行分析,笔者将学生对该行动研究的满意度共分

第六章 综合英语课程翻转课堂模式满意度研究

为九个方面:教学内容,教学活动,教师反馈,师生、生生互动,微课视频设计,知识内化过程,自主学习,课程评价以及合作学习。笔者首先对学生的整体满意度进行了调查,接着从九个分类方面对满意度进行了深入调查分析,目的是为本行动研究今后的反思调整提供思路。

笔者对收集到的数据进行定性和定量研究,结果发现学生对综合英语课程翻转课堂教学模式整体持积极满意的态度,并且在满意度方面笔者得出学生对综合英语翻转课堂的满意面主要集中在教学内容,教学活动,教师反馈,师生、生生互动,微课视频设计,知识内化过程,自主学习以及课程评价八个方面;不满意面主要体现在合作学习方面。笔者从整体上对满意度九个方面的因素频率进行了对比分析得出下图:

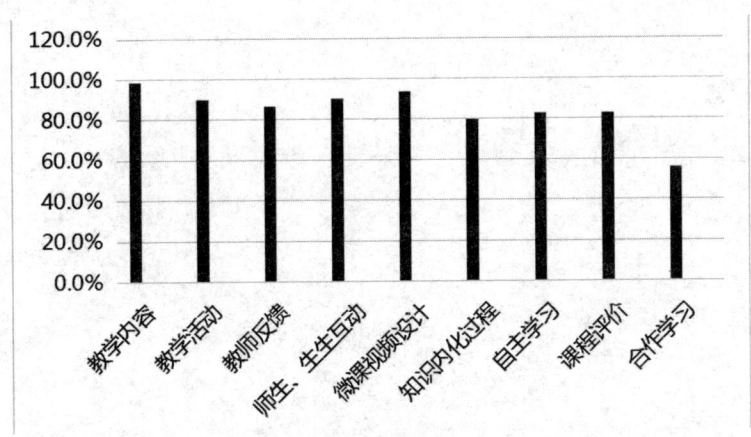

图 6-13 满意度因素频率分析

从图 6-13 满意度因素频率分析中可以看出,满意度因素出现频率最高的三项为教学内容、微课视频设计和师生、生生互动,其频率值分别为 98.4%、93.7% 和 90.2%,三项值均在 90% 以上,这说明在本行动研究中,教学内容(包括课堂教学内容和微课视频教学内容)和互动性在此次翻转课堂教学改革中效果较好。九个因素中,频率值最低的为合作学习,该项值仅为 55.8%,虽然该项的满意频率没有到负值,但通过对访谈的进一步定性分析不难发现,学生对于该项的消极意见较为集中,加之该因素的满意频率较低,因此笔者将该项认定为不满意面。

总而言之,通过对满意因素整体和局部的分析,可以说此次综合英语课程翻转课堂行动研究教学效果较好,得到了大多数学生积极的评价反馈,因此此次的课程教学改革取得了预期的目标。另外,针对出现的不满意因素,笔者将会在本专著第八章综合英语课程翻转课堂模式行动研究评价与反思中提出明确的整改调整方案,试图进一步完善本翻转课堂教学模式行动研究。

　　在下一章节中,笔者将从综合英语课程翻转课堂教学模式对学生学习上的具体影响进行分析,用具体数据说明翻转课堂教学模式是否能够提升学生的英语水平。

第七章　综合英语课程翻转课堂模式对学生学习的影响研究

一种新的教学方法成功与否,除了看学生是否能够接受以外,更重要的还是看这种教学方法到底是否能够促进学生学习的进步,对学生的学习是否能够产生积极的作用。如果这种教学方法能够帮助学生提升他们的学习成绩,那么可以说这种教学方法是一种成功的教学方法,可以进行大面积的推广使用。因此,在第六章分析完学生对综合英语课程翻转课堂教学模式的满意度后,在第七章中,笔者将从数据收集及分析、研究结果以及结语三个方面重点对综合英语课程翻转课堂模式对学生学习的影响进行分析阐述。换言之,笔者将用具体数据分析翻转课堂教学模式对学生的学习是否有影响,这种模式是否能够帮助学生提升他们的英语学习能力和水平,也就是试图通过数据来回答笔者在之前所提出的研究问题。

第一节　数据收集及分析

前面第三章中,笔者已经对本行动研究的数据收集方法进行了全面地阐述。在本小节中,笔者将具体从综合英语课程翻转课堂模式对学生学习的影响方面的相关数据收集方法进行详细阐述,让读者更清楚地了解笔者是如何就翻转课堂教学模式对学生学习的影响进行调查分析的。

为了使所收集到的数据有足够的说服力,能够真正地回答研究的问题,帮助研究者解决教学中存在的真正问题,在翻转课堂教学模式对学生学习的影响方面,笔者采用三角验证(triangulation)的方法,也就是利用多来源数据共同诠释验证结论。所谓的三角验证,即是指研究者利用三维数据,也就是用三个不同来源的数据来共同说明解释某个研究问题。这里所指的三维数据主要是指从三个不同的维度或者角度来收集数据,在教学研究中,三个角度主要指教师角度、学生角度以及观摩者角度(Elliott,1976)。

因此,为了在翻转课堂模式对学生学习影响方面收集到有说服力的数据,笔者采用以下几个数据收集方法来收集相关的数据。

一、实验研究:前测和后测

在本行动研究中,笔者在平行年级两个班级中开展实验研究,两个班均为实验班。笔者之所以使用这两个为实验班主要是因为以下几点:第一,两个班都为实验班,可以有效地增加实验样本,从而增加研究结果的有效性;第二,笔者均同时在这两个班开展过传统的综合英语课程教学,也就是说,两个班的学生都比较熟悉传统的综合英语教学,因此他们之间不存在任何的差异性。在新学期期初,也就是实验教学之前,笔者先让两个实验班的学生在实验开始前参加了一次小测验,即为前测,测验的目的在于了解他们真实的英语水平,然后在四个月教学实验结束后让学生再参加一次与第一次检测同级别、同类型的测验,即为后测。笔者利用 SPSS 23.0 中的配对样本 t 检验对两次测验的结果进行定量分析,通过定量分析,笔者试图从成绩分数上来验证翻转课堂教学模式是否能够提升学生的英语水平。

在本研究中,两次测验笔者统一采用全国大学英语四级考试试题,但为了更加符合本项目研究的具体内容,笔者在试题分值和部分内容上进行了微调。对于英语专业的学生,笔者没有采用英语专业四级考试,而是采用全国大学英语四级考试,主要是因为地方院校的学生由于本身英语底子较差,尤其在大一阶段还未达到英语专业四级的水平,因此在结合学生语言原语言知识结构的特点上,笔者有意采用了试题难度稍易的大学英语四级考试来进行测验。另外,笔者也对学生进行了抽样随机的访谈,目的在于调查学生是否在考试前接触过试卷上的试题,通过调查可知,被试者在前测和后测前均表示未曾接触到试卷上的试题。因此,本实验研究中的前测和后测试题的信度和效度得到了有效的保证。

二、教师反思日志

除了前测后测以外,在翻转课堂教学模式对学生的学习影响调查方面笔者还采用了教师反思日志来对教师的课堂上课数据进行收集。在第三章中,笔者曾提到,教师反思日志主要指教师以第一人称的方式记录教学中发生的事情的文字(王蔷、张虹,2014)。在此,教师反思日志主要是指实验实施者记录将教学中发生的事情记录下来的文本材料,但并不是所有的事情都会记录,在本行动研究中教师主要

第七章　综合英语课程翻转课堂模式对学生学习的影响研究

记录综合英语课程翻转课堂模式教学中遇到的突出问题,包括学生的突出表现,或者与以往综合英语课程传统教学不同的教与学的相关行为。因此,在本行动研究中,教师的反思日志主要记录三个方面的内容:第一,教师的教学安排是否能够按照原计划进行,教学是否一切正常;第二,学生在课堂学习中不同的反应,包括学生的学习行为以及一些突发的事情;第三,教师对本次教学所做出的教学反思,教学反思主要指教师在结合实际教学后对出现的问题做出的反思以及相关的建议等。当然,教师在反思日志中具体记录的信息会以实际课程的进展情况有所调整。

可以说,在本行动研究中,就教师反思日志这个研究方法来说,教师不仅是教学的参与者,同时也是研究数据的收集者。在为期一个学期的翻转课堂教学后,笔者共记录整理了28篇教学反思日志。当然,为了便于分析整理,笔者提前制作出了相应的教学反思日志表,如下表所示。

表 7-1　教师反思日志记录表

第　次教学反思日志	
教学日期	
教学内容	
教学事件	

从表 7-1 教师反思日志记录表中可以看到,教师在对教学进行记录时主要将教学日期、教学内容,以及对教学事件的描述等几个大方面进行记录。由于日志本身就是一种随笔的形式,并且讲究突出其即时性和经常性,因此,笔者在记录时不会考虑任何的用词、篇章结构等,并且记录的内容也会根据实际教学情况进行相应的调整。

另外,对于教师反思日志收集到的数据,笔者将会用王蔷和张虹(2014)提出的日志标注方式进行标准定性分析。标注方式具体如下:

D＝Description(对客观事物的客观描述)

C＝Comments(对某一问题的看法和意见)

R＝Reflection(个人反思)

MN＝Methodological Notes(对研究方法的反思和建议)

PN＝Planning Notes(对新的想法和计划的记录)

TN＝Theoretical Notes(即理论笔记,对与课题相关的解释和理论思考)

笔者将会以上述标准方式为框架对教师记录的反思日志进行分析。在分析时，笔者还会和项目研究团队的另外两位具有相同研究背景的专家对教师反思日志进行共同分析，避免笔者单人分析时的主观性，同时也保证了数据的信度和效度。

三、半结构化访谈

除了上述提及的前测后测和教师反思日志之外，本行动研究在综合英语课程翻转课堂教学模式对学生学习影响调查上还采用半结构化访谈来收集数据。半结构化访谈是一种比较常用的访谈形式，它不仅可以让整个访谈按照既定的方向来开展，又可以让访谈者根据被访谈者的回答和反应对访谈做出灵活的调整改变，例如：增加问题或者给予启发提示等。

笔者一共提前准备好了四个访谈问题，并从两个实验班中随机抽取19名同学参加访谈，访谈共分为三次进行。从综合英语课程翻转课堂教学模式对学生学习影响上来看，笔者将重点分析访谈中的第二和第三个问题，即：你认为本学期的教学模式对你哪个方面能力的提升作用最大？以及在本学期的教学模式中你在学习上存在的最大障碍（问题）是什么？在征得被访谈者的同意后，整个访谈笔者通过现场记录和录音两种形式来收集记录数据，并在访谈结束后对录音数据进行转录以及定性分析。

第二节　研究结果

在第三章第二节中，笔者提出了五个本项目研究需要解决的研究问题，也就是：

1. 综合英语课程翻转课堂教学模式构建的理论框架是什么？
2. 综合英语课程翻转课堂教学模式在本项目研究背景下是否具有可行性？
3. 学生对综合英语课程翻转课堂教学模式是否满意？具体表现在哪些方面？
4. 综合英语课程翻转课堂教学模式能否提升学生的各项语言知识能力？如果有，主要表现在哪些方面？
5. 综合英语课程翻转课堂教学模式是否能够提升学生的综合英语成绩？

其中，笔者在第四章第一节部分已经借助相关数据得出了第一个问题的答案；在第五章中，笔者通过数据收集分析从教学环境、教师以及学生三个方面的因素对第二个问题中提及的可行性进行了分析并得出了相应的结论;就第三个问题,笔者主要集中在第六章对学生关于综合英语课程翻转课堂教学模式的满意度进行了深入的调查,具体从九个方面对满意因素进行了分析并得出了相应的数据。因此,在本小节中,笔者将重点对第四和第五个研究问题进行数据收集、分析,并试图找到相关的答案。

一、前测后测结果

在本行动研究中,研究对象为两个班的 64 名学生,并且两个班均为实验班。在开始采用翻转课堂教学模式之前笔者先对学生当前的英语语言水平进行测试,即为前测,经历过四个月左右的翻转课堂模式教学后,笔者会对学生再做一次难易程度相当、考试内容相当的后测,并将学生前测和后测的成绩利用 SPSS 23.0 配对样本 t 检验进行对比,试图从学生的考试成绩上来看综合英语课程翻转课堂教学模式是否能够提升学生的语言学习水平。

笔者在第三章曾经提过,为了保证前测和后测的有效性,本行动研究所采用的试卷为全国大学英语四级考试试卷,但为了更加适合本项目研究,笔者将考试的部分内容和分值进行了调整。通过对数据进行整理分析,笔者得出相关数据,具体数据见下表 7-2。

表 7-2 实验班前测和后测配对样本 t 检验结果

项目		配对差值					t	自由度	显著性（双尾）
		平均值	标准差	标准误差平均值	差值 95% 置信区间				
					下限	上限			
配对 1	前测成绩 — 后测成绩	−2.688	4.136	0.517	−3.721	−1.654	−5.198	63	0.000

从表 7-2 可见,两个实验班的前测和后测的显著性 $p = 0.000 < 0.05$,说明实验班的前测成绩和后测成绩存在差异,且该差异达到了统计学上的显著性水平,这说明本行动研究的综合英语翻转课堂教学模式有利于提升学生的英语语言水平,在经历了一个学期的翻转课堂教学后,学生的英语成绩得到了明显的提升。

二、教师反思日志结果

笔者通过对收集到的 28 篇教学反思日志进行 D, C, R, MN, PN,以及 TN

的标注方式分析,得出以下结论。

(一)学生的语言输出量增多,语言表达能力得到明显提升

通过对教师反思日志的分析,笔者首先发现学生在综合英语课程翻转课堂教学模式下的语言输出量增多了,在这种教学模式下,他们有着越来越多的机会去表达自己的口语,并且在一次一次的训练中得到了提升,教师也明显感觉到学生的语言表达能力越来越好,部分数据可见以下教师反思日志。

第 2 次教学反思日志	
教学日期	2019 年 3 月 14 日
教学内容	Unit 2 He Was My Father
教学事件	实施翻转课堂后,我对综合英语课程教学内容的安排进行了重新设置,今天这个单元的主题是关于介绍父亲的,其中有一个辩论环节是训练学生的口语。因此我给学生先放了一段长度为 14 分钟左右的视频,视频的内容是对华裔虎妈的介绍,看完视频后我让学生开展了一节课的辩论。(D)通过这场辩论我发现,学生原来有很多想法、很多观点,只要给他们足够的时间准备他们都能够把这些观点表达清楚,而且以前上课不太开口说话的同学也积极参与到辩论中来,哪怕是只有一句简单的 I don't agree with you。(C)反正只要积极在课堂上开口说话了就是一个好的进步,看来以后这种形式的活动应该多弄一些。(R)

第 9 次教学反思日志	
教学日期	2019 年 4 月 22 日
教学内容	Unit 7 The English Countryside
教学事件	今天我调整了一下 speaking 部分的教学内容,没有给学生上 tourist picks 这个部分,个人觉得这个部分的内容离他们现实生活太遥远会让他们觉得没有话说,所以我先给学生们放了一个关于英国湖区的视频介绍,让他们了解国外的一些文化,然后再让学生们根据视频中的介绍推荐一个他们认为值得去旅行的地方,可以是中国的也可以是国外的。(D)让我觉得很满意的是,学生在这个环节的表现很积极、很棒,大部分同学都能够做到积极地发言,而且对他们推荐的地方都能说出具体的理由来,尤其是 2 班的 xx 同学,平时不太爱发言,但也许这个话题他很喜欢,所以推荐了自己的家乡。(C)这次上课的调整让我觉得,适合学生的才是最重要的,只要给他们足够的语言输入素材以及时间,他们都能够慢慢张开嘴训练自己的口语。(R)

第 12 次教学反思日志	
教学日期	2019 年 5 月 4 日
教学内容	Unit 8 Beauty and Career
教学事件	今天的教学内容是关于<u>女性和职业</u>的。为了训练学生的口语表达能力,我根据学生的兴趣把书上的口语内容进行了调整,让学生在课堂上以小组为单位对女性和职业的选择进行讨论并形成统一的意见,最后派代表对观点进行陈述。(D)我发现学生在课堂上以小组为单位来做事完成的效果比他们在课后以小组为单位完成的效果要好得多。在课堂上每个同学都能够积极地参与到讨论中来,并且对自己的观点表达准确清楚。(C)因此,我考虑是不是在今后的教学中,多考虑<u>课堂上的小组合作</u>,减少他们课后的小组合作次数,充分利用他们在课堂上的学习时间。(PN)

第 14 次教学反思日志	
教学日期	2019 年 5 月 17 日
教学内容	Unit 8 Secret Messages to Ourselves
教学事件	今天没有用 mini-test 来检测学生的线上微课视频自主学习,而是给他们在视频中布置了一些小任务,要求学生用自己的话重新复述这篇文章 Secret Messages to Ourselves。(D)在课堂上,我随机抽了十多位同学对课文进行复述,学生的表现都非常的棒,基本上都能准确地将课文的主要意思复述出来,而且不用去看课文。(C)我发现这种任务还是很有效果的,不仅可以检查学生是否能认真地去学习课文,还能培训学生的总结能力和口语表达能力。当然这种活动有个最大的缺点就是比较耗费时间,但是由于翻转课堂的时间得到了重新配置,因此实施的效果也非常好。(R)

通过对上述四篇及其他的反思日志进行 D,C,R,MN,PN,以及 TN 进行分析,从教师的评论(Comments)中不难发现,综合英语课程翻转课堂教学模式为学生提供了较多的语言输出机会,让学生在课堂上能够有充足的机会去开口训练自己的口语表达能力,因此,教师在反思日志中才会感觉到学生在课堂上的口语表达能力越来越有进步。

（二）学生从被动学习变成了主动学习，开始学会积极主动思考问题

综合英语课程翻转课堂教学模式要求学生必须自觉主动地去完成线上的微课视频自主学习部分，并且记录自己所存在的问题，方便在线下开展课堂教学讨论，加速自己的知识内化过程。通过对教师反思日志进行分析，笔者发现，翻转课堂教学模式让学生逐渐养成了一种主动地学习状态，并且开始积极地去思考问题，部分具体数据可见以下教师反思日志。

第 4 次教学反思日志	
教学日期	2019 年 3 月 20 日
教学内容	Unit 4 Water Cycle
教学事件	今天的教学内容是让学生开展微课视频翻转课堂学习后的课堂问题讨论，(D)我发现今天的讨论和之前的有所不同，学生比上次讨论要积极多了，而且，差不多有十来个同学提出了不同的问题。他们提的问题主要集中在句子翻译以及句型结构分析上，特别是有一个同学提出了一个句子，这是大部分同学都不太理解的句型，而且自己在备课时也没有注意到的句子 What the utility did was a radical thing. 在原来的备课中，我认为这个句子比较容易理解，学生应该都清楚，但从学生的讨论问题中发现，原来学生很容易把这个句子误认为是感叹句。(C)总之，这次课的讨论很热烈，而且我觉得这种课堂解决问题的形式能够真正促进学生们知识的内化过程。(R)

第 7 次教学反思日志	
教学日期	2019 年 4 月 12 日
教学内容	Unit 6 Football
教学事件	今天的内容主要是开展线下课堂问题讨论，(D)令我觉得最为吃惊的是，1 班平时不爱说话、上课不太听课的同学居然主动提了一个问题。他说："老师，麻烦分析一下这个句子的结构，By the end of the 18th century, however, the game was in real danger of dying out in Western Europe."尽管这个句子并不复杂，但是也许对于他的语言水平来说还不是能够正确理解，因此我便开始引导其他同学一起对这个句子开展讨论。让我觉得很开心的是，他居然能够主动提问题，因此我特意去平台上看了他的学习记录，次数没有其他同学多，但还是登录并学习了几次，这个真的让我觉得很开心。(C)

第七章 综合英语课程翻转课堂模式对学生学习的影响研究

第 10 次教学反思日志	
教学日期	2019 年 4 月 24 日
教学内容	Unit 7 The English Countryside
教学事件	今天的教学内容是让学生们就自己在线上开展网络学习时遇到的问题进行讨论,内容主要围绕第 7 单元的精读课文开展。(D)今天感觉学生们好像已经越来越习惯这种教学模式了,他们在开展线上学习的同时记录了好多自己不明白的问题,再加上这篇文章是一篇描写文,好多句子都比较优美难懂,所以今天的讨论用了足足两节课的时间。学生们提出的问题主要是视频中提及的定语从句,但最主要的还有视频中没有提及的 seldom 倒装句,看来他们还是真的认认真真地去完成课文自主学习部分。(C)

第 13 次教学反思日志	
教学日期	2019 年 5 月 7 日
教学内容	Unit 8 Beauty and Career
教学事件	今天的教学内容是组织学生完成知识的内化过程,讨论他们在线上微课视频学习中遇到的问题。(D)今天的讨论比以往的激烈一些,学生除了提出一些微课视频里面的问题,还提出了许多课文里的问题,例如:What is worse is that I literally kill my computers within two ears of purchase, such that I have gone through more hard drives in my lifetime than I have new pairs of shoes. (C)该句较长,部分学生对该句的句型结构不是很明白,因此我组织了大家进行一起讨论,让明白的同学先讲解,我再来进行补充说明。讨论结束后,我又给学生列举出了其他的例子,让他们来造句,真正做到灵活、正确使用语言知识结构。(D) 翻转课堂用到这里也差不多有大半个学期了,我真正地觉得翻转课堂可以让我重新调整课堂时间的分配,让学生养成主动学习并且主动发现问题的习惯,在课堂上我可以更加地集中注意力来帮助学生解决知识的运用问题,帮助他们加速知识的内化过程。(R)

第 15 次教学反思日志	
教学日期	2019 年 5 月 22 日
教学内容	Unit 8 Secret Messages to Ourselves
教学事件	今天的教学内容是让学生对第八单元的课文部分进行讲解,其中第三组的表现让我觉得非常惊讶。他们负责的题目是短语替换,但学生们并没有仅仅停留于此,而是对部分句子的结构进行了详细的分析,并且还利用到了新东方所提及的"组件分析三步法",从三长、两短和一并列三个角度教其他同学如何分析复杂句。(D)学生在讲解问题时的拓展性思维真的让我觉得很吃惊,他们现在不仅仅要求自己把正确答案讲解清楚,还要为其他同学提供更多的语言拓展,这也能够看出他们对这部分内容在课后所花费的时间和精力。学生对于这部分内容的表现更让我看到了他们主动学习的一面。(C)

通过对上述教师反思日志及其他教师反思日志进行分析,不难看出,学生在综合英语课堂上,尤其是课堂翻转后的课内讨论环节和练习小组 presentation 环节,开始提出了越来越多的问题,这说明学生在线上观看微课视频学习时有越来越多的思考过程参与进来,而不是被动地去观看视频,除了关注学习视频中教师所提及的重难点以外,学生还会关注自己的问题,关注那些教师没有提到但自己又不明白的问题。在之前传统的综合英语教学课堂中,学生总是很难提出问题,基本上都是以教师讲解为主,当教师问及学生是否有问题时,由于他们都处于被动的学习状态,自然也很难提出任何问题。但是没问题并不代表学生真正地就明白了所有的教学内容,因为他们的期末考试成绩并不理想,无论是书上的考点还是课外的考点学生的得分率都不高。相反,在翻转课堂教学模式上,因为学生能够主动地提出问题,教师能够有的放矢地帮助学生去解决问题,所以整个课堂的教学氛围互动性更强,并且在解决问题的过程中,学生学到的东西也就越多。另外,在小组 presentation 环节,同学们也越来越不仅仅只是局限于单纯地讲解问题的答案,他们会开始对涉及的知识点进行拓展,为了拓展知识点,他们就会主动地去查阅其他的资料,所以可以说在这个准备的过程中,学生的学习也变得越来越主动。

(三)学生信息技术应用能力得到提升

除了上述所提及的两点以外,通过对教师反思日志进行分析,笔者发现在综合英语课程翻转课堂教学模式中,学生的信息技术应用能力得到了相应的进步。部

第七章 综合英语课程翻转课堂模式对学生学习的影响研究

分具体数据可见以下教师反思日志。

第 11 次教学反思日志	
教学日期	2019 年 4 月 27 日
教学内容	Unit 7 The English Countryside
教学事件	今天的教学内容是学生以小组形式开展练习的 presentation,(D)但让我不太满意的是有两个组的小组 presentation 做得不是很好,PPT 没有形成一个统一的格式,PPT 的内容、布局设置问题较多。小组间的讲解没有达到相互衔接、相互补充的局面,这就完全没有达到我让他们进行小组合作学习的初衷。(C)因此,我决定课后找部分同学了解一下情况,看看他们在小组讲解中遇到什么问题,我再做下一步的调整。(PN) 　　(后续) 　　今天我再把遇到的小组讲解这个问题的调查结果补上,因为我去找了部分同学了解了一下情况,同学们给我的反馈主要集中在以下几点上。(D) 　　1. 喜欢课堂讲解的形式,因为可以锻炼口语和胆量,但不喜欢这种小组合作的形式,因为课后不方便找人; 　　2. 小组合作时总会有部分同学不积极,影响完成进度; 　　3. 大家想法太多,很难达成一致。(D)

第 16 次教学反思日志	
教学日期	2019 年 5 月 26 日
教学内容	Unit 10 The Life Story of an Ancient Chinese Poet
教学事件	今天的教学内容是让学生们以小组为单位找一首中国古代著名的唐诗,根据其特点自己翻译成中文。(D)这次的小组活动让我发现学生们在诗歌的翻译讲解上小组活动做得很成功,(C)主要原因有以下几点。 　　1. 学生们所找的诗歌都是大家非常熟悉的,比起书上所列举的诗歌还要让人觉得熟悉,所以在讲解时也适合大家的理解能力; 　　2. 所有组都使用了 PPT 进行讲解,并且 PPT 的背景都采用中国传统元素,让人觉得很清新,也很切题; 　　3. 学生们在讲解时都没有使用网上的翻译,而是根据自己的能力水平边讲解边翻译,适合大家的能力水平。(R)

第 27 次教学反思日志	
教学日期	2019 年 7 月 7 日
教学内容	Unit 15 The Aging Population
教学事件	今天的教学内容是让学生开展小组练习 presentation，这也是他们本学期的最后一次练习陈述。(D)从整体上来看学生的小组陈述，我觉得他们现在已经很习惯用英文去表达他们的陈述内容，看来这种小组陈述的模式对于他们的口语提升还是有很大的帮助的；另外，当第二组的同学讲到翻译题时，我被他们所做的 PPT 吸引了，我很喜欢这个组的同学们做的 PPT，(C)原因主要有： 1. PPT 模板色彩统一，简洁清楚； 2. PPT 上的文字表达准确，并且内容重点突出，罗列简单明了； 3. PPT 上的各种动画运用恰到好处，不烦琐。 PPT 的制作能力应该属于一种必备的办公软件制作技术，拥有较强的 PPT 制作能力对学生今后的学习甚至是工作都会有很大的帮助，在综合英语课堂上，利用自己制作的 PPT 来完成学习任务是一种常态，今天看到这些让我觉得满意的 PPT，看来长期的训练还是真的有效果的。相信学生一定会觉得在本学期的综合英语课堂上，除了学到课本上的语言知识以外，他们还掌握了其他更多的技能。(R)

通过对上述教师的部分反思日志和其他反思日志进行分析，在教师记录的早期的反思日志里(4 月 27 日)，教师明显地感觉到，而且也真实地看到了学生在做小组 presentation 时存在的问题，其中最明显的问题就是对 PPT 的制作。众所周知，信息技术应用能力包含了许多方面，信息技术素养也是国家提出的教师所必备的重要素养，当然 PPT 课件的制作就属于信息技术应用能力中重要的一个方面之一。然而，教师在早期的教学反思日志中曾提及对学生制作的 PPT 的评价：

"……但让我不太满意的是有两个组的小组 presentation 做得不是很好，PPT 没有形成一个统一的格式，PPT 的内容、布局设置问题较多……"

但通过对后面的反思日志进行分析，笔者发现，学生对 PPT 课件的制作越来越熟练，无论是从 PPT 内容、字体使用、背景使用，以及色彩搭配上都取得了巨大的进步。

这里值得说明的是，教师在教学反思日志中对学生的这项技能进行了特别的关注，主要是因为在本项目研究中，学校对研究对象的培养目标是以英语专业师范类来进行，那么与教师教学技能相关的各个方面自然也就是教师的教学内容。综合英语课程虽然主要是培养学生在听、说、读、写、译几个方面的英语语言知识,但对于学生师范类的专业素养培养也应该贯穿于课程教学中,因为只有这样学生才能够熟练地掌握教师教学技能,而不是寄全部的希望于他们毕业前半个学期实习实训。因此,在本行动研究中,笔者同样将对学生这方面的培养放在了教学计划之中,并且通过对课堂的观察,学生在此方面也确实获得了很大的进步。

综上所述,笔者通过对教师的课堂教学反思日志进行分析,得出了学生在课堂上最直观的进步。首先,由于翻转课堂教学模式对综合英语课程整体的教学时间和教学内容进行了重置,这也就增加了学生在课堂上训练口语的机会,并且在一次一次的训练中,教师也明显看到了学生在口语输出方面取得的巨大进步;其次,翻转课堂教学模式要求学生在课前必须先主动地完成线上的微课视频的学习任务,并且最好能够发现自己存在的问题,方便在课堂上就问题开展讨论。通过对教师反思日志分析不难发现,学生在刚开始是不太接受、不太习惯这种新的学习模式的,所以在课堂上当教师带领他们共同就问题开展讨论时,他们几乎都没有提出什么问题,但随着对新的教学模式的慢慢习惯和适应,教师可以明显感觉到学生在课堂讨论环节提出的问题越来越多,因此,学生的表现足以证明他们对综合英语的学习变得越来越主动,不仅可以主动、自觉地去开展学习,还能主动、积极地去发现问题。最后,由于综合英语课程新的教学模式的要求,学生需要在课堂上借助各种教学辅助手段完成小组 presentation。因此,他们的信息技术应用能力也得到了进一步提升,教师的教学反思日志也记录下了他们在这方面取得的进步。在开展了实验研究一段时间后,学生能够有效地运用 PPT 技术来辅助完成小组的课堂呈现任务。可以说,学生在这方面取得的进步,不仅对他们今后的学习,甚至对他们今后的工作都有很大的帮助,而这个能力在传统的综合英语课程教学中是很难得到培养和训练的。

三、半结构化访谈结果

在半结构化访谈中,笔者共准备了四个开放性的问题用于访谈。笔者一共记录了三次访谈的相关数据,并重点对翻转课堂教学模式对学生的综合英语学习的部分录音进行了转录分析,得出了以下主要结果。

(一)翻转课堂教学模式对学生学习产生的影响分析

在翻转课堂对学生学习产生的影响方面,笔者通过对 19 位学生访谈笔录进行归类分析,主要得出以下结论。

1. 课外学习目标更加明确,自主学习能力得到培养

在19名被访谈者中,有14名(73.7%)被访谈者都曾提及,认为综合英语翻转课堂教学模式使他们对综合英语课程的学习更加明确,并且对课外需要做的事情更加清楚,他们能够慢慢地合理安排自己的时间开展自主学习。和以往的综合英语课程学习模式相比,他们更清楚自己的学习内容和学习目标。具体访谈数据参见下面部分访谈记录节选。

……

老师:好的,谢谢你们之前给我反馈信息,我现在想问你们第二个问题,也就是你们觉得本学期的综合英语课程的教学模式对你哪个方面的英语能力提升帮助最大?

学生1:这个还是有蛮多的哦(笑声……)

学生2:嗯嗯,我觉得也是。

老师:那么可不可以具体说说主要体现在哪些方面呢?

学生1:(停顿)就我自己的情况来说,以前在综合英语课上,基本上就是跟着老师上课的节奏走,下课有作业就做,没有作业就不管,也很少会看综合英语,只有在快考试的时候才会看,所以一个学期下来我的书都比较赶紧,但现在我每个星期都会安排出时间来看综合英语,背单词啊,看课文啊,看视频这些的,特别会根据教师的上课进度来合理安排自己的微课视频学习时间……反正,这个学期我是会主动地去看精读课文部分。

老师:好的,谢谢,那其他同学呢?

学生3:我的情况也差不多,这个学期我习惯了先把自己每个星期的学习任务进行计划安排,然后再一步一步地去做,我基本上隔两天就会登录网络教学平台去学习你发在平台上的学习资料,并且一定会提前完成每个单元的精读课文学习部分,也就是你发的微课视频,特别是针对小测的单元……哈哈……

学生2:嗯嗯,因为我们知道要小测,所以会看得更勤快。

(笑声……)

(第一次学生半结构化访谈转录节选)

老师:好的,我现在想向大家了解一下第二个问题,也就是你们觉得本学期的综合英语课程的教学模式对你哪个方面的英语能力提升帮助最大?

学生8:嗯嗯,感觉这个还是有很多哦,最大的帮助应该是自己在综合英语课程学习上更加清楚自己的学习方向和内容吧。

第七章　综合英语课程翻转课堂模式对学生学习的影响研究

……

学生9：因为我们都知道老师上完每个单元的练习部分时就要进入到下一个单元了，所以我们也就开始准备微课视频的学习，久而久之就养成了一个习惯，知道综合英语课什么时候该做什么。

……

学生10：说真的，以前的综英课真的什么也没学到，课后也很少去看书，但现在不一样，现在在课后我会安排好自己的时间，预留出时间来看综合英语。

学生11：没错，现在我们全班大部分同学都会主动积极地去看视频，学习课文哦。

……

（第二次学生半结构化访谈转录节选）

老师：好的，谢谢大家之前的反馈。我现在想向大家了解一下另外一个问题，你们觉得本学期的综合英语课程的教学模式对你哪些方面的英语能力提升帮助最大？

……

学生15：就我自己来说的话，我觉得我最大的进步就是养成了自己看书的习惯，更加清楚综合英语课程自己应该做什么，反正就是会定时定点地去看书，去完成学习任务。

……

学生17：我们现在课后花时间最多的就是综合英语，因为要背单词、看视频、准备小组presentation等等，反正以前都没这样学过……

学生18：是啊，刚开始不太习惯，不知道自己具体应该做些什么，慢慢地就知道这个星期该干嘛，下个星期该干嘛。所以我现在都习惯了把自己的综合英语学习进行规划一下，因为有很多事情要做，所以我一般都会对每个单元的学习进行规划，计划一下今天做什么，明天做什么。

（第三次学生半结构化访谈转录节选）

上述只是部分访谈记录，从上述的访谈记录中不难看出，学生所反馈的信息主要集中在自主学习能力方面，也就是说，综合英语课程翻转课堂教学模式在他们自主学习能力培养方面起到了一定的促进作用。首先，学生开始对自己的学习进行整体的规划，对学习的目标越加明确，有的以一个单元为单位，有的以一个星期为单位；其次，他们的课外学习时间得到了延长。传统的综合英语课程教学强调课堂上的学习，课后的学习仅限于完成作业，但翻转课堂教学模式强调的是一种课内和课外的结合,学生在课外不仅要完成作业,还要完成知识的传授阶段,因此从学生的信息反馈中可以看到,翻转课堂教学模式的确延长了学生的课外学习时间。

除此之外,笔者从访谈中所收集到的数据和问卷调查中收集到的数据一致,学生在问卷中也同意综合英语的翻转课堂教学模式能够帮助他们更好地管理自己的学习时间,并且有效增加了自己的课外学习时间,详情可参见第六章第二节内容。

2. 口语表达能力得到明显提升

学生除了在自主学习能力方面得到培养以外,经过分类统计分析笔者同样发现,在被访谈者中,有 15 名(78.9%)被访谈者都一致认为,通过综合英语课程翻转课堂教学模式他们的口语表达能力也得到了很大的提升。具体访谈数据参见下面部分访谈记录节选。

老师:好的,谢谢你们之前给我反馈信息,我现在想问你们第二个问题,也就是你们觉得本学期的综合英语课程的教学模式对你哪个方面的英语能力提升帮助最大?

……

老师:好的,谢谢大家,那么除了这个方面,大家觉得还表现在哪些方面呢?

学生 3:我觉得对于我个人来讲,自己的口语表达能力进步最大。我们很少有机会在课堂以外的地方训练自己的口语,但以前的课堂教学时间有限,学生人数较多,老师也没有这么多时间让我们有机会开口说英文,但在现在的课上,我们需要经常做对话练习和小组 presentation,这让我有了很多机会能够在课上开口说英语。

学生 4:对,我也这样觉得,虽然我的口语进步不太,我也没怎么看出来,但我的胆子越来越大了(笑声)……我的意思是我现在越来越不害怕在课堂上开口说话了。

学生 5:是啊,现在的综合英语课堂教学让我有更多的机会走向讲台,并且开口说英语,我现在都可以用英语来讲解一些题目了,包括语法题目,虽然语速比较慢,发音也不够准,但至少能够全部讲解出来,有时候我觉得还蛮满足的。

……

(第一次学生半结构化访谈转录节选)

老师:好的,我现在想向大家了解一下第二个问题,也就是你们觉得本学期的综合英语课程的教学模式对你哪个方面的英语能力提升帮助最大?

……

第七章　综合英语课程翻转课堂模式对学生学习的影响研究

学生9：……我觉得自己的口语表达能力方面，虽然进步并不明显，在说英文的时候我还是会犯很多的语法错误，但至少我现在不害怕开口说英语了，这门课和其他课程相比，老师还是为我们提供了好多锻炼口语的机会。

老师：那你觉得课堂上主要有哪些教学环节帮助你训练了口语表达能力呢？

学生9：每个单元的第一个部分听说环节，你经常让我们几个人组合在一起，编对话啊这些，另外，最主要的还是单元练习的小组 presentation 部分，这个部分让我们基本上每隔两个星期就要上台一次。

老师：好的，那其他同学呢？你们觉得这种教学方法对你们帮助最大的是哪个方面，或者也和这位同学一样呢？

学生10：其实我和她的感觉是一样的，这种教学方法对我很多方面帮助都很大，其中最大的我觉得还是口语吧，因为我们现在在课堂上很多机会去开口说英语了……

……

（第二次学生半结构化访谈转录节选）

老师：好的，谢谢大家之前的反馈。我现在想向大家了解一下另外一个问题，你们觉得本学期的综合英语课程的教学模式对你哪些方面的英语能力提升帮助最大？

学生14：对我来说，我感觉我的口语进步最大，现在的综合英语课堂给了我们很多训练口语的机会，因此我感觉这个学期我的口语进步最大。

学生15：……除了刚才我提到了那点以外，我觉得在综合英语课上，我们有很多机会去训练、展示自己的口语。尤其是在小组 presentation 环节，每个人在一个学期都会很多次上台展示的机会，不管练得怎么样，但至少都敢于上台了，没有之前那么紧张了（笑声）。

……

学生18：我进步最大的应该也是口语吧，因为这个学期有很多机会去锻炼自己的口语表达能力，不管讲得对不对，而且我也知道讲的时候有好多语法错误，但至少我能够开口去说了，我觉得还是有很大进步的。

……

（第三次学生半结构化访谈转录节选）

从上述三次的访谈记录节选中，不难看出，学生认为综合英语课程翻转课堂教学模式对他们的口语能力的提升起到了很重要的作用。访谈中所得到的这点数据与笔者在教师反思日志中所收集到的数据一致，在教师的反思日志中也曾多次记录到学生在口语表达上取得的进步。学生在访谈中表示,在新的教学模式下,教师在课堂上为他们提供了更多的训练口语的机会,让他们能够有很多的机会开口说英语。

翻转课堂教学模式不同于传统的课堂教学模式,所谓的翻转即是将原来的课堂知识传授部分翻转到了课后进行,翻转后的课堂主要用于帮助加速学生对新知识点的内化过程。所以,由于翻转课堂模式对教学内容进行了翻转,那么就使得教学时间可以得到重新分配。翻转后的综合英语课堂有效地解决了传统英语课堂教学时间不足、教学内容过多的问题,并且为学生提供了更多地自我发挥的空间,让他们能够在唯一有机会开口说英文的课堂上真正地有机会锻炼自己的口语。

3. 英语语言基础知识应用能力进步明显

除了上述两点影响以外,在19名被访谈者中,有11名(57.9%)被访谈者表示在翻转课堂教学模式下,他们的英语语言基础知识应用能力得到了明显的进步,这里的英语语言基础应用能力重点指学生的语法知识水平,尤其是对长难句的分析。具体访谈数据参见下面部分访谈记录节选。

老师:好的,谢谢你们之前给我反馈信息,我现在想问你们第二个问题,也就是你们觉得本学期的综合英语课程的教学模式对你哪个方面的英语能力提升帮助最大?

……

学生3:我觉得除了刚才自己所讲的那几点以外,还是微课视频中的句子结构分析和课堂上对重难点句型结构开展的讨论。这些让我更加学会如何去分析哪些长难句了。

学生2:我也这样觉得,我现在特别能区分各种从句了,尤其是定语从句和同位语从句,我以前完全都搞不懂。但现在不一样了,你基本上都会带领大家一起讨论分析这种句子。

学生4:就像他们说的,我现在越来越喜欢综合英语课堂,尤其是看完微课视频后的课堂讨论部分,这个部分老师会带领我们共同讨论我们存在的问题,也让我能够更加透彻地去理解文章,理解那些重难点的句型结构。

……

(第一次学生半结构化访谈转录节选)

老师:好的,我现在想向大家了解一下第二个问题,也就是你们觉得本学期的

第七章 综合英语课程翻转课堂模式对学生学习的影响研究

综合英语课程的教学模式对你哪个方面的英语能力提升帮助最大？

……

学生8：我个人比较喜欢课堂上的讨论环节，在这个环节中我们可以提出自己不理解的问题，其他同学和老师来帮忙一起解决。而且这个部分还教了我好多句子成分分析的基础知识，这些基础知识实际上我们很多人都没有掌握哦……

学生9：我也赞同，有时视频中教师提到的复杂句分析我还是不理解，所以我就会在QQ群里问一下大家，或者在讨论课上提出来，这时老师你就会带领我们一起分析，所以我觉得本学期我的语法水平，尤其是从句分析水平真的有所提升了。

……

学生10：我觉得还有小测，有时候看完视频觉得自己看懂了，小测的时候却还是会遇到不会做的题目，但小测后老师你会组织我们一起分析小测，一起讨论疑问，通过这些环节，我真的明显感觉到自己的英语语言水平在慢慢地进步。

……

（第二次学生半结构化访谈转录节选）

老师：好的，谢谢大家之前的反馈。我现在想向大家了解一下另外一个问题，你们觉得本学期的综合英语课程的教学模式对你哪些方面的英语能力提升帮助最大？

学生14：除了刚才提到的口语方面，我的句子分析能力也得到了很大了进步，老师的视频里不仅会提到许多句子分析的问题，特别是在课堂讨论环节，老师还会就大家存在的问题进行课堂讨论，每次到这个环节，我都很喜欢，因为我的语法比较差，尤其是对长句的分析，所以我很喜欢这个环节。

……

学生16：是的，我和XX的想法一样，我也觉得自己现在对从句比较清楚，能够正确地分析出这个句子是定语从句、同位语从句还是主语从句等，原来这些都是糊里糊涂的，虽然也上了语法课，但练习得太少了，还是搞不清楚，现在要清楚得多了，老师都会经常带我们一起分析句型结构，所以我觉得在本期自己的英语基础知识越来越扎实了。

学生17：我现在就喜欢课堂讨论的时候，那个时候老师一般都会帮助我们解决自身存在的问题，特别是对复合句的分析，我现在很喜欢去分析那些复合句，在做阅读理解时，也经常会找出一些很长的句子，自己慢慢地分析，就像解数学题一样。

......

(第三次学生半结构化访谈转录节选)

从上述三次访谈记录节选中可以看出,除了上面所提及的两点外,学生认为在本学期的综合英语翻转课堂教学模式中,他们的语言基础能力获得了很大的进步,尤其是对各种长难句的句型分析。传统的课堂将知识的传授放在课堂上进行,知识的内化放在课后进行,这里的知识内化过程一般指学生独立完成作业的过程,但事实上学生在知识的内化过程中会遇到各种各样的问题,而这个过程又往往是在课后完成,没有教师的辅导,这也就导致了知识内化过程的效率不高。而翻转课堂教学模式将知识的传授放在了课外进行,让学生自己完成这个部分的学习任务,将知识的内化过程放在课堂上完成,在教师的帮助下学生们可以很快地完成知识的内化过程,真正地掌握语言知识的应用,所以在本行动研究中,学生也明显感觉到自己的语言应用能力得到了很大的进步,这也正是翻转课堂将内容翻转后所产生的巨大变化。

(二)学生在翻转课堂教学模式学习中存在的障碍分析

笔者在调查综合英语翻转课堂教学模式对学生学习的影响时,在访谈中,除了得到学生积极的反馈,同时也收到了学生消极的反馈。笔者将反馈信息进行归纳总结,得出以下消极信息,这些消极信息同时也反映出了学生在翻转课堂教学模式中存在的学习障碍。

1. 小组合作不够合理

在三次共19人参与的半结构化访谈中,共有8名(42.1%)被访谈者表示不喜欢教师布置的课后小组合作讲解练习并做presentation的模式,具体访谈数据参见下面部分访谈记录节选。

老师:好的,谢谢你们之前给我反馈信息,我现在想问你们第二个问题,也就是你们觉得本学期的综合英语课程的教学模式对你哪个方面的英语能力提升帮助最大?

......

学生4:其实除了我刚才提到的那些以外,老师我还想说一下其他方面。

老师:好的,你说。

学生4:其实从初衷上,我们还是喜欢你安排的小组合作做presentation的活动,毕竟通过这个活动,我们的口语得到了很大的提升,但事实上我们做这个也遇到了很多问题,就是小组之间的不合作,特别是遇到那些不积极的、学习较差的同学,我们的小组合作就很难继续。

学生5:是的,真的是这样,我们组某些同学真的一点也不积极,怎么叫都叫不动,到最后都变成几个人的任务了。所以我想建议一下老师,可不可以调整一下这个部分的设计,比如小组分配等。

……

(第一次学生半结构化访谈转录节选)

老师:好的,我现在想向大家了解一下第二个问题,也就是你们觉得本学期的综合英语课程的教学模式对你哪个方面的英语能力提升帮助最大?

……

学生9:除了之前提到的那些,老师,坦白说哦,我不是很喜欢小组合作做陈述这个活动,这个活动的目的是好的,而且我们也能明显感觉到自己口语的进步,但在这个过程中,我们的小组合作很困难。

老师:什么叫作很困难呢?主要出现了什么问题?

学生9:在小组中,不积极的同学真的很不积极,带不动,任务虽然最终是可以完成的,但我个人觉得这个过程没有达到小组合作的这个目的,好多次我们这个任务都是固定的那么几个人完成的。

学生10:我们组也有这样的情况,所以到后面为了能够顺利完成任务,我们直接就开展任务分配了,就是某某某负责这一次,下一次由下一个同学负责,虽然最后也都完成了任务,但根本就没有所谓的小组合作哦,都是个人完成的。

……

(第二次学生半结构化访谈转录节选)

老师:好的,谢谢大家之前的反馈。我现在想向大家了解一下另外一个问题,你们觉得本学期的综合英语课程的教学模式对你哪些方面的英语能力提升帮助最大?

……

学生15:老师,总体来说,我觉得我们班大部分同学应该都还是比较喜欢综合英语课现在的这种上法,但除了我们之前所提到的那些以外,我想反映一下,小组合作这种模式能不能稍微进行调整?

老师:调整?你觉得是哪方面有问题需要进行调整呢?

学生15:其实也就是presentation这种活动可以,不仅可以锻炼我们的胆量,更能训练我们的口语表达能力,但小组合作这种形式就存在一些问题,因为我们几乎每个单元都要做这个,所以小组合作的次数还是比较多的,就会容易暴露一些问题。比如说,没有真正地做到小组合作。

学生16:我们组也是这样,其实都没有什么小组合作,每个组真正做事的就是那么几个同学,懒的同学,不管你怎么喊都没有用,要么就是说没有时间,要么就是说你们自己决定,所以做的永远是我们这些,久了我们也会觉得很累,因为其他科目也有好多作业要完成……

……

(第三次学生半结构化访谈转录节选)

从上述访谈节选中不难看出,除了学生所提及的积极影响以外,学生同时也向老师反映了翻转课堂教学改革设计中存在的一些问题,其中表现最为明显的是小组合作完成单元练习的 presentation 环节。在这个环节中,学生需要和五人为一组,共同完成综合英语课程的单元练习课堂陈述,教师在对学生分组时基于以下几个原则:自由组合、好坏搭配以及男女搭配。但由于合作的次数较多,所以暴露出的问题也有很多,例如好坏搭配,教师的初衷是想让学习好的、积极的同学带动学习较差的同学,但在实际合作过程中,没有达到教师的初衷,学习差的同学表现出被动学习态度,因此每一次的合作最终都会落在积极的学生头上,给他们造成了一定的负担。因此学生们也建议,保留此项活动,但对规则,尤其是小组分配进行调整。

在此值得一提的是,对学生的这部分半结构化访谈数据和学生在问卷调查中所给出的反馈数据相一致,这也更加肯定了该项数据的真实性。

2. 自主学习还不够主动

翻转课堂教学模式将课堂教学内容和课后教学内容进行翻转,旨在培养学生的自主学习能力,让学生养成主动、积极地学习行为。因此,本项目研究也会对翻转课堂教学模式对学生的自主学习能力影响进行调查。笔者通过对半结构化访谈记录进行整理发现,本行动研究中的翻转课堂教学模式在一定程度上促进了学生自主学习能力的养成(笔者曾在上述积极影响中提及),但也有部分学生(5名学生,占访谈参与人数的 26.3%)反映自己的自主学习还不够积极主动,虽然持同样看法的学生人数不多,但对所有学生反馈的数据进行收集整理分析可以为本行动研究今后的方案完善提供有价值的实践性依据,具体访谈数据参见下面部分访谈记录节选。

老师:谢谢大家之前的信息反馈,现在我想了解一下另外一个问题,就是在本学期的学习模式中你存在的最大障碍或者问题是什么?

学生5:我个人觉得自己还不够积极,有些时候知道是时候该完成微课视频学习了,但就是比较懒,总爱拖到最后,所以每一次的自主学习小测成绩都不是很理想

……

(第一次学生半结构化访谈转录节选)

老师:看来大家都觉得这个学期的翻转课堂教学模式对大家的学习还是很有帮助的,是吧?(笑声)……接下来我想了解一下另外一个问题,就是在本学期的学习模式中你存在的最大障碍或者问题是什么?

……

学生10:还是自控能力不够,总爱把事情拖到最后,而且看视频时也不够认真,老师让我们要暂停视频并开始阅读文章,但……比较懒,总是会提前去看答案,懒得阅读……

学生11:……老实说,我有些时候也是这个样子的,总觉得自己的自控能力不够,总会把事情拖到最后再做,然后又发现时间不太够。

……

(第二次学生半结构化访谈转录节选)

从上述的访谈转录节选中不难看出,虽然翻转课堂教学模式能够帮助学生促进他们的自主学习行为的养成,但在这个过程中还是会出现一些问题,比如学生仍然不够自觉,没有按要求认真学习视频等。笔者也对此问题产生的原因进行了综合分析,发现除了学生自身主观原因以外,客观上的主要原因还是因为教师对学生线上网络视频学习的监管力度不够。因此,在本行动研究的下一步反思完善中,本项目研究将着力完善对学生线上学习的监管工作,具体改进完善方案笔者会在反思中提及。

第三节 结 语

本章节主要对综合英语课程翻转课堂教学模式对学生的学习影响研究进行了调查。笔者通过实验研究:前测和后测配对样本 t 检验、教师反思日志,以及半结

构化访谈三种方法来收集数据,试图从学生的成绩、学生的课堂表现以及学生的反馈信息三个方面的数据来分析综合英语课程翻转课堂教学模式对学生的学习产生的影响。通过对三类数据进行定量和定性分析,在学习影响方面,笔者得出以下主要结论。

一、综合英语翻转课堂教学模式有利于提高学生的英语语言水平

笔者试图通过前测和后测的数据对比来检验综合英语翻转课堂教学模式能够提升学生的英语语言水平。通过对两个实验班进行前测和后测的数据配对样本 t 检验,结果显示说综合英语翻转课堂教学模式有利于提高学生的英语语言水平。

另外,笔者通过对半结构化访谈数据进行分析时发现,学生认为综合英语翻转课堂教学模式使他们的英语语言基础应用能力得到了明显的提升,特别是在英语语法方面。这主要是因为,翻转课堂教学模式强调的是帮助学生加速完成他们的知识内化过程,因此翻转后的课堂教师会组织学生共同解决他们存在的问题。所以,访谈中有 57.9% 的学生认为他们的这方面能力得到了明显进步。

二、综合英语翻转课堂教学模式有利于提高学生的英语语言表达能力

笔者通过对教师反思日志和对学生的半结构化访谈的数据进行分析,得出综合英语翻转课堂教学模式有利于提高学生的英语语言表达能力的结论。在教师反思日志中,教师多次记录下了学生在课堂上的进步,尤其在语言表达能力上最为明显,学生在课堂上的口语表达不仅越来越多,而且也越来越流利,越来越准确。

在非英语为母语的国家,课堂对于学生来说就是学习使用英语的唯一场所,但由于传统课堂存在的一些局限性,例如:课堂授课时间有限以及班级人数较多等原因,学生很难有机会在课堂上锻炼自己的口语表达能力。但由于翻转课堂的教学模式对教学内容和教学时间进行了重新配置,因此,学生可以在该模式的课堂教学中获得大量的语言表达机会,并且在本行动研究中,教师还设计了大量的教学活动,而这些教学活动为学生提供了许多的口语表达机会。所以,通过教师的反思日志数据以及学生的访谈数据都表示本行动研究的翻转课堂教学改革模式可以有效

地提升学生的英语语言表达能力。

三、综合英语翻转课堂教学模式有利于培养学生的自主学习能力

陈青松和许罗迈(2006)曾经提出,网络化的英语学习主要的特点之一就是自主学习,因为网络化的英语学习需要学生的自主学习能力。所谓的自主学习能力即是指学习者根据自己的学习风格、学习态度以及学习能力,能够独立地或者在教师的指导下完成教师布置的学习目标的能力(陈冬纯,2006)。因此,可以说,翻转课堂教学模式离不开学生的自主学习,他们之间可以形成一个相互促进的学习模式。笔者通过对教师的反思日志和学生的半结构化访谈数据进行分析,得出综合英语翻转课堂教学模式有利于培养学生的自主学习能力的结论。

本行动研究中的翻转课堂教学模式同样也需要学生的自主学习能力,因为本教学改革模式需要学习者在课前先完成网络视频学习部分,教师没有对这部分内容的学习设定具体的时间,所以学生可以根据自己的学习时间、学习需求来完成网络学习。通过为期四个月的行动研究,数据表明翻转课堂教学模式不仅有效地延长了学生的课外学习时间,更让大部分学生养成了对自己的学习进行合理计划、安排并执行的习惯,这也就表明翻转课堂教学模式有利于培养学生的自主学习能力。

四、综合英语翻转课堂教学模式有利于改变学生被动的学习模式

在传统的综合英语课堂上,教师往往处于教学的主导地位,整个教学以教师为中心,学生处于被动的学习状态。翻转课堂教学模式所改变的不仅是教学形式,与此同时,教师和学生的角色都发生了改变,翻转课堂教学模式不再以教师为主,教师在翻转课堂模式下变成了课堂的组织者、参与者,或者评价者,翻转课堂教学模式倡导以学生为中心的学习,学生不再是被动地被提问,而是积极主动地去找问题,提出问题,并寻求解决的办法。

特别是在线上微课视频学习后的课堂讨论环节,教师的反思日志记录下了学生学习从被动到主动这个过程的转变,他们不仅积极、主动地去学习教师在微课视频中呈现的所有知识点,他们更会主动地根据自己的语言水平,发现自己存在的问题,并提出相应的问题。因此,可以说,综合英语翻转课堂教学模式有利于改变学

生被动的学习模式，让他们在学习过程中变得主动、积极，学会自己去发现问题并解决问题。

五、综合英语翻转课堂教学模式有利于提高学生的信息技术应用能力

教师信息技术应用能力是信息技术时代背景下教育领域对教师提出的新的要求。教育信息化也是时代背景下的必然趋势，教师不仅需要掌握自己相关专业的知识，同样也需要掌握一定的信息技术相关专业的知识。本项目中的研究院校培养的学生是以师范类人才为培养目标的，因此，在信息技术时代背景下，这些学生同样需要掌握足够的信息技术应用能力，这也成为师范类院校培养的重点之一。

在本行动研究中，笔者通过对教师反思日志数据进行分析，发现综合英语翻转课堂教学模式有利于提高学生的信息技术应用能力。学生在本翻转课堂教学模式设计中的小组练习 presentation 环节中，信息技术应用能力，尤其是 PPT 的制作能力得到了极大的训练。除此之外，在翻转课堂模式下教师也使用了部分信息技术的教学软件，例如：词云图、思维导图等，这些都被学生有效地应用到了他们的 presentation 环节中，因此，数据表明，在综合英语翻转课堂教学模式中学生的信息技术应用能力得到了有效的提升。

除了上述提及的五点积极的影响外，笔者同时也对学生在该模式学习中存在的障碍进行了数据收集和分析。结果表明，学生在综合英语翻转课堂教学模式学习中存在一定的障碍，主要表现在以下两个方面。

第一，小组合作规则不够合理。

从问卷调查和半结构化访谈中，可以得出学生在小组合作学习方面存在一定的问题。在本行动研究中，需要学生在课后与小组合作共同开展练习 presentation 任务，但通过多次的合作，部分学生表示不积极的学生会严重影响小组合作中任务的完成质量，所以学生建议调整小组合作的形式或者规则以便大家能够更好地完成小组合作的任务。

第二，自主学习主动性还有所欠缺。

虽然从教师反思日志和学生访谈数据得出翻转课堂教学模式能够促进学生自主学习能力的提升这一结论，但仍然还是有部分学生在访谈中反映自己学习的积极主动性还不够，因此，还是有不能按时完成学习任务的情况。所谓的自主学习是指需要学生根据自己的学习特点和风格独立、自主地完成教师所布置的学习任务。

第七章　综合英语课程翻转课堂模式对学生学习的影响研究

但事实上,并不是所有的学生都能够独立自主地开展学习,尤其是在没有教师监督的情况下,因此,对于这部分学生来说,教师就必须做到因材施教,对他们开展指导性的自主学习,这样才能帮助学生逐步培养自主学习的能力。对于具体的完善措施,笔者将会具体在本专著中第八章进行详细说明。

第八章　综合英语课程翻转课堂模式行动研究评价与反思

评价和反思是行动研究的最后一个部分，也是最关键的一个部分。评价和反思不仅是对行动研究的最后结果进行评价、反思，更是对行动研究的每一个环节作出评价和反思（王蔷、张虹，2014）。评价，也就是看行动研究是到达预期的目标，是否达到了行动改进的目的，也就是教学改革的目的，并且这个评价包含积极的评价和消极的评价（Altrichter 等，1993）。而反思，则是行动研究实施者在评价过后所做的反思，同时也包括对行动研究进行的调整和完善。由此可见，评价和反思是行动研究的一个重要环节，没有评价和反思的行动研究就不算是一个完整的行动研究。所谓的行动研究并不是指一个研究项目，行动研究需要教师或行动研究实施者在教学过程中不断地提出质疑、不断地追求变革，是一个不断循环反复的过程，因此可以说，评价和反思是一个教学改革后的总结分析，评价和反思是否成功直接关系着这个行动研究的下一次改革是否成功。

在本章中，笔者将会根据多方面收集到的数据和分析得出的结论对综合英语课程翻转课堂教学模式的行动研究进行评价和反思。其中，笔者将会从行动研究的各个实施环节和阶段进行评价，包括积极和消极的评价，目的在于检验本行动研究的各个环节是否已经达到了预期的目标，还存在哪些问题。对于反思部分，笔者将会在评价的基础上，对行动研究的各个环节提出改进和完善措施，以便实施下一个阶段的行动研究。

第一节　行动研究评价

在本章第一节中，笔者将会对本行动研究进行整体评价。评价将会根据行动

第八章 综合英语课程翻转课堂模式行动研究评价与反思

研究的各个环节、阶段进行。在本专著第四章中,笔者曾对综合英语课程翻转课堂教学模式的流程进行了详细分类介绍。该教学模式大致分为三个阶段,第一阶段为课前准备和线下课堂学习阶段,包括教师制作微课视频、教师发布自主学习任务以及课堂上听说部分的语言知识学习;第二阶段为线上学习和线下课堂学习阶段,包括学生开展自主学习、学生记录学习问题以及小组开展任务讨论;第三阶段主要为线下课堂学习阶段,包括自主学习检测、教师提供帮助指导完成知识内化、小组开展练习讲解完成知识内化。因此,笔者将会以这三个阶段为基础完成对本翻转课堂行动研究的综合评价。

另外,笔者对本行动研究过程和结果的评价将会从教师和学生的角度出发来进行评价。除了对产生的效果进行评价以外,笔者还会对每个阶段中的每个环节实施的过程进行评价,并且以下面的问题作为导向进行评价。

第一:本行动研究的各个环节实施是否顺利,是否达到了预期的目标?

第二:从教师自身来看,行动研究的各个过程和结果对教师的教学观念、教育行为等是否带来影响,教师从中学到了什么等。

第三:从学生来看,行动研究各个过程和结果对学生的学习产生什么影响?包括学生的学习成绩、学习行为以及学习观念等。

当然值得一提的是,这些所有的评价都有可能包括积极的和消极的方面,因此有可能本行动研究中的某个环节并没有达到预期的目标,但无论是好的还是坏的,笔者都可以从这个过程中学到很多,都可以促进本行动研究的完善。

一、翻转课堂教学第一阶段评价

第一阶段的活动共包括以下三个部分,因此,笔者将根据前几章所收集到的数据具体对以下三个部分进行评价。

(一)微课制作评价

微课制作部分为本行动研究的最初准备阶段,在本阶段,教师主要根据综合英语课程的特点对每个单元的精读课文部分的主要内容进行 PPT 制作,并将 PPT 制作成 10 分钟以内的微课小视频,微课视频中配有教师的讲解和字幕,可以帮助学生更好地理解微课的内容。通过对教师反思日志、问卷调查和半结构化访谈数据进行综合分析,将微课制作具体分为积极和消极方面来进行评价。

1. 积极方面

在积极方面,笔者从微课视频的教学目的来进行评价,所谓的教学目的主要是看本行动研究中的微课视频是否帮助学生达到了预期的学习目标。本研究中的微课视频是构成综合英语翻转课堂教学模式线上学习的核心部分,同时该部分内容长期以来也是综合英语课程教学内容的核心所在。笔者在微课视频制作过程中,首先对综合英语课程的精读课文进行了整体分析,将重难点知识制作成微课视频,并在视频中加入了教师的讲解和字幕便于学生理解。从效果上看,96.8%的学生对微课视频的教学内容表示满意,认为综合英语课程的微课视频教学内容设置合理,重难点突出,能够帮助他们掌握每个单元的精读课文部分,并且学生在问卷中都表示,微课视频的教学内容能够很好地与课堂教学内容进行衔接,形成完整的单元教学内容。因此,可以说,本行动研究中的微课视频能够顺利帮助笔者达到预期的教学目标,并促进翻转课堂教学的进一步实施。

2. 不足方面

从学生的学习反馈信息来看,有部分学生认为教师在微课视频中讲解的语速稍快,对于英语听力能力较弱的学生来说,有点吃力,难以跟上微课视频的节奏。笔者也对学生反映的情况开展了进一步的调查,发现部分英语语言能力较弱的学生无法顺利地完成微课视频的学习,他们的障碍主要表现在听力、词汇以及语法三个方面。在微课视频中,这部分学生不能很好地理解教师在微课视频中的英文讲解,即使讲解配有英文字幕,由于他们的词汇量较小,这些学生对微课的理解也存在一些困难。另外,教师在微课中提及的语法知识点,尤其是拓展开的语法知识,他们也不能完全地理解,因此,这部分学生在微课视频学习中会存在一定的问题。

(二)发布自主学习任务评价

发布自主学习任务,主要是指教师在单元学习之前需要将所有的学习材料,包括每个单元的学习任务单、微课视频、听力材料、翻译材料以及词汇材料等相关单元的学习资料提前供给学生。

在具体的行动研究中,教师会先将所有上述提及的材料上传到网络在线教育综合平台上,前面章节笔者曾提及到该网络平台所支持的功能,所有的音频资料、视频资料,以及文档资料都可以上传到该平台,因此教师可以通过该平台成功地将所有的学习资料提供给学生。资料的成功上传保障了综合英语翻转课堂教学模式的顺利实施。资料上传后,教师可以随时通过手机或者电脑来查看学生的登录情况以及学习情况,学生不仅可以通过电脑,而且更便捷的是可以通过智能手机优慕课 APP 就可以直接开展学习。

但学生在学习资料的时候,尤其是观看微课视频时,和之前笔者预想的一样,出现了一些无法预料的问题,例如:无法用手机在线直接观看微课视频。通过笔者了解,发现由于智能手机的各种版本不同,所支持的视频文件格式也不一致,因此会导致部分学生无法观看视频的情况,但由于本行动研究笔者建立了专门的 QQ 学习群,所以该问题也得到了及时的解决。笔者将资料上传到网络在线教育综合平台上后,同时单独把微课视频上传到学生的综合英语 QQ 学习群,让无法通过网络平台观看视频的同学可以通过手机 QQ 学习群直接下载微课视频资料,通过手机学生同样可以直接开展网上在线学习。

因此,笔者通过对整个自主学习任务发布过程进行综合评价得出,本行动研究中所提供的多渠道的平台支持有效地保障了所有资料的成功上传,为学生下一步的在线自主学习的顺利开展提供了基础资料的保障。

(三) 语言知识学习:听说部分评价(课堂教学)

该阶段为线下课堂教学部分,听说部分为综合英语每个单元学习的第一部分 Part 1 Communicative Activities,该部分内容包括单词短语学习、听力训练、口语训练三个部分,该部分的教学目标主要是引导学生熟悉单元的教学主题,并且提升学生的听力和口语表达能力。但在传统的综合英语课堂上,由于教学内容较多、课堂时间有限等原因,大部分的教学内容都很难在有限的时间内完成,因此,传统的综合英语课堂也很难完成每个单元每个部分的教学目标。但在本翻转课堂行动研究中,由于教学内容和教学时间得到了重新分配,因此教师有足够的时间带领学生在课堂上完成该部分内容,尤其是还会给学生提供大量的口语训练的机会。除此之外,教师还根据每个单元的主题内容给学生增加许多合适的学习资料,如 TED 演讲视频、BBC 新闻,以及其他生动有趣的英语视频,来拓展学生的学习。

对于线下课堂教学的听说部分,笔者在第四章第四节曾提及,教师主要基于任务型教学法和合作型学习法来对这部分内容进行教学设计。在对学生满意度调查时,有 85.9% 的学生表示喜欢教师在课堂上所设计的教学活动,并且学生认为这些教学活动不仅可以激发他们对英语的学习兴趣,更能提升他们的语言水平,尤其在听力和口语表达方面。除此之外,在教师的反思日志中,教师也曾记录下了学生在翻转课堂教学模式下的学习效果,例如:学生在口语输出方面有了明显的提高,主要集中体现在口语表达更加地流利、准确。

因此,从上述部分简要的数据分析即可看出,本行动研究的第一阶段中的语言知识学习环节的设计能够帮助本行动研究完成相应的教学目标,达到预期的教学目标,并且整体教学效果良好,学生相应的语言能力也得到了提升,有效地保障了本行动研究第二阶段的顺利开展。

二、翻转课堂教学第二阶段评价

每个单元的第一阶段完成之后,翻转课堂教学模式则会进入到第二个阶段。第二个阶段包括三个环节:学生开展自主学习、学生记录学习问题以及小组开展任务讨论,第二个阶段的所有教学环节都要求学生在线上网络学习平台完成。

(一)学生开展自主学习

第二阶段的第一个环节是学生开展自主学习,本环节要求学生全部在线上网络教学平台上、手机上或者QQ群上完成。该部分内容为教师根据每个单元精读课文的重点所设计的10分钟以内的微课视频,学生需要借助教师在网络平台上上传的学习资料,包括学习任务单、微课视频、课文翻译、课文生词等,提前在课外独自完成每个单元精读课文的学习。该部分内容的教学目标主要是学生通过对微课视频及其他教学资料的学习掌握单元精读课文的主要内容、篇章结构以及重点句法和词法的分析。这部分内容也是本行动研究翻转课堂教学模式的核心内容所在,因为在传统的综合英语课堂教学中,这部分内容都是以教师课堂讲解为主,线下课堂教学形式来完成,而在翻转课堂教学中,这部分内容翻转到了课外,成为学生的独立学习内容。

通过各方面的数据分析,笔者主要从以下几个方面对学生开展的自主学习环节进行评价。

1. 教学平台使用情况

教学平台使用情况主要是指学生在利用线上教学平台开展自主学习时是否能够顺利使用。教师通过对具体使用情况进行分析发现,部分学生可以直接通过手机优慕课 APP 随时在有流量、有 Wi-Fi 的地方便可开展网络自主学习。对于无法利用手机观看的同学,他们会选择使用电脑来登录平台开展学习。另外还有部分因为各种信息技术等原因无法借助手机或者电脑通过网络平台直接开展学习的学生,他们会选择使用教师建立的综合英语QQ群直接下载相关学习资料进行学习,

第八章　综合英语课程翻转课堂模式行动研究评价与反思

由此可以看出,网络教学平台和其他辅助的学习平台是学生开展自主学习的前提条件,让学生可以顺利地开展线上自主学习。

2. 教师对学生开展自主学习监控情况

教师对学生线上自主学习的检测是翻转课堂模式线上部分顺利实施的保障。教师对学生的自主学习监控主要通过网络平台来完成,在第四章中,笔者曾对网络教学平台的基本情况进行了简要的介绍,网络教学平台可以帮助教师对学生的部分学习情况进行监控。

教师可以随时通过网络平台的教师后台对利用网络教学平台开展线上学习的学生的登录时间、学习时间等方面进行监控。但在行动研究过程中,对于部分无法通过网络教学平台开展学习的学生,除了学习后的课堂小测以外,教师无法对这部分学生的学习进行及时的监控。所以在本行动研究中,教师对学生线上自主学习的监控力度还不够,行动研究中的这部分设计还无法有效地对此部分内容进行弥补。因此,虽然教师可以监控大部分学生的自主学习情况,但在监控方面,仍然存在漏洞,无法完完全全地达到本环节的预期目标。

3. 学生开展自主学习情况

对于学生开展自主学习的情况调查,笔者主要从网络教学平台教师后台监控以及学生的小测成绩上分析。上述第二点曾提及教师可以对绝大部分学生的学习情况进行监控,并且在监控过程中教师还发现,有部分学生利用网络平台开展了很长一段时间的学习,可以看出,绝大部分学生能够积极主动地在网络教学平台的帮助下开展自主学习,但对于部分学生,由于出现的信息技术方面的问题,教师无法对他们进行及时的监控。

除了网络教学平台的监控以外,教师主要还通过单元的自主学习小测来对学生的自主学习情况进行检测,检测学生自主学习的效果,并将小测成绩计入综合英语总评成绩中,形成学生的过程性考核的一个方面。通过对学生一个学期的自主学习综合成绩分析,发现85.9%的学生在小测中都可以达到及格的成绩,并且有49.6%的学生都在80分以上,另外有14.1%的成绩不及格,并且笔者还发现,14.1%的同学中有大部分同学就是没有通过网络教学平台正常开展线上网络自主学习的学生。

因此,通过学生的自主学习成绩可以看出,网络平台的学习资源可以帮助大部分的学生掌握综合英语每个单元中的精读课文部分的语言知识,让学生在课外借助教师提供的学习资料，通过自己的自主学习完成综合英语每个单元的知识传授部分。可以说，线上学习阶段让学生养成了自主学习的习惯，并且学会对自己的学习进行合理的计划和安排。但由于网络教学平台在行动研究中出现的一些技术问题，导致了教师对学生的学习无法进行完全的监控，因此这也造成部分自主学习性较差的学生钻了空子，他们不会自觉地去开展线上学习。如果他们没有认真地去完成线上的自主学习部分，就导致了他们在学习小测中出现的成绩不理想的情况。

(二) 学生记录学习问题

学生记录学习问题的环节属于翻转课堂教学第二阶段的第二个任务环节，本环节与学生的网络自主学习环节属于同步进行环节。本环节主要指学生在开展自主学习的时候主动积极思考，发现自己存在的问题，并将自己的问题记录下来，教师会在翻转课堂教学第三阶段的第二个环节中组织、引导学生共同解决这些问题。

虽然教师无法对学生对本环节的完成过程进行有效监控，但教师在反思日志中对学生的自主学习效果进行了相关的记录。通过对反思日志进行分析，笔者发现，在翻转课堂教学模式实施的最初阶段，由于大部分学生对该模式还不熟悉，因此不能够太顺利地完成各个环节的任务。但随着学习逐步地深入，学生的表现也越来越好，在这个环节中，他们养成了积极主动学习的习惯，并且能够认认真真地去开展自主学习，记录下自己存在的问题。笔者将会在下个部分的第二环节中对学生的学习效果进行详细的分析。

(三) 小组开展任务讨论

小组开展任务讨论是翻转课堂教学第二阶段的最后一个任务环节。本任务环节主要是让学生根据教师在微课视频中所布置的学习任务来开展小组合作讨论，但值得一提的是，并不是每个单元教师都会布置这样的小组讨论任务，教师会具体根据每个单元的教学内容特点来设置合适的任务，笔者将以下列实例为例进一步说明小组开展的任务讨论。

实例一：

BOOK 2 Unit 2 He Was My Father

Post-reading: Discuss the follow-up question with group members and share your answers in the face-to-face classroom.

Why did the narrator say that his father was the extraordinary ordinary man?

第八章 综合英语课程翻转课堂模式行动研究评价与反思

实例二：

BOOK 2 Unit 12 Have You Ever Seen the Tree?

Critical reading: Discuss the follow-up question with group members and share your answers in the face-to-face classroom.

Why did the writer write this passage?

What was the writer's feeling about this tree?

实例三：

BOOK 3 Unit 1 My Father

Post-reading Stage: Discuss with your group members to fill in the blanks in order to make the main idea of each paragraph be complete.

Para. 1 The narrator describes her father in her eyes.

Para. 2 The narrator cites a number of _____ to support her statement that her father is quite _____ and a little bit _____.

Para. 3 The narrator tells of her _____ to show that her father is not aware of _____ and how she really feels.

Para. 4 The narrator examines the _____ she and her father have and tells of the _____ between them.

Para. 5 The narrator tells the different attitudes she and her father have towards _____ and _____.

Para. 6 The narrator tells that she is not that interested in what her father is doing.

实例四：

BOOK 3 Unit 12 Where the Sun Always Rises

Post-reading:

Part 1: Presentation on Words and Phrases

Direction: Work in group. Find unknown words or phrases (esp. words related to the beauty of nature) and then make a group presentation about your new words or phrases, whose meanings or usages should be covered in your PPT. Then present your work within 15 mins in the classroom.

Part 2: Discussion Question

Direction: Discuss the following questions with your group members and then share your answers in the face-to-face classroom.

Why does the writer use "the present tense" even when describing things in the past? (Thinking about it…)

实例五：

BOOK 4 Unit 5 The Power of a Good Name

Post-reading：

Discussing Question：Think about how can we maintain the civilization of our society. Discuss with your group members and share your answers in the face-to-face classroom.

上述五个例子是教师在微课视频中根据每个单元的内容特点和教学特点设计的小组讨论任务,任务的类型多种多样,有思考性问题讨论、填空练习讨论、小组陈述讨论等。通过教师的实际课堂教学以及教师的反思日志分析,可以得出,这样的小组讨论任务不仅可以帮助学生增强小组合作学习意识、培养他们的合作学习能力,在认知领域上这类问题更能够激发学生的较高一级思维,特别是思辨思维。在本专著第四章第一节的理论框架中,笔者曾提出类似的这些问题从布鲁姆认知领域目标分类上看都属于较高一级的层次分类问题,这类问题往往能够促进学生思辨思维等各种较高一级的思维能力的发展。

三、翻转课堂教学第三阶段评价

第二阶段完成之后,本行动研究的翻转课堂教学模式进程会进入到最后一个学习阶段,即第三个学习阶段。根据本行动研究的设计,该阶段主要包括三个环节,自主学习检测、教师提供帮助指导：知识内化,以及小组开展练习讲解：知识内化。值得一提的是,这三个环节全部是通过线下面对面的课堂教学来完成的。

（一）自主学习检测

自主学习检测是教师用来检测学生对线上微课视频教学的学习效果,这部分检测主要在课堂上完成,检测的内容全部是微课视频教学中的各类知识点内容(具体自主学习检测部分实例可参见附录6)。教师采用课堂自主学习检测的目的在于从学习效果上去检查学生的线上自主学习,从而弥补网络教学平台监控不到位的缺陷,同时通过检测也让教师看到微课视频设计内容上的不足,掌握学生的学习情况特别是存在的问题,当然检测效果也能让学生了解自己在学习上,特别是在自主学习上的不足。

因此,从上述提及的学生自主学习检测数据中不难看出,85.9%的学生在小测

第八章 综合英语课程翻转课堂模式行动研究评价与反思

中都可以达到及格的成绩,这表明绝大部分学生都能够认真地开展线上网络自主学习,并且具备一定的自主学习能力。另外,学生的自主学习检测结果也反映出了教师所制作的微课视频能够帮助学生有效地理解课文的内容,对学生这部分单元的学习能够起到积极的促进作用。

(二)教师提供帮助指导:知识内化

本环节属于翻转课堂第三阶段的第二个环节,教师提供帮助指导主要指教师在学生学习完线上微课视频后组织学生一起开展课堂讨论的环节。讨论的问题主要是学生在线上自主学习时所记录下的自己存在的问题,除此之外,在本环节中,教师还会组织学生共同完成一些课文小练习以增加学生对课文的理解。在传统的综合英语课程教学中,本环节往往要求学生在课后完成,但因为缺乏教师的指导,所以学生的完成质量并不高。而翻转课堂教学模式将这部分内容翻转到了课堂进行,让学生在教师的帮助下解决自己存在的问题,加速学生的知识内化过程和提升学生的学习效率,因此在此环节中教师会帮助学生解决具体的知识运用方面的问题,让学生真正地学会对知识点的运用。

以下部分教师反思日志可以看到学生在知识内化环节中的表现以及所取得的进步。

第 7 次教学反思日志	
教学日期	2019 年 4 月 12 日
教学内容	Unit 6 Football
教学事件	今天的内容主要是开展线下课堂问题讨论,令我觉得最为吃惊的是,1 班平时不爱说话、上课不太听课的同学居然主动提了一个问题。他说:"老师,麻烦分析一下这个句子的结构,By the end of the 18th century, however, the game was in real danger of dying out in Western Europe."尽管这个句子并不复杂,但是也许对于他的语言水平来说还不是能够正确理解,因此我便开始引导其他同学一起对这个句子开展讨论。让我觉得很开心的是,他居然能够主动提问题,因此我特意去平台上看了他的学习记录,次数没有其他同学多,但还是登录并学习了几次,这个真的让我觉得很开心。

第 13 次教学反思日志	
教学日期	2019 年 5 月 7 日
教学内容	Unit 8 Beauty and Career
教学事件	今天的教学内容是组织学生完成知识的内化过程,讨论他们在线上微课视频学习中遇到的问题。今天的讨论比以往的激烈一些,学生除了提出一些微课视频里面的问题,还提出了许多课文里的问题,例如:What is worse is that I literally kill my computers within two ears of purchase, such that I have gone through more hard drives in my lifetime than I have new pairs of shoes. 该句较长,部分学生对该句子的句型结构不是很明白,因此我组织了大家进行一起讨论,让明白的同学先讲解,我再来进行补充说明。讨论结束后,我又给学生列举出了其他的例子,让他们来造句,真正做到灵活、正确使用语言知识结构。 　　翻转课堂用到这里也差不多有大半个学期了,我真正地觉得翻转课堂可以让我重新调整课堂时间的分配,让学生养成主动学习并且主动发现问题的习惯,在课堂上我可以更加地集中注意力来帮助学生解决知识的运用问题,帮助他们加速知识的内化过程。

第 24 次教学反思日志	
教学日期	2019 年 6 月 28 日
教学内容	Unit 14 New York City
教学事件	今天的教学内容是组织学生共同讨论他们在线上微课视频学习中遇到的问题。我越来越觉得,随着这个学期即将接近尾声,学生们也差不多经历了将近一个学期的翻转课堂模式教学,感觉他们也越来越习惯了这种教学模式,知道合理安排自己的学习时间,知道什么时候该看视频,而且在看视频的时候也会主动地发现问题,因为在这节课上,学生提出了许多问题,尽管这些问题大部分都是关于句型结构分析的,但我觉得无论什么样的问题,有问题就证明了学生至少积极、主动地思考了。在今天的讨论课上,学生提出了许多我的微课视频中没有提及的问题,例如:This is where the buildings scrape the sky. Today, a walk (through Chinatown) is like a trip to the other side of the world with Chinese spoken everywhere and signs in Chinese characters. 并且,除了主动提出问题以外,其他同学也会积极地先去思考并回答同学们所提出的问题。所以,我认为要想真正实施好翻转课堂模式的教学,时间也很关键,有些时候其实学生并不能一下子就转变学习观念,这个转变的过程事实上还是需要时间的,并且如果教师能够在学生转变的过程中,不断地完善、不断地调整方案使之适合学生,相信学生最终也能够接受并且适应一种新的教学模式。

第八章　综合英语课程翻转课堂模式行动研究评价与反思

从上述三次教师反思日志节选中,不难看出学生在本环节中取得的进步,学生从最开始的不积极讨论,到最后的积极讨论,都反映出了学生慢慢地适应翻转课堂这种教学模式的过程。通过教师反思日志记录的数据可以看出,学生在本环节中所取得的进步主要体现在以下几个方面。

1. 学会积极主动地开展学习

在传统综合英语课堂上,学生们基本上都是被动地接收教师所传授的知识信息,然后在知识运用阶段中还是不明白怎么对知识进行具体的应用。但在翻转课堂上,学生需要提前在课外独立完成知识的传授部分,然后记录下自己不明白的问题,在课堂上教师会组织学生一起共同解决这些问题。可以看出,在翻转课堂模式下,学生的学习开始从被动变成主动,他们需要积极主动地去发现自己存在的问题,并带着问题开展学习,因此教师在课堂上也发现,学生慢慢地开始主动提出了许多的问题,并且绝大部分问题都是由他们自己相互间解决的。

2. 学会合作学习

在翻转课堂的教师提供帮助指导环节中,学生们同时也学会了如何在课堂上开展相互之间的学习。因为在学生提出问题之后,教师会组织学生首先对问题开展讨论,而不是由教师直接进行讲解,因此在这个过程中,学习较好的同学就会提出各种分析方案帮助解决问题,而其他同学也会对该方案开展讨论,形成一种共同解决问题、共同开展学习的局面,久而久之,学生的合作学习能力便得到了相应的提升。

(三) 小组开展练习讲解:知识内化

小组开展练习讲解是翻转课堂第三阶段的最后一个教学环节,在本环节中,教师要求学生提前以小组为单位做好准备,对每个单元的课后练习进行全英文的讲解。教师在反思日志中也记录下了学生在小组练习讲解中的表现。

第 8 次教学反思日志	
教学日期	2019 年 4 月 16 日
教学内容	Unit 6 Football

续表

教学事件	今天的内容还是让学生自己讲解单元练习,今天这堂课让我更加肯定了自己让学生讲解练习的决定。在准备练习的过程中,学生不仅要准备好自己的口语,还要彻底地理解练习问题,这样他们才能够讲解清楚。今天的讲解中,有一个组的一位同学在讲解完翻译题第四题以后,特意就 nowhere 的其他问题提出了疑问,并想寻求老师和其他同学的帮助,因此我又带领了同学们就这个知识点开展了讨论学习。今天的课堂让我觉得,有时候课堂教学内容不一定要按照教师的教案来走,帮助学生解决他们存在的问题就是教学的重点。另外,我真的发现让学生讲解问题可以让他们学会拓展自己的知识面,并且更加清楚自己的不足之处,做到更准确地学习。

第 15 次教学反思日志	
教学日期	2019 年 5 月 22 日
教学内容	Unit 8 Secret Messages to Ourselves
教学事件	今天的教学内容是让学生对第八单元的课文部分进行讲解,其中第三组的表现让我觉得非常惊讶。他们负责的题目是短语替换,但学生们并没有仅仅停留于此,而是对部分句子的结构进行了详细的分析,并且还利用到了新东方所提及的"组件分析三步法",从三长、两短和一并列三个角度教其他同学如何分析复杂句。学生在讲解问题时的拓展性思维真的让我很吃惊,他们现在不仅仅要求自己把正确答案讲解清楚,还要为其他同学提供更多的语言拓展,这也能够看出他们对这部分内容在课后所花费的时间和精力。学生对于这部分内容的表现更让我看到了他们主动学习的一面。

第 22 次教学反思日志	
教学日期	2019 年 6 月 21 日
教学内容	Unit 12 Have You Seen the Tree?

第八章　综合英语课程翻转课堂模式行动研究评价与反思

续表

教学事件	今天的教学内容是学生继续讲解第十二单元的练习部分,当第一组讲解到翻译题时,我发现他们在这方面的能力真的得到了很大的提升,虽然他们没有用PPT进行讲解,但就凭着黑板和粉笔却能深入地将翻译题讲解透彻。他们不仅先用书上提供的短语来完成翻译,对翻译的步骤进行讲解,更能将知识进行拓展,用更多的同义短语来翻译句子,例如:我在街上走着,突然一张海报引起了我的注意(catch somebody's eye)。学生们在翻译这道题时用到了 when 引导的特殊句式 I was walking on the street, when a big poster caught my eye,除了这个结构,学生们还用了常规的翻译句式:I walked on the street, and suddenly a big poster caught my eye。在听完学生对翻译题的讲解后,我发现现在当他们做练习presentation时,他们不仅仅满足于把答案罗列出来,还会对知识进行拓展,补充更多的内容,而且有些拓展的知识点是我在备课时也不一定会想到的。说真的,他们拓展的这些知识点不仅帮助他们学习了语言知识,更是帮助在教室的每一位同学,有些时候还包括我自己,拓展了更宽的知识面。

第 27 次教学反思日志	
教学日期	2019 年 7 月 8 日
教学内容	Unit 15 The Aging Population
教学事件	今天的教学内容是让学生开展小组练习 presentation,这也是他们本学期的最后一次练习陈述。从整体上来看学生的小组陈述,我觉得他们现在已经很习惯用英文去表达他们的陈述内容,看来这种小组陈述的模式对于他们的口语提升还是有很大的帮助的;另外,当第二组的同学讲到翻译题时,我被他们所做的 PPT 吸引了,我很喜欢这个组的同学们做的 PPT,原因主要有: 　　1. PPT 模板色彩统一,简洁清楚; 　　2. PPT 上的文字表达准确,并且内容重点突出,罗列简单明了; 　　3. PPT 上的各种动画运用恰到好处,不烦琐。 　　PPT 的制作能力应该属于一种必备的办公软件制作技术,如果拥有较强的 PPT 制作能力对学生今后的学习甚至是工作都会有很大的帮助,在综合英语课堂上,利用自己制作的 PPT 来完成学习任务是一种常态,今天看到这些让我觉得满意的 PPT,看来长期的训练还是真的有效果的。相信学生一定会觉得在本学期的综合英语课堂上,除了学到课本上的语言知识以外,他们还掌握了其他更多的技能。

从上述四次教师反思日志可以看出,学生在小组练习环节所取得的成绩主要集中体现在以下几个方面:

1. 口语表达得到明显提升

由于小组练习讲解环节需要所有参与的学生必须用英文完成,因此在这个过程中教师可以明显感觉到学生在英语口语表达上取得的进步,在翻转课堂教学模式实施的后期,学生基本上都能够使用全英文进行讲解,其中也包括对语法知识的讲解,学习程度较好的学生能够用正确的、流利的英文进行讲解;程度较差的学生虽然讲解的过程不够流利,会出现许多语法错误,但都能够全英文完成讲解任务。

2. 基础语言知识应用能力得到提升

综合英语课程的课后练习主要是检测学生对本单元的语言知识的实际应用能力,通过教师的反思日志数据不难发现,学生们不仅可以以较好的质量完成课后练习的讲解任务,更能对相应的知识点进行拓展。例如:在第15次教学反思日志中,教师曾记录下了学生提出的"组件分析三步法"来分析长难句;在第22次教学反思日志中,教师记录下了学生提出的各种翻译句式。这说明学生不仅仅只是满足于对问题的讲解,他们更多的是学会了对知识进行拓展,在准备问题的讲解中,他们不仅能够对正确的答案进行讲解,还能够对题目中的其他知识点进行知识拓展。因此可以说,在练习讲解环节,学生的基础语言知识应用能力得到了明显的提升。

3. 学习自信心越来越强

在小组开展练习讲解的过程中,学生在一次次的讲解中,口语提升越来越快,对于英语语言基础知识的掌握也越来越准确,经过一个学期的翻转课堂行动研究后,学生的学习兴趣和自信心都明显增强了。在讲解初期,学生们都表现得比较胆怯,不敢面对同学和老师,基本上都是盯着自己的讲课稿。经过一个学期的练习,他们也逐渐变得大方,并且能够完成脱稿进行讲解,不仅如此,在讲解过程中部分学生还能根据其他同学的表现设计临时提问等环节。这些变化教师不仅在教学反思日志中有所记载,在半结构化访谈数据中,学生也曾表示自己对综合英语课程的学习兴趣越来越浓,也越来越有自信心。

上述内容即为笔者对本翻转课堂行动研究的综合评价。笔者具体从本行动研究实施的三个阶段来开展积极的和消极的评价,为下一环节的反思提供实践参考依据。

第八章 综合英语课程翻转课堂模式行动研究评价与反思

第二节 行动研究反思

上文曾提及评价和反思是每一个行动研究的重要组成部分,并且贯穿于整个行动研究的每个环节。本专著中笔者特意将评价和反思分成两大部分来写,主要是因为评价环节重点强调综合英语课程翻转课堂教学模式行动研究各个环节所产生的实际效果,包括积极的和消极的,从另外一方面说其实就是探索发现本行动研究存在的问题;在反思环节中,笔者重点在结合评价的基础上,找到并解决行动研究中存在的问题,并对下一步的行动研究提出具体的调整方案,为综合英语课程翻转课堂教学模式的不断完善提供有价值的参考依据。因此,在本小节中,笔者主要从教师反思和方案调整两个方面来进行详细阐述。

一、综合英语课程翻转课堂教学模式行动研究的总体反思

笔者用了一个学期的时间对英语专业的综合英语课程进行翻转课堂教学模式改革行动研究,同时无论是从理论或者从实践上都获得了很大的收获。在整个行动研究过程中,笔者对综合英语课程教学、学生综合英语课程学习以及教学研究等方面都有了全新的认识。

(一)教师对综合英语课程的新认识

综合英语课程为我国高校英语专业学生的专业必修课程,主要针对英语专业1,2年级的学生开设的课程(部分高校到第三学年改成高级英语课程)。该课程教学目的是通过系统地讲授英语基础知识,从听、说、读、写、译五项语言能力方面综合训练学生的英语基本语言技能,帮助学生培养坚实的语言能力和交际能力,让学生能够根据实际情况对语言知识进行灵活的运用,同时学生通过对综合英语课程的学习逐步完成英语专业基础阶段的学习,并能够顺利通过英语专业四级考试。

但在以往的综合英语课程教学中,教师对综合英语课程的教学往往停留在系统地讲授英语基础知识阶段,从而忽视了学生对知识的实践应用能力的培养,因此往往造成综合英语课程学习时数比其他课程多,但效果比其他课程差的局面。在这次行动研究中,教师采用翻转课堂模式对综合英语课程,特别是综合英语课程中

的精读课文环节进行了全新的教学改革,与学生共同建立了一个课堂讨论的环境,帮助学生完成知识的内化,使学生在听、说、读、写、译几个方面得到了全面的提升。

众所周知,知识的内化过程比知识的传授更为重要,学生对知识的内化程度代表着学生对知识的实际运用掌握程度,也就是学生的学习效果,而翻转课堂教学模式正是抓住了知识内化的重要性,这也是翻转课堂教学模式的核心所在。翻转课堂教学模式要求教师将学生对知识的内化阶段放在课堂上进行,并借助教师的帮助,以合作教学的模式共同完成知识的内化过程。新的教学模式使得教师对综合英语课程有了新的理解,让教师也清楚地看到了综合英语课程确实能够帮助学生掌握英语专业基础阶段的语言知识点,并且能够帮助学生在语言知识学习上产生质的飞跃。

(二)教师对学生综合英语学习的新认识

在传统的综合英语课程学习课堂上,学生们被动地接受教师传授的语言知识信息,综合英语整体课程气氛不活跃,互动性不强,并且从学生的考试成绩来看,教学效果也不明显。但经历了一个学期的翻转课堂教学行动研究后,教师发现学生对综合英语的学习发生了巨大的变化。

首先,学生的学习变得积极主动。他们会自己利用网络、书籍文献等查阅资料,开展学习,学习的积极性得到了极大的提高。除此之外,在教师的教学过程中,学生不再像以前一样被动地接受,而是学会了积极主动地去思考,因此,在课堂上他们会就自己不明白的地方提出相关的问题,并相互之间积极地开展讨论,共同解决问题。

其次,学生的综合英语成绩得到了明显的提升。由于翻转课堂重点强调学生对语言知识的实践运用,因此,在经历过一个学期的实践练习后,通过笔者前测和后测的实验研究,发现在翻转课堂教学模式下,学生的综合英语成绩得到了明显的提升,这也进一步地说明了翻转课堂教学模式可以帮助学生提升学习成绩。除此之外,不仅是在考试成绩方面,甚至是在英语口语方面,学生也取得了很大的进步,因为在本行动研究的教学设计中教师为学生提供了大量的口语训练的机会,让学生在课堂上真正地能够获得许多锻炼口语的机会。

最后,学生的自主学习能力得到了培养。教育的最终目的在于培养学生的自主学习能力,尤其是高校教育,自主学习能力能够帮助学生学会无论在任何情况下都能够有效合理地安排并开展自己的学习。本行动研究,尤其是线上网络自主学习部分,需要学生根据自己的学习时间、学习特点等各项因素合理地完成线上自主学习部分，这也就进一步培养了学生的自主学习能力。在教学过程中，笔者也明显感觉到了学生在自主学习能力上取得的巨大进步（笔者在前面章节中也有提及），学生能够合理地规划自己的综合英语课程学习时间，并在需要时向教师或同学寻求帮助。

（三）教师对教学研究的新认识

笔者是具有十余年教龄的高校英语教师，并且长期承担综合英语课程的教学任务。在多年的综合英语课程教学中也看到了综合英语教学中存在的一些问题，因此才开始了对综合英语课程教学改革的探索。在使用翻转课堂教学模式对综合英语课程进行改革的过程中，笔者认为，这种模式不仅能够有效地帮助解决传统综合英语课堂中存在的问题，还能使整个行动研究所在高校的综合英语课程教学变得更加系统化、规范化，特别体现在教学内容和课程评价方面。本行动研究对综合英语课程的教学内容和课程评价等方面做出了巨大的调整，在整个行动研究的过程中，笔者也清楚地看到了这些调整对课程实施效果带来的巨大影响。除此之外，在课程教学研究的基础上，本行动研究也进一步加强了研究院校综合英语教师队伍的建设，特别是加强了综合英语教师的信息技术应用能力和教学改革能力。

另外，在整个研究的过程中，笔者的科研水平也得到了巨大的提升，更加深入地理解了科研和教学相互促进的这个过程，但同时也由于笔者还缺乏一定的科研经验，导致对部分数据的分析还不够深入，结果还不够精练。这也使得笔者更加明确了自身在科研方面需要进一步改进和完善的地方，就是需要加强数据收集和分析的多元化，这样才会使得研究的结果更加具有可靠性和说服力。

二、综合英语课程翻转课堂教学模式行动研究的调整方案

综合英语课程翻转课堂教学模式行动研究的整体调整方案是基于笔者在本专著中的第六章、第七章以及上述提及的行动研究反思的基础上所提出的调整方案，并且本调整方案笔者将继续应用到综合英语课程翻转课堂教学模式改革的下一个研究环节中，因为行动研究是一个不断循环反复和螺旋上升的过程。因此笔者会将本调整方案应用到下一个年级的综合英语课程教学过程中，希望能够逐步地完善本研究院校的综合英语课程教学，并逐步将之推广，全面提升本研究院校综合英语课程教学的质量。

因此，基于之前的研究结果和行动研究反思，笔者将从以下几个方面对本行动

研究的方案进行调整。

(一)调整小组合作讲解练习的形式

在上述提及的问卷调查和半结构化访谈数据中,学生都有提及对现在的行动研究中的小组合作学习形式表示不满意,主要原因体现在学习好的学生无法帮助学困生,并且学困生还会给整个小组的合作效果带来一定的消极影响。基于此,笔者对小组练习讲解的合作形式进行了调整。

1. 以个人形式开展小组练习讲解

由于之前的教学设计初衷,笔者想通过让学生不断地开展小组合作,达到小组合作学习的目的,但在实际实施过程中,由于合作次数较多,并且所有的合作都是在课外进行,所以学生相互之间很难进行学习管理,一次两次还可以,但合作次数多了就会出现各种各样的问题,例如:大家的课外时间和生活习惯都不一样,因此很难一次次地召集人在一起去完成小组合作。因此,在下一阶段的行动研究中,笔者将以小组合作讲解练习的形式换成了以个人的形式来完成,让学生以自行选择讲解的内容以及讲解的形式来开展练习讲解,这样才能保证本部分内容的顺利实施。另外笔者没有改变综合英语课程这个部分的教学形式,仍然以学生讲解为主,主要目的还是想继续训练学生的学习自信心、英语口语表达能力以及英语语言知识应用能力,因为从之前的学习效果看,这部分内容还是能够有效地帮助学生提升他们的口语表达能力。

2. 个人练习讲解内容以自选为主

之前的综合英语练习讲解部分是教师以小组的形式来进行整体安排,但在新的调整方案中,由于笔者将讲解的形式调整为个人形式开展,那么讲解的内容也相应地进行了一定的调整。学生讲解的内容不再以教师安排为主,主要以学生自选为主。也就是学生在每个学期的综合英语课程中必须要完成三次个人练习讲解才能拿到课堂展示的这部分过程性考核的成绩,三次讲解内容由学生根据自己的情况进行选择。在调整为个人讲解后教师不再对学生讲解的内容进行安排,主要是想让学生根据自己的学习进度以及英语语言水平进行选择,例如:程度好的同学可以选择较难的题目进行讲解,反之,程度较差的同学可以选择较易的题目进行讲解。因此可以说,这样的调整更适合于学生的学习特点,更适合于不同学生的学习程度,真正地做到因材施教。

（二）加强学生线上网络学习的监管力度

在整个行动研究的过程中，笔者也发现了研究设计中存在的一些缺陷，例如教师对学生的线上网络学习的监管力度还不够。在原本的行动研究中，笔者主要通过在线网络教学平台对学生的学习进行监督，但在前面内容中笔者也曾提及由于网络教学平台的一些缺陷，部分学生不能顺利地通过平台开展学习，这也就导致了教师无法通过平台来对这部分学生的学习进行有效的监控。另外，通过对数据的收集分析，尽管大部分学生能够自觉地开展线上网络学习，并且从中培养了良好的自主学习习惯，但仍然有部分学生表示自己的自主学习能力较差，缺乏教师的监督，因为基本上都没有认真地去学习教师所提供的精读课文的微课视频，因此，为了更加完善本行动研究，笔者对这部分设计进行了调整，具体方案设计如下。

1. 加强与学困生的平时沟通

在对学生的问卷和半结构化访谈数据分析后，笔者发现在线上网络学习中无法做到自律的学生大部分属于平时学习成绩较差的学生，但由于信息技术监控手段有限，因此笔者准备从人文关怀上对这部分学生的学习进行监督，帮助这部分学生建立自主学习的良好习惯。所以笔者将在下一轮行动研究初期加强与这部分学困生的课后交流沟通，以面对面交流和教学科研为平台拉近这部分学生与教师的距离，沟通的目的主要在于了解学生的学习困难所在，并以导师的身份引导这部分学生正确地、有效地开展学习。

2. 帮助学困生建立网络学习计划及交流平台

在与学生进行沟通后，教师会和每一位学困生共同建立属于他们自己的网络学习计划进程安排。在这里所谓的学习计划主要指学生的在线网络自主学习的时间安排表，例如：什么时候开始学习新一单元的微课视频？什么时候开始背单元的新单词？什么时候开始准备新单元的课后练习讲解任务？并且为了有效地对这部分学困生的网络学习进行监督，教师会单独建立学困生学习QQ群或者微信群交流平台，让他们对自己的学习计划实施进展进行实时的汇报，并及时反映自身存在的问题。这样的交流平台虽然不能够让教师真实地看到他们的网络学习情况，但这样的平台可以帮助教师拉近与这部分学生的距离，这与其说是教师对学生的学习进行监督，不如说是教师对学生的学习进行辅导帮助。

3. 加大线上微课视频学习的成绩比例

另外,除了上述第二点所提及的帮助监督学困生学习的调整以外,在加强对学生网络自主学习监控方面,笔者还将调整下一轮的行动研究中的微课视频学习的成绩比例(详细内容将在以下第四点中谈及)。调整线上微课视频学习的成绩比例主要指加大对微课视频学习的成绩比例,笔者主要是想通过对成绩比例的调整,让学生更加重视这部分内容的学习,也就是如果他们不认真去学习这部分内容的话,就很难顺利通过综合英语课程考试。

(三)完善精读课文微课视频的教学内容

本行动研究中的微课视频主要是针对综合英语课程每个单元中的精读课文部分所设计的,教师将原本属于课堂上知识传授部分的内容调整为课前学生自己需要提前完成的自主学习部分,而对于这部分内容的学习学生需要借助教师自己制作的微课视频来开展独立自主学习,通过一轮的行动研究,结合学生反映的问题和教师在研究中发现的问题,在下一轮的行动研究中,笔者将会对综合英语课程翻转课堂教学模式中的微课视频的部分内容进行修改、完善,使其更加能够助力于学生的线上网络自主学习,调整完善的方面主要包括以下几点。

1. 添加重要标注

微课视频的讲解不同于传统的课堂讲解,微课视频短小精悍,能够有效地抓住学生的学习注意力,虽然有教师的讲解配音,但对于部分重点内容的讲解微课视频却不能像课堂教学那样,随时地进行深入地讲解。因此,为了弥补微课视频的这点不足,笔者决定在下轮行动研究的微课视频制作中借助手写板,在讲解重要信息时,进行边讲解,边添加书写标注,让学生在微课视频中也能够感受到教师在教室里板书黑板的情景,这不仅能够让还不能习惯翻转课堂教学模式的学生找回教室学习的感觉,最重要的是能够让学生借助教师的手写标注更加深入地理解教学的重难点。

2. 减慢教师在微课视频中的讲解语速

笔者在收集数据时,部分学生表示由于教师在微课视频讲解过程中语速较快,再加上没有对讲解进行同步字幕,因此有时候不是很容易理解微课视频的内容,尤其是当教师提到新单词的时候。综合各项因素,笔者在下一轮的行动研究中,不仅

第八章　综合英语课程翻转课堂模式行动研究评价与反思

将利用 Camtasia Studio 技术对教师制作的视频进行调速播放，减慢教师讲解的语速，让学生能够清楚地理解并掌握微课视频中的教学内容。

（四）调整课程考核各项成绩的比例

在第四章笔者曾提及综合英语课程翻转课堂教学模式行动研究的课程考核总评成绩比例：考核成绩总共包括三大方面，线上网络自主学习、线下课堂学习以及最终成绩考核。其中线上网络自主学习考核主要指进阶测试，也就是对学生的自主学习测试，该项占总评成绩的 20％；线下课堂学习主要包括两个部分，小组课堂展示及平时作业，其中小组课堂展示占总评成绩的 10％，平时作业占总评成绩的 5％；最终成绩考核包括两个部分的内容，其中作品设计占总评成绩的 15％，期末综合考试占总评成绩的 50％。具体可参见表 8-1。

表 8-1　综合英语翻转课堂教学模式考核成绩比例

线上网络自主学习	线下课堂学习		最终成绩考核		总评成绩
进阶测试:自主学习测试	小组课堂展示	平时作业	作品设计	期末综合考试	
20％	10％	5％	15％	50％	100％

在研究过程中，笔者也发现了上述成绩考核比例的不足之处，例如：进阶测试所占比例不足；作品设计不符合综合英语课程教学内容等。因此，经过反复思考，笔者决定在下一轮的行动研究中，对综合英语课程总评考核成绩进行调整，调整内容及原因主要有以下几个方面。

1. 线上网络自主学习部分成绩比例调整为 25％

在行动研究的过程中，笔者发现，由于缺乏强有力的线上网络自主学习监督，因此，有部分学生没有按照教师的要求去开展网络微课视频学习，在信息技术有限的条件下，为了加强对这部分学生的线上学习监督，笔者除了建立上述提及的交流方案以外，笔者还将线上网络自主学习所占的分值比例由原来的 20％提升为 25％。其目的主要是让学生意识到线上网络学习的重要性，虽然这部分内容由他们自己在课堂之外的时间完成，没有教师的监督，但这部分内容却很重要，能不能在这部分内容中拿到高分直接关系着学生是否能够顺利通过综合英语课程最后的考核。

2. 小组课堂展示部分成绩比例调整为 15%

在上述提及的调整方案中，小组课堂展示是变动较大的一个教学设计环节。在下一轮行动研究的新方案中，由于笔者将小组课堂展示部分改变成了个人课堂展示，因此对这部分的分值比例也应做出相应的调整。

通过对数据的综合分析，笔者决定在新的行动研究方案中将这部分的分值比例从 10% 调整为 15%。提升分值的原因主要有以下几个方面。

第一，课堂展示教学设计能够帮助学生提升他们的口语表达能力。在问卷调查和半结构化的访谈数据中，笔者发现大部分的学生都比较喜欢这个部分的教学设计，认为这个部分的内容能够有效地帮助他们提升自己的口语表达能力。

第二，课堂展示教学设计能够帮助学生提升他们的语言基础知识应用能力。在问卷调查和半结构化访谈数据中，笔者还发现，在原来的小组课堂展示环节中学生学会了积极地查阅资料，拓展自己的知识面，因此他们的语言基础知识应用能力也得到了相应的提升。

鉴于上述两点原因，不难看出，课堂展示环节在一定程度上促进了学生的综合英语学习，提升了学生各个方面的英语能力，特别是口语表达能力，所以正是因为该环节的有效性，笔者决定将这部分教学内容的分值比例提升至 15%。

3. 平时作业部分成绩比例调整为 10%

平时作业部分包括课堂作业及课后作业两大部分，在行动研究的过程中，笔者发现，平时作业的形式内容较多，主要包括单词听写、作文、翻译等内容，但原本的 5% 分值比例太少，没有办法记录学生真实的水平，也很难拉开学生之间的水平差距，因此在新的调整方案中，笔者决定将这部分内容的成绩比例调整为 10%。

4. 取消作品设计部分

作品设计部分，final project，这部分的内容设计初衷原本是让学生根据每个学期的综合英语所学内容，以小组或者个人的形式完成一份综合英语的 final project，作品设计的内容和形式根据综合英语课程每册教材的内容有所不同，作品设计的形式包括话剧表演、微课设计、小论文等。但在实际行动研究过程中，笔者发现，作品设计这个部分不太符合综合英语课程的教学特点，并且这部分内容又属于综合英语课程的最终成绩考核环节，学生在期末阶段各门课程需要完成的学习任务较多，学生也曾表示在学期期末他们无法专心完成 final project 的任务，所以经过反复综合考虑,笔者决定在下个行动研究环节中取消作品设计这部分考核内容。

以上四个方面为新一轮的行动研究中综合英语课程考核比例的调整内容,为了和之前的考核内容形成清楚的对比,笔者将新的考核内容以表 8-2 的形式呈现,和表 8-1 形成对比。

表 8-2　综合英语翻转课堂教学模式调整后的考核成绩比例

线上网络自主学习	线下课堂学习		最终成绩考核	总评成绩
进阶测试:自主学习测试	小组课堂展示	平时作业	期末综合考试	
25%	15%	10%	50%	100%

表 8-2 直接呈现出了综合英语课程翻转课堂教学模式调整后的考核成绩比例,虽然笔者对部分内容进行了调整,但综合英语课程的整体考核要求并没有发生变化,笔者仍然以形成性评价结合终结性评价的考核方式,仍然继续强调对学生的形成性评价,改变传统的"一考定终身"的模式。对形成性评价的强调不仅可以帮助教师了解各类程度的学生在各个不同方面的学习情况,特别是取得的进步,同时,形成性评价还能够帮助研究者有效地了解研究各个环节所取得的成果进展,为研究者下一步的方案调整提供可靠的依据。

第三节　结　语

在本章中,笔者主要对综合英语课程翻转课堂模式行动研究进行了整体评价和反思。评价的目的是帮助笔者深入地了解本行动研究的实施效果,检验本行动研究的各个环节是否达到了预期的目标;反思的目的是帮助笔者调整下一轮行动研究的方案,使综合英语课程教学改革更加趋于完善。

在评价方面,笔者主要从本行动研究的三个实施阶段进行评价,包括第一阶段的课前准备和线下课堂学习,其中第一阶段又包含教师制作微课视频、教师发布自主学习任务以及课堂上听说部分的语言知识学习三个环节;第二阶段是线上学习和线下课堂学习两个部分,其中第二阶段又包含学生开展自主学习、学生记录学习问题、小组开展任务讨论三个环节;最后一个阶段主要指线下课堂学习阶段,该阶段又包括自主学习检测、教师提供帮助指导完成知识内化以及小组开展练习讲解完成知识内化三个环节。在结合前面章节所提及的数据分析基础之上,笔者对综合英语课程翻转课堂教学模式的三个实施阶段进行了评价,评价包括积极方面和消极方面。通过评价分析,笔者发现,本行动研究各个环节从整体上来说都达到了预期的目标,并且也真正地收获了积极的、正面的教学效果,发挥了教学改革的引领示范性作用,为综合英语课程改革的全面推开打下了坚实的基石。当然,评价中,本行动研究的部分不足之处也随之暴露出来,主要体现在微课制作环节和小组开展任务讨论环节,笔者也对此进行了详尽的阐述分析。总之,无论是积极的还是消极的评价都为本章的反思部分提供了可靠的参考性依据。

在结合评价的基础上,笔者对本行动研究进行了反思,反思主要从教师对综合英语课程的新认识、教师对学生综合英语学习的新认识以及教师对教学研究的新认识三个方面进行阐述。综合英语课程为我国高校英语专业学生的基础核心课程,传统的教学模式使得教师无法发挥这门课程的重要作用,学生也无法通过这门课打好一个扎实的语言基础,但翻转课堂教学模式的实施让笔者看到了综合英语课程真正的力量所在,让笔者对综合英语课程有了全新的认识。不仅如此,改革后的综合英语课程教学同时也培养了学生各方面的能力,例如:学生的学习积极性与自主学习能力等,并且翻转课堂的教学模式更加强调对学生自主学习能力的培养,让学生养成一个终身受益的学习习惯。另外,在笔者进行行动研究的过程中,笔者也更加清楚地了解到了教学和科研之间的关系,在教学的过程中发现的问题就利用科研的方法来解决问题,达到以研促教、以教促研的目的。与此同时,笔者也看到了本人在科研上的一些不足之处,例如:对研究的设计还不够完善,对数据的分析还不够深入,对结果的总结还不够精练等。因此,也正是因为本行动研究,笔者同时也看到了自身科研上的不足之处,也更加明确了自己的学习方向。

另外,在基于上述评价和反思的基础上,笔者还对下一轮的行动研究提出了新的调整方案。调整方案主要集中在小组合作讲解练习的形式上、学生线上网络学习监管力度上、微课视频教学内容上以及综合英语课程考核总成绩比例分配上。

通过对调查结果的分析,笔者发现,学生比较喜欢由他们自己讲解课后练习的形式,但是并不太愿意接受以小组的形式来开展。通过综合对比分析,笔者决定在下一轮的综合英语课程行动研究中对该方面进行调整,保留自己讲解课后练习的活动设计,但形式由小组改成了个人的模式,每个学生必须在规定的时间内完成规定的讲解次数才能够得到这部分的成绩。另外,在新一轮的方案中,笔者还将加强对学生线上网络学习的监管力度,在本行动研究过程中,由于监管力度不够,导致了部分缺乏自觉性的学生没有认真地开展线上网络自主学习。为了重点帮助这部

第八章　综合英语课程翻转课堂模式行动研究评价与反思

分学生，笔者将为这部分学生单独建立学习互助沟通平台，并帮助他们建立网络学习计划，让他们通过学习互助沟通平台实时汇报自己的学习情况，以此来完善对这部分学生的学习监管。在微课视频内容上，笔者将从微课视频的部分内容、标注以及教师讲解语速三个方面对微课视频进行相应的调整，调整的主要目的是更好地帮助学生理解微课视频的内容，从而提升他们的线上网络自主学习的质量。

　　笔者还会对综合英语课程的考核总成绩比例进行部分调整，该调整其实也是在结合上述调整之上所做出的。首先，笔者将会把线上网络自主学习，也就是对学生的进阶测试部分的成绩比例进行调整，由原来的20%提升至25%，也就是加大对这个部分内容的考核力度，让学生明白这部分内容的重要性；另外，小组课堂展示改成了个人课堂展示，更加容易凸显出个人的实力，因此这部分的成绩比例也由原来的10%提升至了15%。平时作业方面，由于没有了小组讲解练习展示，因此教师会在这个部分添加学生课上小组合作的考核，因此，平时作业考核成绩也由原来的5%提升为10%。最后，笔者将取消作品设计部分，因为在具体实施的过程中，笔者发现这部分的考核并不太适合于综合英语课程的教学内容。上述为笔者对下一个轮的综合英语课程翻转课堂教学改革行动研究的考核成绩的调整方案，从总体上来说，综合英语课程的考核都是以5:5的形式来进行，也就是说平时占50%，期末考试成绩占50%，这改变了传统的4:6或者3:7的考核比例模式，更加强调对学生的形成性评价，弱化了终结性评价的力度。因此在一定程度上来说，综合英语课程的翻转课堂教学模式更加强调从学生的学习过程上来对学生进行评价，并对他们的学习进行分析，力图从各个方面来客观评价学生真正所取得的进步。

　　总而言之，上述对综合英语课程翻转课堂教学模式行动研究的评价和反思笔者都将应用到下一轮的综合英语课程翻转课堂教学模式行动研究中去，争取越加完善该行动研究方案，促进地方院校英语专业综合英语课程的教学改革。

第九章 结 语

在本章中,笔者将会对整个综合英语课程翻转课堂教学模式行动研究进行陈述总结,内容主要包括本行动研究的主要成果、研究结果的理论和实践意义以及本研究对今后相关研究的启示及建议。

第一节 主要研究成果

在本小节中,笔者主要从综合英语课程翻转课堂教学模式的设计和实践影响两个方面对本行动研究的主要研究成果进行综述总结。笔者从教学设计上的研究成果进行总结,主要是因为本研究属于行动研究,教学设计是行动研究中的核心环节,因此笔者对教学设计的研究是否成功直接影响到研究结果是否成功,因此,本行动研究中的教学设计同样也属于本研究的相关主要研究成果之一;另外,在总结完教学设计成果的基础上,笔者接下来会对本行动研究所产生的实践效果进行总结。

一、综合英语课程翻转课堂教学模式设计主要研究成果

在本专著第四章中,笔者从四个方面对本行动研究的设计进行了详细阐述:本行动研究构建的理论框架、本行动研究的设计总方案、本行动研究中微课视频教学设计以及本行动研究中面对面课堂教学设计。在本行动研究实施结束后,笔者在综合英语课程翻转课堂教学模式设计方面主要得出以下成果。

（一）将布鲁姆教育目标分类应用到翻转课堂教学模式中符合学生认知领域学习目标发展

本行动研究中，笔者将布鲁姆的教育目标分类，特别是将布鲁姆的认知领域学习目标分类应用到了相应的教学设计中，包括面对面课堂的教学设计和微课视频教学设计两大方面。

1. 布鲁姆认知领域分类在面对面课堂教学中的应用

布鲁姆认知领域分类在面对面的课堂教学中主要应用到教师的课堂提问方面。笔者根据布鲁姆认知领域分类将教师的问题分为六大类：知识、领会、应用、分析、综合以及评价方面，在进行教学设计的时候将这六大分类应用到教师的课堂提问设计上，帮助学生层次化地理解教学内容。除此之外，在综合英语课程翻转课堂教学模式下的面对面课堂教学内容主要是帮助学生完成对所学知识的内化，该部分内容在布鲁姆认知领域目标分类中属于较高一级的目标分类，因此也具有一定的难度。然而在传统的综合英语课程教学中，这个过程是安排在课后进行的，而在课后的学习中由于缺乏教师的指导帮助，大部分学生都很难顺利或者高效地完成。相反，翻转课堂模式下的综合英语教学则将这部分内容放在课上进行，让学生在完成知识内化的过程中遇到问题时可以随时得到教师、甚至是其他同学的帮助，极大地提升了他们的知识内化过程的质量。

2. 布鲁姆认知领域分类在微课视频教学中的应用

在第四章中，笔者曾介绍过本行动研究中的微课视频主要针对综合英语课程的精读课文所录制的视频，其目的是帮助学生理解精读课文并掌握相应的重难点句型结构，在微课视频设计中笔者将布鲁姆认知领域分类主要应用在微课视频的问题设计上，将微课视频中的问题由浅及深、由易到难进行排列，让学生一步一步、循序渐进地开展学习，此安排符合学生的学习特点，该设计能够帮助学生顺利地完成微课视频的学习。除此之外，微课视频的教学内容，即精读课文部分，属于知识的传授阶段，也就是较低一级的布鲁姆认知领域目标分类，因此，笔者将这部分安排成课后学生自主学习部分，希望学生能够借助教师所提供的相关学习资料，自行完成知识学习的基础阶段，也就是简单的记忆与理解阶段。

(二)将精读课程部分进行翻转教学符合翻转课堂教学模式的核心理念

综合英语课程教材,无论是哪一个版本的,教学内容都十分繁多,本行动研究中所采用的邹为诚教授的综合英语教材亦是如此,每册书都有十五个单元,并且每个单元的教授内容也相当多,在有限的教学时间下,教师很难完成所有内容的教学任务。于是,在综合所有因素的基础上,笔者决定采用翻转课堂教学模式来对综合英语课程进行改革,有效地延长学生的课外学习时间。在对综合英语每个单元的教学内容进行综合分析后,笔者决定将每个单元的精读课文部分作为翻转的内容放在课外让学习自行完成。

综合英语课程的单元精读课文部分需要学生理解课文的主要内容并掌握新单词和重难点句型结构,在传统的综合英语课程中,该部分内容基本上都是由教师单方面讲授完成的,属于知识的传授阶段,因此,笔者决定将这部分内容作为翻转课堂模式的核心翻转内容,也就是让学生在课前就自行完成知识的传授阶段。另外,为了帮助学生有效地去理解精读课文的内容,笔者除了提供微课视频以外,还提供了学习任务单、单词表和课文翻译来辅助学生的学习。翻转课堂教学模式的核心理念是将传统的知识传授和知识内化两个环节进行翻转,让学生自行在课后完成知识的传授阶段,在课堂上,学生在教师的帮助下顺利完成知识的内化阶段,因此可以说,本综合英语课程的翻转课堂教学模式中将综合英语课程精读课文部分的内容进行翻转的设置完全符合翻转课堂教学模式的核心理念。

(三)将多种可用的信息技术平台相结合弥补了西部教育资源及技术不发达地区的基本情况

就我国教学基本情况来看,西部地区与东部及其他发达地区相比,有着太多的不利条件,例如:教育资源的稀缺以及教育硬件设施的落后等。总之,尽管在当今网络技术发达的信息时代背景下,在我国,无论是基础教育还是高等教育,西部地区都落后于东部及其他发达地区。因此,在本行动研究中,笔者将多种可用的信息技术教育平台相结合,例如:在线网络教学平台、批改网、QQ群,以及微信群等,让多种信息技术教育平台之间相互补充,以此来弥补各种平台的不足之处。

例如,在线网络教学平台由于支持的技术版本有限,对各种手机型号或者电脑型号有一定的限制,这也导致了部分学生无法正常使用这个平台来开展网络自主学习,因此为了弥补它的不足之处,笔者同时还借用百度网盘、QQ群,以及微信群来完成学习资料的共享环节。另外,由于本行动研究中的研究对象院校仍然无法实现所有的教室全网络 Wi-Fi 覆盖,因此,教师同样还借用网络教学平台的优慕课 APP 来完成部分课堂教学任务,学生们只要使用一定流量就能够完成学习任务。由此可见,西部地区高校,尤其是地方高校,在教学软件和硬件设施上还有许多落后之处,但在本行动研究中,笔者有效地将各种可借用的信息技术教育平台相结合,完全符合我国西部教育资源及技术不发达地区的基本情况,同时也有效地弥补了信息技术教育方面存在的各种问题。

(四)强调形成性评价符合教师发展、教学创新的理念

传统的综合英语课程的评价模式重点强调对学生的终结性评价,也就是通过每个学期的期末考试对学生整个学期的综合英语课程学习进行最终评价,而这个评价一般占到总分值比例的 60%－70%。剩下部分的评价主要分成平时评价和半期考试评价,平时评价主要包括考勤、听写,或者作业等;半期考试大多也基本上采用的是闭卷考试形式。因此,从上述传统的综合英语课程评价分值比例来看,笔者发现传统的评价方式一味地强调对学生学习的终结性评价,忽视了对学生的形成性评价,或者整个形成性评价的模式较为单一。缺少了形成性评价,教师就很难看到每一位学生在各个方面取得的进步,同时也无法看到综合英语课程在实施过程中所产生的问题,因此,教师也无法对综合英语课程的设计进行调整完善。

在综合英语课程新的翻转课堂教学模式下,笔者重视对学生学习的形成性评价,同时也将形成性评价进行了多样化的定义,从学生的口语、写作、单词、自主学习能力培养等多方面对学生进行多样化的形成性评价。这种评价可以让教师清楚地了解并掌握学生的学习进步情况,例如:某个学生期末考试成绩和上个学期相比没有什么进步,但从形成性评价中,教师会发现原来通过一个学期的学习他(她)在口语方面取得了很大了进步。因此重视形成性评价是对学生公平公正的重要保证。除此之外,形成性评价还能够帮助教师看到综合英语课程各个教学环节的具体实施效果,以及优点和缺点。例如:通过对学生形成性评价进行分析,如果教师发现在一个学期的教学中学生的写作能力仍然没有得到明显的提升,那么这也就说明,教师对这一块的教学设计存在缺陷,在下一轮的教学过程中教师则需要对这一部分的教学内容进行教学反思,进行教学改革创新,以确保整体教学设计得更加完善。

因此,综上所述,在翻转课堂教学模式的行动研究中,强调对学生学习的形成性评价的设计完善了传统综合英语课程的评价方式,同时也符合教师发展、教学创

新的理念。

二、综合英语课程翻转课堂教学模式实践主要研究成果

上述笔者主要对综合英语课程翻转课堂教学模式设计的主要研究成果进行了阐述总结,在本部分内容中笔者则主要对综合英语课程翻转课堂教学模式的实践研究成果进行阐述总结,主要包括以下五个方面。

(一)学生对综合英语课程翻转课堂教学模式整体上持满意态度

在一个学期的行动研究结束后,笔者通过问卷调查和半结构化访谈对学生的满意度进行调查分析,结果显示:绝大部分同学都表示能够适应综合英语课程的翻转课堂教学模式,并且也愿意继续再使用该模式开展综合英语课程学习。为了更深入地对学生对该模式各个方面的满意度进行调查,笔者还特意细化满意度因素,从八大类因素方面来调查学生对综合英语课程翻转课堂教学模式的满意度。这八类因素主要包括教学内容,教学活动,教师反馈,师生、生生互动,微课视频设计,知识内化过程,自主学习能力以及课程评价。

其中笔者提及的教学内容主要包括线上网络教学设计和线下课堂教学内容的衔接,通过调查,笔者发现,该选项的均值为 4.59,这说明学生对本行动研究的教学内容安排设置觉得满意;在教学活动方面,笔者主要指本行动研究的教学活动设计方面,包括课堂教学活动及线上教学活动的安排,调查结果表明大部分学生对该内容都持支持的态度,并且 85.9% 的同学认为翻转课堂模式中的教学活动能够有效地激发他们学习英语的兴趣。除了上述提及的两个因素以外,其余六个因素的均值均在 4 以上,这说明学生对这些因素都持积极、支持的态度。

综上所述,无论是从整体上,还是从翻转课堂教学设计的各个环节上,大部分的学生对综合英语翻转课堂教学模式持积极肯定的态度,并且也愿意继续使用该模式来开展综合英语课程学习。因此,学生对翻转课堂积极的态度保障了该教学改革模式的顺利实施。

(二)综合英语课程翻转课堂教学模式有利于提升学生的语言水平

为了进一步求证翻转课堂教学模式能否提升学生的英语成绩,在本行动研究中,笔者通过实验研究将学生前测和后测的成绩通过 SPSS 23.0 配对样本 t 检验

进行对比分析,目的在于通过对比学生在实验前和试验后的成绩了解综合英语课程翻转课堂教学模式能不能从实际上帮助学生提升他们的综合英语成绩。两个实验班的前测和后测的成绩对比显著性 $p = 0.000 < 0.05$,这说明实验班的前测成绩和后测成绩存在明显差异,并且该差异达到了统计学上的显著性水平,这说明综合英语翻转课堂教学模式有利于提升学生的综合英语成绩,即在一定程度上说可以提升学生的语言水平。

除此之外,在问卷调查和半结构化访谈数据中,学生也表示,教师在课堂上的小组合作讲解练习的形式能够有效地促进他们对英语语言基础知识的学习,尤其是对语法知识和长难句的分析上,因为学生在准备小组 presentation 时,需要去查阅许多相关的资料,并且还要将这些资料运用到练习讲解中,他们就必须要熟悉理解这些资料。另外,翻转后的综合英语课堂教师带领学生就他们存在的问题进行讨论,这一环节让学生们学会了如何解决问题,特别是解决语法知识点。

因此,综上所述,综合英语课程的翻转课堂教学模式不仅能够从整体上提升学生的综合英语成绩,其中的教学活动设计也能够帮助学生提升英语语言能力,特别是语法知识部分。

(三)综合英语课程翻转课堂教学模式有利于培养学生自主学习能力

翻转课堂教学模式对学生的学习习惯提出了新的要求,学生需要学会合理地利用自己的时间来开展学习,特别是线上网络教学部分,学生需要根据自己的学习特点提前自觉地在课外完成这部分的学习内容,只有认真地完成了这部分的内容,学生才能够顺利地去开展下一个阶段的综合英语课程学习,也就是说如果学生缺失了这部分的学习,那么他们下个阶段的学习也会因此而受到影响。因此,在一定程度上,翻转课堂教学模式强调了学生的自主学习能力。

经过一个学期的翻转课堂教学模式教学,学生在问卷调查和半结构化访谈数据中表示,综合英语课程的翻转课堂教学模式能够有效地帮助他们培养自主学习能力,特别是在线上网络学习阶段时,他们需要提前完成这个部分的学习任务,但和课堂教学不一样,由于教师会提前 1—2 个星期上传每个单元的线上网络学习内容,因此,他们都会有充裕的时间来开展学习。部分学生甚至会根据自己的学习情况(包括学习时间和学习进度等)来选择适合自己的学习时间,并且制订相应的学习计划。由此可见,综合英语课程的翻转课堂教学模式在一定程度上有效地培养了学生的自主学习能力,并且这种能力不仅有益于学生的综合英语课程学习,从广义上来说更有益于学生任何课程的学习。

(四)综合英语课程翻转课堂教学模式有利于改变学生被动的学习状态

传统的综合英语课堂教学以教师讲解为主,学生在整个单元的学习过程中基本上都处于被动的学习状态,在这里所谓的被动的学习状态主要是指整个课堂以教师为主导,学生的主要学习任务就是接收教师传输的知识信息,完成教师布置的任务。但这样的学习模式往往只是属于学习的低一级阶段,也就是之前所提到的布鲁姆认知领域的较低一级阶段,在这样的教学模式下教师很难激发学生较高一级的思维模式,这也是我国高校英语专业人才思辨思维能力缺失的一个原因之一。在这种模式下,学生很难主动地去开展学习,去发现学习中存在的问题,也就更不会积极思考去主动解决这些问题。

相反,在翻转课堂模式下,首先学生需要基于教师所提供的学习资料在课外完成自主学习部分,这部分内容也就是传统的知识传授阶段,并且从布鲁姆认知领域分类上看,这部分内容属于布鲁姆分类的较低一级认知领域目标分类,在这个学习的过程中学生需要记录自己存在的问题。在课堂上,教师会组织学生共同解决他们存在的问题,并且在解决问题的过程中,教师首先会引导学生自己来解决问题,教师的作用是对学生的解答进行最后的评论总结。另外,教师还会在微课视频中针对课文教学内容布置相关的讨论问题,这些问题都将用于开展课堂上的讨论活动。根据布鲁姆认知领域目标分类,这些问题都属于布鲁姆分类的较高一级问题,从问题的功能上来说,这些问题可以激发学生的较高一级思维能力,尤其是思辨思维能力。在上述整体解决问题和讨论问题的环节中,学生都需要在教师的引导下积极主动地去开展思考,由此可见,翻转课堂教学模式改变了学生传统的学习模式,让他们的学习变得更加主动。

除了解决问题和讨论问题环节,在小组练习讲解环节中,学生也充分发挥了他们的学习主观能动性。在传统综合英语教学中,学生对这部分内容的学习往往也是处于被动的学习状态,教师成为这部分内容的主讲者,将答案和原因呈现给学生,时常也会让学生起来回答问题,但这样的学习模式也只是让学生感到自己是在被动地誊抄答案而已,他们甚至对某些题目都还心存疑问。但在本行动研究中,由于采用了翻转课堂模式,笔者对综合英语课程的教学内容和时间进行了重新配置,所以笔者也对这部分的教学设计进行了调整。将部分原本由教师为主讲的内容换成了由学生自己来进行主讲。经过一个学期的实验研究,笔者发现,学生在这部分

第九章 结 语

内容的学习中,越来越主动,他们不仅主动地去寻求解决问题的方法,更能主动地去对问题进行拓展。因此,不难看出这部分内容新的教学设计让学生养成了主动地学习模式。

(五)综合英语课程翻转课堂教学模式有利于提升学生的信息技术应用能力

在本行动研究中,综合英语课程采用的是在当今教育领域具有相当大的影响力的翻转课堂教学模式,该模式要求将信息技术引入教育课堂,同时采用该模式教学的教师也需要具备一定的信息技术应用能力。在这样的氛围下,笔者发现,经过一个学期的翻转课堂教学模式教学,学生的信息技术应用能力也得到了一定的提升。具体提升主要体现在以下几个方面。

1. PPT 制作技术

在当今社会中,虽然 PPT 制作属于比较常用,也为大家所熟知的教学手段以及陈述手段,但由于本行动研究中的研究对象大多数都来自我国西部欠发达地区——贵州,因此,对于 PPT 的制作技术,甚至是一些常用办公软件的操作,学生们基本上都没有达到熟练掌握的程度。但在本行动研究中,教师要求学生在必要时使用 PPT 来进行讲解,这就要求学生们不得不去掌握这门技术,不得不去进行一些实操训练。从教师的教学反思日志中可以看出,在学期期初,学生的 PPT 存在许多的问题,例如:字体不统一、格式不统一、字体过小,以及内容繁多等。有些同学甚至在使用 PPT 进行展示的时候也会存在各种各样的问题,例如:不会播放、不会退出、以及不会翻页等。教师在课堂上也会对学生存在的这些问题进行总结反馈,通过不断地操练,学生也慢慢地在这方面取得了一定的进步,例如:小组间合作完成的 PPT 格式更加统一,PPT 展示的内容更加地简短、精炼、一目了然,PPT 的各种动画使用更加恰当等。

2. 小组练习讲解呈现手段

除了上述提及的 PPT 制作技术以外,学生在小组练习讲解呈现手段上也取得了一定的进步。在使用 PPT 来进行陈述以外,学生还会借鉴教师的方法经验,将教师所使用的一些信息技术手段应用到他们的讲解中。例如:学生会使用教师制作微课视频的软件 Camtasia Studio 或者爱剪辑等对他们的展示进行微课制作,通过播放视频的方式来完成他们的练习展示部分;另外,部分学生还会通过词云图软件来制作词云图,并将绘制成的图片放进他们的展示中,借助词云图来丰富他们的讲解内容。可以看出,除了传授语言新知识以外,教师所使用的翻转课堂教学模式可以对学生起到潜移默化的影响,让他们也逐渐地掌握当今的一些教育信息技术手段,并将这些手段成功地应用到他们的学习中去。

综上所述,经历了一个学期的综合英语课程翻转课堂教学模式改革的行动研究,笔者取得了一定的研究成果。首先,从研究设计上来说,笔者将布鲁姆目标进行分类,尤其是认知领域目标分类应用到翻转课堂教学设计中来,进一步完善了翻转课堂教学模式的本土化设计,把知识的传授阶段,也就是布鲁姆认知领域目标分类的较低一级阶段放到了课前让学生通过自主学习完成,把较高一级的目标分类放到了课堂上由教师带领学生共同完成。除此之外,笔者还将布鲁姆认知领域目标分类理论应用到了教师的面对面课堂和微课制作中,通过将教师提问进行分类排列引导学生一步一步、循序渐进地完成综合英语课程学习任务。另外,教师对于综合英语需要翻转的内容选择设计、信息技术平台的利用设计以及综合英语课程形成性评价的设计都是本行动研究的重要设计研究成果,这些教学设计有效地增加了本行动研究的有效性。

除了上述在教学设计方面取得的研究成果以外,本行动研究在实践方面同样取得了一定的研究成果,同时,这些研究成果也证明了将翻转课堂教学模式应用到综合英语课程教学改革中的有效性。首先,通过数据调查,结果显示本行动研究中的研究对象,即两个实验班的学生,对综合英语课程的翻转课堂教学模式改革持积极满意的态度,这表明学生愿意接受这种新的教学模式;其次,翻转课堂教学模式不仅能有效地提升学生的综合英语成绩,提升学生的英语语言水平,尤其是口语和语法两个方面,更能帮助学生提升他们的信息技术应用能力,让他们能够更好地去适应信息技术时代背景下的英语教育;最后,综合英语课程的翻转课堂教学模式能够有效地培养学生的自主学习能力,让他们养成积极主动地学习模式,为他们今后的学习奠定良好的习惯基础。总而言之,本行动研究,无论是在教学设计上还是在教学实践上都取得了大量有价值的教学成果,同时也有效地实现了本行动研究的预期目标。

第二节 研究结果的理论和实践价值

经过了一个学期的翻转课堂行动研究,本项目取得了预期的研究成果,在本小节中,笔者主要对本行动研究的理论和实践价值进行阐述。

一、研究结果的理论价值

研究结果的理论价值主要体现在翻转课堂教学模式构建的理论上。翻转课堂教学模式构建主要包括线上课堂以及线下课堂两大部分的内容,由于翻转课堂教学模式的灵活多变性,因此对于上述两大部分的构建有着许多的理论指导。在本行动研究中,基于西部欠发达地区的综合英语教学现状的综合分析上,笔者将布鲁姆认知领域目标分类应用到了综合英语课程的翻转课堂教学模式设计上,特别将该目标分类理论应用到对线上微课视频和线下课堂教学的教师提问的设计上来,进一步丰富和完善了翻转课堂教学模式的理论,特别是翻转课堂教学模式本土化设计理论,为今后类似的研究提供了更加完善的设计理论依据。

除此之外,在信息技术时代背景下,本行动研究将布鲁姆认知领域目标分类和当今的翻转课堂教学模式相结合,进一步体现了布鲁姆认知领域目标分类的广泛应用性,因此,可以说本行动研究也进一步体现了该目标分类理论的实践性。

二、研究结果的实践价值

本行动研究是综合英语课程的翻转课堂教学模式改革实践性研究,更准确地说是基于微课的翻转课堂教学模式实践研究。研究结果的实践价值主要体现在以下几个方面。

(一)在诊断综合英语课程教学现状的问题上提供了相应的数据

本行动研究的整体设计是首先是基于笔者对西部地区的地方高校综合英语课程的问题诊断分析的基础上来进行的。笔者从教学内容、教学方法、教学评价以及教学课时几个方面对综合英语的教学现状进行了调查分析,发现了综合英语课程教学中存在的一些问题,如教学方法过于陈旧、教学时间分配不均、学习方法过于被动等,这些收集到的相关数据为了解地方高校综合英语课程教学现状提供了宝贵的教学实践数据。

(二)在翻转课堂教学本土化适应性方面提供了宝贵的实证数据

由于经济发展不平衡,我国西部地区的发展较滞后于我国东部及其他沿海地区,在教育发展上面亦是如此,西部地区的教育软硬件都处于欠发达的水平,不及我国东部及其他经济发达地区,而在当今信息技术时代背景下,教育的信息化给教育的变革带来了巨大的挑战,也提出了具有挑战性的要求。翻转课堂教学模式是一种在教育信息技术发展下衍生出的教学模式,需要教育信息技术的支撑,因此由于信息技术水平不够发达,在西部地区地方高校实施翻转课堂教学模式也具有一定的压力,但这并不代表着不能在西部地区地方高校实施翻转课堂教学。笔者对本行动研究的各方面条件的可行性做了综合性分析后,通过收集西部地方高校教学软硬件综合条件,从教学环境因素、教师因素、学生因素三个方面进行了数据调查分析,结果显示,所有的条件都有效地保障了综合英语课程翻转课堂教学改革模式的顺利实施。也就是说,尽管西部地方高校的教学软硬件设施落后于发达省份,但在信息技术时代背景下,各种有效地手段结合可以保障翻转课堂教学模式的实施。因此,笔者在这方面收集到的数据同样为了解我国西部地区地方高校实施翻转课堂教学模式的可行性提供了宝贵的实证数据。

(三)在翻转课堂教学模式改革在西部地方高校的实践效果方面提供了有实践价值的实证数据

本综合英语课程教学改革行动研究是基于我国西部地方高校所开展的一项实证研究,笔者通过对地方高校的教学现状和教学条件进行调查,设计出了一套完整的翻转课堂教学模式的本土化实施路径。从翻转课堂教学模式实施的准备条件、教学设计,以及实验设计等方面都提出了相应的方案设计,该方案设计包括线上的微课视频教学设计以及线下的课堂教学设计。可以说,本行动研究的另一个价值是为了解翻转课堂教学模式,特别是基于微课的翻转课堂教学模式改革在西部地方高校的实践效果方面提供了宝贵的实证数据。

(四)在综合英语课程教学改革实践方面提供了有实践价值的实证数据

正如上文反复强调的综合英语课程对英语专业本科生的重要性,使得在高校英语专业中开展综合英语课程的教学改革成为势在必行的事情。本行动研究将综合英语课程作为教学改革的课程研究对象,正是由于该课程的重要性,并且笔者将基于微课的翻转课堂教学模式应用到综合英语课程的改革实践中,为综合英语课程的教学改革寻求了新的路径。在信息化的时代背景下,将信息技术手段运用到课堂教学改革是教育信息化大背景下的时代要求,符合教育信息化的需求,也顺应了当今时代的教育需求,因此,可以说,本行动研究为综合英语课程的教学改革提供了有实践价值的实证数据。

第三节 研究的启示及建议

本部分内容为本专著的最后一个小节的内容,主要包括本行动研究所带来的启示和建议。在取得预期目标的同时,本行动研究也给下一轮的行动研究和相关领域的其他研究带来了一定的启示及建议,主要体现在以下几个方面。

一、研究的启示

本行动研究的研究结果为高校的英语教学,特别是西部地区地方高校的综合英语课程的教学改革提供了以下几点启示。

(一)教师应加强对学生较高一级的思维能力的培养

较高一级的思维能力是和较低一级的思维能力相对应的,这里所指的较高一级的思维能力是根据布鲁姆的认知领域目标分类来进行定义的。传统的综合英语教学,乃至英语专业其他课程的教学大部分都只停留在布鲁姆认知领域目标分类的较低一级目标分类的培养。也就是说,学生的学习只停留在对知识的简单记忆以及重复复述阶段,学生缺失较高一级思维能力的培养,特别是思辨思维能力,因此学生也就缺失解决问题的主观能动性。所以笔者建议在英语教学中教师应当加强对学生较高一级的思维能力的培养。教师可以借助课堂提问,对课堂提问利用布鲁姆认知领域目标分类来进行分类设计,以问题的形式来激发学生较高一级思维能力的发展。

(二)教师应加强对学生自主学习能力的培养

授人以鱼不如授人以渔,自主学习能力包含许多具体的方面,总体上来说,自主学习能力是一种学习的能力,一个人的发展一生都离不开自主学习能力。但就目前的综合英语课程教学现状分析来看,绝大多数的地方院校的综合英语课程教学仅仅只处于知识的传授阶段,缺失对学生自主学习能力的培养,也就是说,学生在传统的综合英语课堂上都是处于被动的学习状态,很少或者没有积极的思考过程。因此,如果教师能够加强对学生自主学习能力的培养,那么不仅是对学生现阶段的学习有益,更有益于学生今后一生的学习生涯。对学生自主学习能力的培养,笔者建议教师可以通过改变传统的教学方法,例如,教师可以借鉴翻转课堂教学模式,让学生学会对自己的学习进行有效的计划,并按照计划一步步地开展,逐渐地养成自主学习的能力。

(三)教师应加强自身对教学设计的创新意识

开展行动研究的过程其实是教师不断发现问题、不断创新、不断开展教学改革的过程,可以说,没有创新意识的教师是没有办法开展教学改革的。在本行动研究中,笔者及其项目研究团队的所有教师都是不断地学习,不断地提升自己的专业素养,在教学过程中积极地去开展教学反思,发现教学中存在的问题并不断地试图通过教学改革来解决教学中存在的这些问题。如果教师仅仅只是满足于教学现状没有创新,那么长此以往教师的教学得不到任何的积极成效,学生的学习更是得不到任何的提升。因此,教师只有不断地开展学习,不断地提升自己的专业素养,才能不断地在教学领域开拓创新。

二、研究的建议

对于研究的建议方面,本行动研究和其他研究一样,在研究的设计和实施的过程中难免会出现一些不足之处,因此,在讨论本研究的建议时,笔者会结合本行动研究的不足之处来开展讨论。

(一)可以开展大规模的横向研究

为了便于笔者收集数据,笔者就近在自己执教的高校开展本行动研究,并且选

第九章 结 语

取了一个年级两个班的学生为研究对象,为本行动研究的有效开展带来了一些便利性,但这也使得本行动研究中的研究对象具有一定的狭窄性,这使得本研究结果及结论缺乏一定的普遍性。因此,笔者建议下一轮的行动研究或者相关类似的研究可以增加一定的研究对象,这里指的增加不仅指增加研究对象的人数,同时还可以将研究对象增加到有相同背景的其他高校,例如:本研究的主要目的是帮助我国西部欠发达地区的地方高校找到一条适合他们自己基本情况的翻转课堂教学改革路子,因此,为了增加研究结果的普遍性,以不同的地方高校,但同时又有着相似特点的地方高校为研究对象,可以帮助研究者得出更加具有普遍性的结论。

(二)可以开展自然班和实验班的对比实验研究

为了调查综合英语课程的翻转课堂教学模式到底能不能够帮助学生提升他们的综合英语成绩,笔者在两个实验班开展了前测和后测的对比研究,通过对比他们在实验前和试验后的测试成绩来检验翻转课堂模式的实践教学效果。在下一轮的行动研究或者相关类似的研究中,笔者建议可以通过开展自然班和实验班的对比实验研究,通过对比传统教学的班级和翻转课堂模式教学的班级的成绩来检验综合英语课程的翻转课堂教学模式的有效性。采用自然班和实验班的对比模式,教师不仅可以从成绩来进行检验,同时,教师更能从课堂上学生的表现来检验新的教学模式是否成功,其中学生的表现可以包括学生的课堂活跃度以及参与度等。这些过程性的数据能够帮助教师更好地将自然班和实验班的教学效果进行对比,从学生的学习过程方面来进一步检验翻转课堂教学模式的有效性。

(三)可以就翻转课堂教学单独的各个环节开展教学实证研究

翻转课堂是一个由许多教学环节组合在一起的教学模式,为了更好地对翻转课堂教学模式的本土化进行研究,可以单独从翻转课堂教学模式的某个教学环节着手,重点单个对这个教学环节的设计以及实践效果进行追踪调查,利用调查收集到的数据来进一步完善该环节的教学模式,从而为今后翻转课堂教学模式的整体实施奠定良好的基础。不仅如此,以某个具体环节为研究对象开展实证研究不仅可以保证整个翻转课堂教学模式的顺利实施,更能为整体翻转课堂教学模式的评价提供更加具体的参考依据,让研究者从具体"点"上找到翻转课堂教学模式设计存在的问题,使问题更加地得到细化。

（四）翻转后的课堂教学设计可以进行相应调整

除了上述提及的研究方法建议以外，在教学设计方面，笔者建议可以对翻转后的课堂教学设计进行相应的调整。翻转课堂的核心除了翻转到课外的教学内容之外，课堂上的教学内容更是翻转课堂教学的重中之重，也就是促进学生的知识内化过程。在本行动研究中，笔者主要通过教师引导、小组讨论、小组课堂展示等形式来完成翻转课堂的课堂教学部分，但在对问题的讨论环节实施的过程中，笔者发现，虽然学生的参与度越来越好，但总体而言还是不够积极，教学课堂组织形式相对还比较单一。因此，笔者建议在下一轮的行动研究或者相关类似的研究中，研究者可以对课堂教学内容和形式进行相应的调整，力求能够最大化地促进学生知识的内化过程，进一步完善翻转课堂教学模式"翻转"后的课堂教学内容部分。

总而言之，本行动研究是基于微课的翻转课堂教学改革模式下的综合英语课程改革行动研究，是一项教学改革的实证研究，本研究所积累的教学改革经验和实证结果为英语专业综合英语课程教学改革，乃至其他课程的教学改革提供了具有一定实践价值的启示和建议。

参考文献

[1] Almeida, P. A. Questioning Patterns and Teaching Strategies in Secondary Education [J]. Procedia Social and Behavioral Sciences, 2010(02):751-757.

[2] Altrichter, H., Posch, P., & Somekh, B. Teachers Investigate Their Work: An Introduction to the Methods of Action Research[M]. London and New York: Routledge, 1993.

[3] Arends, R. I. Learning to Teach[M]. New York: McGraw-Hill, 1991.

[4] Gaur, A. S. & Gaur, S. S. Statistical Methods for Practice & Research [M]. India: Sage Publications, 2007.

[5] Barnes, D. Language in the Secondary Classroom[M]. England: Penguin, 1969.

[6] Bernadowski, C. C. The Effects of Middle School Social Studies Teachers' Questioning Patterns on Learners' Outcomes [D]. Pittsburgh: University of Pittsburgh, 2006.

[7] Burns, A. Doing Action Research in English Language Teaching: A Guide for Practitioners[M]. Beijing: Foreign Language Teaching and Research Press, 2011.

[8] Bloom, B. S., Englehart, M. D., Furst, E. J., Will, W. A. & Krathwohl, D. R. Taxonomy of Educational Objectives: The Classfication of Educational Goals, Handbook I: Cognitive Domain [M]. New York: David Mckay, 1956.

[9] Caesin, W. E. Answering and Asking Questions[C]. Paper presented at the IDEA, Manhatten, 1995.

[10] Chilingaryan, K. & Zvereva, E. Methodology of Flipped Classroom as a

Learning Technology in Foreign Language Teaching[J]. Social and Behavioral Sciences,2017(237):1500-1504.

[11]Creswell,J. W. Research Design: Qualitative, Quantitative, and Mixed Methods Approaches. London: SAGE Publications,2003.

[12]Elliott, J. Developing Hypothesis about Classrooms from Teachers' Practical Constructs: An Account of the Ford Teaching Project[J]. Interchange,1976(02):2-22.

[12]Ellis, R. The Study of Second Language Acquisition[M]. Oxford: Oxford University Press,1994.

[13]Evseeva, A. & Solozhenko, A. Use of Flipped Classroom Technology in Language Learning[J]. Social and Behavioral Sciences,2015(206):205-209.

[14]Hakansson,G. & Linderg,I. What's the question? Investigating Second Language Classrooms[J]. AILA Review,1988(05):73-88.

[15]Hitchcock, G. & Hughes. Research and the Teacher[M]. London and New York: Routledge,1989.

[16]Horn,M. B. & Staker, H. Blended:Using Disruptive Innovation to Improve Schools[M]. Beijing: China Machine Press,2015.

[17]Katie, A. Education Evaluate "Flipped Classrooms" Benefits and Drawbacks Seen in Replacing Lectures with On-demand Video[J]. Education Week,2012(10):6-8.

[18] Kemmis, S. & R. McTaggart. The Action Research Planner[C]. Geelong, Victoria: Deakin University Press,1982.

[19]Krashen,S. D. Principles and Practice in Second Language Acquisition[M]. Oxford:Pergamon,1982.

[20]Krashen, S. D. The Input Hypothesis: Issues and Implications[M]. London: Longman,1985.

[21]Long, M. H. , & Sato, C. J. Classroom Foreigner Talk Discourse: Forms and Functions of Teacher's Questions[J]. TESOL Quarterly,1983(15):26-30.

[22]Jonathan, B. & Aaron, S. Flip Your Classroom: Reach Every Student in Every Class Every Day[J]. ISTE ASCD,2012:25-29.

[23] Jacobsen, D. A. , Eggen, P. , & Kauchak, D. Methods for Teaching: Promoting Student Learning[M]. New Jersey: Prentice Hall,1999.

[24] McCafferty, S. G. , Jacobs, G. M. & Iddings, A. C. D. Coopertative Learning and Second Language Teaching[M]. Cambridge: Cambridge University Press,2006.

[25] McGroarty, M. The Benefits of Cooperative Learning Arrangements in Second Language Instruction [J]. NABE Journal,1989 (02):127-143.

[26] Mason, G. S. , Shuman, T. R. & Cook, K. E. Comparing the Effectiveness of an Inverted Classroom to a Traditional Classroom in an Upper-Division Engineering Course [J]. IEEE Transactions on Education, 2013.

[27] McNiff, J. Action Research: Principles and Practices [M]. London: Mcmillan Education,1988.

[28] McNeil, L. Beyond the Products of Higher-order Questioning: How Do Teacher and English-language Learner Perceptions Influence Practice? [J]. TESOL,2010(03):2.

[29] Moore, K. D. Classroom Teaching Skill[M]. Boston: McGraw Hill, 1998.

[30] Nazarenko, A. L. Blended Learning vs Traditional Learning: What Works? (A Case Study Research) [J]. Social and Behavioral Sciences, 2015 (200):77-82.

[31] Nunan, D. Action Research in Language Education [M]. In Edge, J. & Richards, K. (Eds.) Teachers Develop Teachers Research: Papers on Classroom Research and Teacher Development. Oxford: Heinemann,1993.

[32] Nunan, D. Research Methods in Language Learning [M]. Cambridge: Cambridge University Press,1992.

[33] Pinyoanantapongs, B. Evaluation by References Criteria, Concepts and Methods[M]. In Fundamental Education Division. Bangkok: Srinakharinwirot University Press,1974.

[34] Quirk, R. ,Greenbaum, S. ,Leech, G. , & Svartvik, J. A Comprehensive Grammar of the English Language[M]. London & New York: Long-

man,1985.

[35] Reason, P. & Bradbury, H. Introduction: Inquiry and Participation in Search of a World Worthy of Human Aspiration [M]. In Reason, P. & Bradbury, H. (Eds.). Handbook of Action Research (Concise Paperback Edition). London: SAGE, 2006:1-14.

[36] Richards, J. C., & Lockhart, C. Reflective Teaching in Second Language Classrooms [M]. New York: Cambridge University Press,1994.

[37] Richards, J. C., & Rodgers, T. S. Approaches and Methods in Language Teaching[M]. Cambridge: Cambridge University Press,2001.

[38] Shommoossi, N. The Effect of Teacher's Questioning Behavior on EFL Classroom Interaction: a classroom-based research[D]. Tehran: University of Allameh Tabatabaee,1997.

[39] Soliman, N. A. Teaching English for Academic Purposes via the Flipped Learning Approach[J]. Social and Behavioral Sciences,2016(232):122-129.

[40] Sojayapan, C. & Khlaisang, J. The Effect of a Flipped Classroom with Online Group Investigation on Students' Team Learning Ability [J]. Kasetsart Journal of Social Sciences, 2018.

[41] Yestrebsky, C. L. Flipping the Classroom in a Large Chemistry Class-Research University Environment[J]. Social and Behavioral Sciences, 2015(191):1113-1118.

[42] Willis, J. A Framework for Task-based Learning[M]. Harlow, Essex: Longman, 1996.

[43] Wink, D. M. Using Questioning as a Teaching Strategy[J]. Nurse Educator,1993(18):11-15.

[44] 高等学校外语专业教学指导委员会英语组.高等学校英语专业英语教学大纲[M].上海:上海外语教育出版社,2000.

[45] 卜彩丽,马颖莹.翻转课堂教学模式在我国高等院校应用的可行性分析[J].软件导报,2013(07):9-11.

[46] 曹金静,孙德刚.基于互联网的翻转课堂课程考核与评价体系应用及其研究[J].现代信息科技,2019(02):141-145.

[47] 陈冬纯.试论自主学习在我国大学英语教学中的定位[J].外语界,

2006(03):32-37.

[48]陈青松,许罗迈.大学英语教学中的网络化外语自主学习[J].外语届,2006(06):16-23.

[49]陈玉琨,田爱丽.慕课与翻转课堂导论[M].上海:华东师范大学出版社,2014.

[50]戴曼纯,张希春.高校英语教师素质抽样调查[J].解放军外国语学院学报,2004(02):42-46.

[51]杜小梅,刘楠.任务型语言教学法在综合英语教学中的运用[J].青海大学学报(自然科学版),2003(06):99-101

[52]方瑞芬.高校综合英语课程的教学现状及改革措施[J].中国校外教育旬刊,2008(S1):1209-1210.

[53]关中客.微课程[J].中国信息技术教育,2011(17):14.

[54]胡铁生,黄明燕,李民.我国微课发展的三个阶段机器启示[J].远程教育杂志,2013(04):36-42.

[55]胡铁生."微课":区域教育信息资源发展的新趋势[J].电化教育研究,2001(10):61-65.

[56]黄爱凤,郑志恋,胡美馨.RICH教学模式—师范英语专业综合英语课改革探索[J].国外外语教学,2000(02):7-13.

[57]黄敏.多媒体网络环境下综合英语课的互动教学[J].中国科技信息,2008(05):236-238+240.

[58]黄荣怀,周跃良,王迎.混合式学习的理论与实践[M].北京:高等教育出版社,2006.

[59]金陵.翻转课堂与微课程教学法[M].北京:北京师范大学出版社,2015.

[60]李炯英,戴秀珍.从i+1理论谈大学英语分级教学的语言输入[J].山东外语教学,2001(01):54-58.

[61]李俏.2003,合作学习的研究及其在英语教学中的应用[J].课程教材教法,2003(06):38-42.

[62]黎家厚.微课的含义与发展[J].中小学信息技术教育,2013(04):10-12.

[63]刘润清.外语教学中的科研方法[M].北京:外语教学与研究出版社,1999.

[64]刘锐,王海燕.基于微课的"翻转课堂"教学模式设计和实践[J].现代教育技术,2014(5):26-32.

[65] 娄萌.小组合作学习在综合英语教学中的运用[J].黔西南民族师范高等专科学校学报,2006(04):51-55.

[66] 卢海燕.基于微课的"翻转课堂"模式在大学英语教学中应用的可行性分析[J].外语电化教学,2014(158):33-36.

[67] 骆蓉.基于微课程的高校"翻转课堂"教学模式应用研究[J].赤峰学院学报(自然科学版),2015(11):222-223.

[68] 马武林,张晓鹏.大学英语混合式学习模式研究与实践[J].外语电化教学,2011(139):50-57.

[69] 倪锦诚.外语教学中的阅读模式研究[J].重庆交通大学学报(社科版),2007(06):124-127.

[70] 彭勇,贺琳.基于微课的翻转课堂教学模式课程考核研究[J].武汉交通职业学院学报,2016(02):44-47.

[71] 宋扬."综合英语"慕课+微课混合教学模式的构建.通化师范学院学报(自然科学),2017(04):85-90.

[72] 王磊.PPS教学法:综合英语教学的新模式[J].湖北经济学院学报(人文社会科学版),2007(08):199-200.

[73] 汪缤.基于多媒体网络的综合英语多元互动教学模式你就[J].宁波工程学院学,2013(02):87-91.

[74] 王蔷,张虹.英语教师行动研究[M].北京:外语教学与研究出版社,2014.

[75] 文秋芳.二语习得重点问题研究[M].北京:外语教学与研究出版社,2010.

[76] 文秋芳,韩少杰.英语教学研究方法与案例分析[M].上海:上海外语教育出版社,2011.

[77] 文秋芳.中国外语类大学生思辨能力现状研究[M].北京:外语教学与研究出版社,2012.

[78] 文秋芳.辩证研究与行动研究的比较[J].现代外语,2019(03):385-396.

[79] 朱晓燕.外语教师如何开展小课题研究:实际操作指南[M].北京:外语教学与研究出版社,2013.

[80] 汪晓东,张晨婧仔."翻转课堂"在大学教学中的应用研究—以教育技术学专业英语课程为例[J].现代教育技术,2013(08):11-16.

[81] 王烈琴.论克拉申的i+1语言输入假说与中国的外语教学[J].渭南师范

学院学报,2008(03):83-86.

[82]王蔷.英语教学法教程[M].北京:高等教育出版社,2000.

[83]王红,赵蔚,孙立会,等.翻转课堂教学模型的设计—基于国内外典型案例分析[J].现代教育技术,2013(08):5-9.

[84]武和平,武海霞.外语教学方法与流派[M].北京:外语教学与研究出版社,2014.

[85]杨端和.语言研究应用SPSS软件实例大全[M].北京:中国社会科学出版社,2004.

[86]于文浩."翻转课堂"的学习满意度—高校课程教学行动研究[J].开放教育研究,2015(03):65-73.

[87]张金磊,王颖,张宝辉.翻转课堂教学模式研究[J].远程教育杂志,2012(04):46-51.

[88]钟晓流,宋述强,焦丽珍.信息化环境中基于翻转课堂理念的教学设计研究[J].开放教育研究,2013(01):58-64.

[89]张传萍.翻转课堂的内容分布模式:基于布鲁姆教学目标分类[J].教学与管理,2015(08):79-82.

附录1　综合英语课程翻转课堂教学模式调查问卷

综合英语课程翻转课堂教学模式调查问卷

同学：

你好，以下的问题只为了解你对本学期综合英语课程翻转课堂教学模式的看法及评价，答案没有对错，但请务必根据平时自身的真实情况如实作答，谢谢合作！

本问卷共有三个部分，请根据你自己的情况，在符合自己的情况下面打"√"或者填写相关文字。

一、学习过程

1. 你是否适应综合英语这种翻转课堂的学习模式？

    A. 非常适应　　　　　B. 比较适应　　　　　C. 一般

    D. 不适应　　　　　　E. 非常不适应

2. 你通过什么方式来进行网络微课视频学习_____。

    A. 手机　　　　　　　B. 电脑　　　　　　　C. 其他（请补充说明）

3. 新模式中，我认为教师布置的学习任务_____。

    A. 太多　　　　　　　B. 偏多　　　　　　　C. 适中

    D. 偏少　　　　　　　E. 太少

4. 你是否可以按照自己的时间来开展网络视频学习？

    A. 可以　　　　　　　B. 不确定　　　　　　C. 不可以

附录1 综合英语课程翻转课堂教学模式调查问卷

二、课堂组织形式评价(线下及线上)

题号	陈述	1=完全不同意	2=不同意	3=不确定	4=同意	5=完全同意
1	我认为教师课堂讲解的内容与网络学习的内容衔接合理。					
2	我认为教师在课堂上的教学活动(如:小组竞赛,presentation 等)安排设计合理。					
3	我认为教师在课堂上开展的教学活动能够激发我学英语的兴趣。					
4	在新模式中,我认为教师能及时解答我存在的问题。					
5	与以往教学模式相比,教师在课堂上的问题解答环节让我学到了更多的东西。					
6	新的教学模式让我在课堂上有了更多的时间跟老师和同学进行交流、探究。					
7	我认为教师建立的QQ平台为我和同学以及老师之间的交流提供了便利。					
8	我认为教师所制作的微课视频能很好地反映出课文的学习要点。					
9	我认为教师所制作的微课视频能很好地帮助我理解文章的内容。					
10	我认为教师所制作的微课结构合理,讲解清楚。					
11	我认为翻转课堂教学模式能帮助我更好地运用语言知识。					

续表

题号	陈述	1=完全不同意	2=不同意	3=不确定	4=同意	5=完全同意
12	我认为翻转课堂教学模式能帮助我更好地管理自己的学习时间。					
13	我认为翻转课堂教学模式让我学会了如何去发现问题、解决问题。					
14	新的教学模式增加了我在课堂外的学习时间。					
15	我认为翻转课堂教学模式让我学会了如何和同学开展合作学习。					

三、教学评价

1. 我认为教师在课堂上的 mini-test，能有效地检查我的微课视频学习效果。
   A. 完全同意　　　　　B. 同意　　　　　　C. 不确定
   D. 不同意　　　　　　E. 完全不同意
2. 我认为教师所制作的微课视频时间_____。
   A. 过长　　　　　　　B. 适中　　　　　　C. 过短
3. 本课程采用的评价方式：线上自主学习 25%，课堂学习 25%（小组表现＋作业）以及期末 50%。我认为这种考核制度_____。
   A. 合理　　　　　　　B. 一般　　　　　　C. 不合理，因为 _____。
4. 以下课堂活动你认为哪个部分你收获最大_____。
   A. 微课视频　　　　　B. 听说部分　　　　C. 课文问题课堂讨论
   D. 练习小组展示
5. 你是否愿意继续用翻转课堂模式来进行课堂教学？
   A. 非常愿意　　　　　B. 比较愿意　　　　C. 一般
   D. 不愿意　　　　　　E. 非常不愿意

问卷到此结束，非常感谢您积极地配合！

附录 2　综合英语课程翻转课堂教学模式访谈问题

学生对综合英语课程翻转课堂教学模式看法访谈问题

1. 你更喜欢之前的教学模式还是本学期的翻转课堂教学模式？请说明一下原因。
2. 你认为本学期的教学模式对你哪一方面的语言能力的提升作用最大？
3. 在本学期的教学模式中你在学习上存在的最大障碍（问题）是什么？
4. 你认为新的翻转课堂教学模式哪些地方还需要改进？

附录3 访谈问题项目目标一致性指数

访谈问题项目目标一致性指数计算分析

Item Analysis (IAS) and Item-Objective Congruence Index (IOC) Check of the Interview Questions

Question Items	Expert 1	Expert 2	Expert 3	Result
1	1	1	1	√
2	1	1	1	√
3	1	0	1	√
4	1	1	1	√
Total	4	3	4	

备注:

1. "1"代表问题与研究内容相关
2. "0"代表不确定
3. "-1"代表问题与研究内容不相关

访谈问题项目目标一致性指数计算结果:

($IOC = \Sigma R/N$)

R=4+3+4=11（专家评分总数）

N=3（专家总人数）

IOC=11/3=3.67

3.67/4×100％=92％

附录4 访谈代表样本抽取参考标准

访谈代表样本抽取参考标准
Criteria for Determining a Representative Interview Sample

Participants	Minimum Interviews	Participants	Minimum Interviews	Participants	Minimum Interviews
0—9	ALL	86—99	22	339—369	53
10—12	9	100—149	24	370—475	58
13—17	11	150—199	26	476—550	65
18—24	13	200—220	30	551—600	70
25—30	15	221—240	35	601—700	80
31—44	17	241—299	37	701—800	86
45—64	19	300—320	42	801—900	90
65—85	21	321—338	47	101—1,000	100

（来源：Alberta Municipal Health & Safety Association. http://www.amhsa.net）

附录5 综合英语课程网络自主学习小测试题

Mini-Test of Unit 7 (Book 2)

Name:_____ ID number:_____ Class:_____

I. Write words/phrases from unit 7 based on the definitions. (20%)
1. a field where the grass are grown _____
2. the wide part of a river where it flows into the sea _____
3. to come together in a small group _____
4. giving pleasure to your senses _____
5. to amuse and interest sb _____
6. not very noticeable or obvious _____
7. having a lot of space _____
8. not big or valuable enough to be considered important _____
9. the state of being aware of sth _____
10. a small river _____

II. Sentence-translation. (50%)

1. Most Englishmen, if only because of the natural formation of their island, are essentially more at home in the lowlands than on the heights.

2. Such rivers, insignificant as they may be, influence the lives of those who live near them in the most subtle and sensuous way.

3. Those far blue ridges might be hidden by mist or cloud from time to time;

but seldom was there a day when I could not clearly follow the course of the river down to its wide muddy estuary.

4. Year in, year out, the Severn was part of my view; it was even part of my consciousness.

5. Certainly they are not the kind about which national songs are composed, as in the case of the Rhine or the Danube or the Volga; but at least they are the kind in which a boy can bathe and in which (even today) a farm-hand can tickle an occasional trout.

III. Sentence-analyzing. (30%)

The popular idea of an English village is of one in a valley, where it can be overlooked from the hill, clustered about its ancient church; and similarly, the general conception of a farm in this country is of a more or less commodious homestead in a valley, sheltered by ample trees, with broad fields like open hands stretched out to receive the sun, and a river flowing not far away.

Mini-Test of Unit 10 (Book 3)

Name: _____ ID number: _____ Class: _____

I. Match words with correct English meanings.

1. impertinence   completely
2. in bulk   forbid
3. orthodox   sensible and reasonable
4. extort   in large quantity
5. whereupon   a business campaign to sell things at reduced prices
6. prohibit   rudeness
7. sale   conventional or traditional
8. utterly   quality being newness
9. sane   after which; and then
10. novelty   obtain sth by violence

II. Use your own words to write the main ideas for three parts of the text.

Part one: Paragraph 1

Part two: Paragraphs 2—6

Part three: Paragraph 7

附录6　教师反思日志记录

第1次教学反思日志	
教学日期	2019年3月8日
教学内容	Unit 1 The Snake Bite
教学事件	这个单元是实施翻转课堂后的第一个单元，今天的教学内容主要是学生在开展线上微课视频学习后，在课堂上集中对精读课文问题开展讨论。但是我发现学生提出的问题不多，并且大部分的问题都是我在解决，感觉学生没有真正地参与到课堂讨论的环节中来，对这个环节好像不积极，所以我决定私底下找部分学生聊聊，看看他们是不是在翻转课堂学习中遇到了什么问题，好方便我对这个环节进行调整。

第2次教学反思日志	
教学日期	2019年3月14日
教学内容	Unit 2 He Was My Father
教学事件	实施翻转课堂后，我对综合英语课程教学内容的安排进行了重新设置，今天这个单元的主题是关于介绍父亲的，其中有一个辩论环节是训练学生的口语。因此我给学生先放了一段长度为14分钟左右的视频，视频的内容是对华裔虎妈的介绍，看完视频后我让学生开展了一节课的辩论。通过这场辩论我发现，学生原来有很多想法、很多观点，并且只要给他们足够的时间准备他们都能够把这些观点表达清楚，而且以前上课不太开口说话的同学也积极参与到辩论中来，哪怕是只有一句简单的 I don't agree with you. 反正只要积极在课堂上开口说话了就是一个好的进步，看来以后这种形式的活动应该多弄一些。

第 3 次教学反思日志	
教学日期	2019 年 3 月 16 日
教学内容	Unit 2 He Was My Father
教学事件	今天的教学内容是让学生以小组为单位对第二单元的练习部分开展小组讲解陈述。让学生自己讲解练习主要想培养学生的小组合作能力、口语表达能力以及对问题的探索钻研能力,但今天的讲解不算很成功,可能因为不熟悉的原因,学生的口语表达错误的句子较多,包括一些简单的课堂组织用语。另外,他们对问题的讲解也不够清楚,尤其是翻译部分,基本上就是念一遍中文,然后把英文翻译写下来,然后再念一遍英文,因此,我打算在下节课布置任务时先把主要要求给学生讲清楚,让他们做好充分的准备。

第 4 次教学反思日志	
教学日期	2019 年 3 月 20 日
教学内容	Unit 4 Water Cycle
教学事件	今天的教学内容是让学生开展微课视频翻转课堂学习后的课堂问题讨论,我发现今天的讨论和之前的有所不同,学生比上次讨论要积极得多了,而且,差不多有十来个同学提出了不同的问题,他们提的问题主要集中在句子翻译以及句型结构分析上,特别是有一个同学提出了一个句子,这是部分同学都不太理解的句型,而且自己在备课时也没有注意到的句子 What the utility did was a radical thing. 在原来的备课中,我认为这个句子比较容易理解,学生应该都清楚,但从学生的讨论问题中发现,原来学生很容易把这个句子误认为是感叹句。总之,这次课的讨论很热烈,而且我觉得这种课堂解决问题的形式能够真正地促进学生们知识的内化过程。

附录 6 教师反思日志记录

第 5 次教学反思日志	
教学日期	2019 年 3 月 28 日
教学内容	Unit 6 Football
教学事件	今天给学生放了一个关于 football 的 TED 的视频,这也是学生第一次接触到了 TED 的演讲,学生表示有点难,语速有点快,跟不上。但我个人认为,TED 素材是一个很好的学习语言的资源,学生觉得难也许是因为刚开始,毕竟他们很多考试的素材都会用到 TED 的演讲,包括英语专业四级考试,所以我觉得以后的课堂中,只要时间允许,并且有合适的 TED 视频,我都会放给学生们看,让他们一步一步逐渐熟悉 TED 的语音、语调以及语速。

第 6 次教学反思日志	
教学日期	2019 年 4 月 5 日
教学内容	Unit 6 Football
教学事件	今天给学生们做了一个线上自主学习的小测,就是一份题量很少的测试,测试的内容主要围绕教师提供的微课视频开展,测试的目的是检测学生观看微课视频的效果。通过检测发现,学生微课视频中的翻译部分学习效果较好,但对于新的单词以及短语理解并不是很透彻,不太能够灵活运用这些新的单词、短语。因此,在今后的教学中,我会引导学生对单词和短语部分开展进一步的讨论学习。

第 7 次教学反思日志	
教学日期	2019 年 4 月 12 日
教学内容	Unit 6 Football
教学事件	今天的内容主要是开展线下课堂问题讨论,令我觉得最为吃惊的是,1 班平时不爱说话、上课不太听课的同学居然主动提了一个问题。他说:"老师,麻烦分析一下这个句子的结构,By the end of the 18th century, however, the game was in real danger of dying out in Western Europe."尽管这个句子并不复杂,但是也许对于他的语言水平来说还不是能够正确理解,因此我便开始引导其他同学一起对这个句子开展讨论。让我觉得很开心的是,他居然能够主动提问题,因此我特意去平台上看了他的学习记录,次数没有其他同学多,但还是登录并学习了几次,这个真的让我觉得很开心。

第 8 次教学反思日志	
教学日期	2019 年 4 月 16 日
教学内容	Unit 6 Football
教学事件	今天的内容还是让学生自己讲解单元练习,今天这堂课让我更加肯定了自己让学生讲解练习的决定。在准备练习的过程中,学生不仅要准备好自己的口语,还要彻底地理解练习问题,这样他们才能够讲解清楚。今天的讲解中,有一个组的一位同学在讲解完翻译题第四题以后,特意就 nowhere 的其他问题提出了疑问,并想寻求老师和其他同学的帮助,因此我又带领了同学们就这个知识点开展了讨论学习。今天的课堂让我觉得,有时候课堂教学内容不一定要按照教师的教案来走,帮助学生解决他们存在的问题就是教学的重点。另外,我真的发现让学生讲解问题可以让他们学会拓展自己的知识面,并且更加清楚自己的不足之处,做到更准确地学习。

第 9 次教学反思日志	
教学日期	2019 年 4 月 22 日
教学内容	Unit 7 The English Countryside
教学事件	今天我调整了一下 speaking 部分的教学内容,没有给学生上 tourist picks 这个部分,个人觉得这个部分的内容离他们现实生活太遥远会让他们觉得没有话说,所以我先给学生们放了一个关于英国湖区的视频介绍,让他们了解国外的一些文化,然后再让学生们根据视频中的介绍推荐一个他们认为值得去旅行的地方,可以是中国的也可以是国外的。让我觉得很满意的是,学生在这个环节的表现很积极、很棒,大部分的同学都能够做到积极地发言,而且对他们推荐的地方都能说出具体的理由来,尤其是 2 班的 xx 同学,平时不太爱发言说话,但也许这个话题他很喜欢,所以推荐了自己的家乡。这次上课的调整让我觉得适合学生的才是最重要的,只要给他们足够的语言输入素材以及时间,他们都能够慢慢张开嘴训练自己的口语。

附录6　教师反思日志记录

第 10 次教学反思日志	
教学日期	2019 年 4 月 24 日
教学内容	Unit 7 The English Countryside
教学事件	今天的教学内容是让学生们就自己在线上开展网络学习时遇到的问题进行讨论，内容主要围绕第 7 单元的精读课文开展。今天感觉学生们好像已经越来越习惯这种教学模式了，他们在开展线上学习的同时记录了好多自己不明白的问题，再加上这篇文章是一篇描写文，好多句子都比较优美难懂，所以今天的讨论用了足足两节课的时间。学生们提出的问题主要是视频中提及的定语从句，但最主要的还有视频中没有提及的 seldom 倒装句，看来他们还是真的认认真真地去完成课文自主学习部分。

第 11 次教学反思日志	
教学日期	2019 年 4 月 27 日
教学内容	Unit 7 The English Countryside
教学事件	今天的教学内容是学生以小组形式开展练习的 presentation，但让我不太满意的是有两个组的小组 presentation 做得不是很好，PPT 的内容、布局设置问题较多。PPT 没有形成一个统一的格式，小组间的讲解没有达到相互衔接、相互补充的局面，这就完全没有达到我让他们进行小组合作学习的初衷。因此，我决定课后找部分同学了解一下情况，看看他们在小组讲解中遇到什么问题，我再做下一步的调整。 （后续） 　　今天我再把遇到的小组讲解这个问题的调查结果补上，因为我去找了部分同学了解了一下情况，同学们给我的反馈主要集中在以下几点上。 　　1. 喜欢课堂讲解的形式，因为可以锻炼口语和胆量，但不喜欢这种小组合作的形式，因为课后不方便找人； 　　2. 小组合作时总会有部分同学不积极，影响完成进度； 　　3. 大家想法太多，很难达成一致。

第 12 次教学反思日志	
教学日期	2019 年 5 月 4 日
教学内容	Unit 8 Beauty and Career
教学事件	今天的教学内容是关于女性和职业的,为了训练学生的口语表达能力,我根据学生的兴趣把书上的口语内容进行了调整,让学生在课堂上以小组为单位对女性和职业的选择进行讨论并形成统一的意见,最后派代表对观点进行陈述。我发现学生在课堂上以小组为单位来做事完成的效果比他们在课后以小组为单位完成的效果要好得多。在课堂上每个同学都能够积极地参与到讨论中来,并且对自己的观点表达准确清楚。因此,我再考虑是不是在今后的教学中,多考虑课堂上的小组合作,减少他们课后的小组合作次数,充分利用他们在课堂上的学习时间。

第 13 次教学反思日志	
教学日期	2019 年 5 月 7 日
教学内容	Unit 8 Beauty and Career
教学事件	今天的教学内容是组织学生完成知识的内化过程,讨论他们在线上微课视频学习中遇到的问题。今天的讨论比以往的激烈一些,学生除了提出一些微课视频里面的问题,还提出了许多课文里的问题,例如:What is worse is that I literally kill my computers within two ears of purchase, such that I have gone through more hard drives in my lifetime than I have new pairs of shoes. 该句较长,部分学生对该句子的句型结构不是很明白,因此我组织了大家进行一起讨论,让明白的同学先讲解,我再来进行补充说明。讨论结束后,我又给学生列举出了其他的例子,让他们来造句,真正做到灵活、正确使用语言知识结构。 　　翻转课堂用到这里也差不多有大半个学期了,我真正地觉得翻转课堂可以让我重新调整课堂时间的分配,让学生养成主动学习并且主动发现问题的习惯,在课堂上我可以更加地集中注意力来帮助学生解决知识的运用问题,帮助他们加速知识的内化过程。

附录6 教师反思日志记录

第 14 次教学反思日志	
教学日期	2019 年 5 月 17 日
教学内容	Unit 8 Secret Messages to Ourselves
教学事件	今天没有用 mini-test 来检测学生的线上微课视频自主学习,而是给他们在视频中布置了一些小任务,要求学生用自己的话重新复述这篇文章 Secret Messages to Ourselves。在课堂上,我随机抽了十多位同学对课文进行复述,学生的表现都非常的棒,基本上都能准确地将课文的主要意思复述出来,而且不用去看课文。我发现这种任务还是很有效果的,不仅可以检查学生是否能认真地去学习课文,还能培训学生的总结能力和口语表达能力。当然,这种活动有个最大的缺点,就是比较耗费时间,但是由于翻转课堂的时间得到了重新配置,因此实施的效果也非常好。

第 15 次教学反思日志	
教学日期	2019 年 5 月 22 日
教学内容	Unit 8 Secret Messages to Ourselves
教学事件	今天的教学内容是让学生对第八单元的课文部分进行讲解,其中第三组的表现让我觉得非常惊讶。他们负责的题目是短语替换,但学生们并没有仅仅停留于此,而是对部分句子的结构进行了详细的分析,并且还利用到了新东方所提及的"组件分析三步法",从三长、两短和一并列三个角度教其他同学如何分析复杂句。学生在讲解问题时的拓展性思维真的让我觉得很吃惊,他们现在不仅仅要求自己把正确答案讲解清楚,还要为其他同学提供更多的语言拓展,这也能够看出他们对这部分内容在课后所花费的时间和精力。学生对于这部分内容的表现更让我看到了他们主动学习的一面。

第 16 次教学反思日志	
教学日期	2019 年 5 月 26 日
教学内容	Unit 10 The Life Story of an Ancient Chinese Poet
教学事件	今天的教学内容是让学生们以小组为单位找一首中国古代著名的唐诗,根据其特点自己翻译成中文。这次的小组活动让我发现学生们在诗歌的翻译讲解上小组活动做得很成功,主要原因有以下几点。 　　1. 学生们所找的诗歌都是大家非常熟悉的,比起书上所列举的诗歌还要让人觉得熟悉,所以在讲解时也适合大家的理解能力; 　　2. 所有组都使用了 PPT 进行讲解,并且 PPT 的背景都采用中国传统元素,让人觉得很清新,也很切题; 　　3. 学生们在讲解时都没有使用网上的翻译,而是根据自己组能力水平边讲解边翻译,适合大家的能力水平。

第 17 次教学反思日志	
教学日期	2019 年 6 月 3 日
教学内容	Unit 11 Teenager's Nightmare
教学事件	今天的教学内容是让学生做一次辩论比赛,辩论的主题是围绕第十一单元 Part 1 部分:Knowledge or social skill:Which one is more important for our future? 我将学生直接按照他们的想法分成两个大组,同意知识重要的为一组,同意社会技能重要的为一组,两组开展辩论。为了让学生能够表现得更好,我提前在上节课就已经将辩论的任务布置给学生了,并且还让他们指定了自己组的陈述人员和总结人员。通过这一次和上一次的辩论,我发现辩论真的是一个很好的训练学生反应和口语的活动,并且可以很好地激发学生的高级思维,学生不仅要准确表达出自己的观点,更要在理解别人观点的基础上对对方的观点进行辩驳。当然此次辩论有一点不太理想的是在自由辩论环节,大部分还是那些平时上课较为积极的同学发言,不积极的同学还是没有发言。所以下次如果还有辩论活动,我想试着把学生分成几个小组来做,这样应该可以有效保证每个同学都能有机会发言,而不是全部让积极的同学掌握发言权。

附录6　教师反思日志记录

第 18 次教学反思日志	
教学日期	2019 年 6 月 8 日
教学内容	Unit 11 Teenager's Nightmare
教学事件	今天的教学内容是检查学生的微课视频自主学习效果以及讨论他们存在的问题。通过检查发现,学生对句型结构分析的内容掌握还是不够准确,但对于翻译的题目掌握得比较好,有些句型结构我在微课视频中都有提及,但由于学生语法基础知识较差,因此对于句子结构分析类的综合运用题目较弱。在讨论环节时,学生貌似也清楚自己的不足之处,因此也会提出很多关于句型结构分析的问题,例如:It is not so much the actual taking of the exams themselves which is so awful, although of course they play a great part in the general feeling of fear. 不止一个学生提出,虽然这个句型结构在视频中又提及,但还是不太清楚它的结构。这些问题暴露后,我在考虑一个问题,在下一次的微课视频制作过程中,我应该尽量增加一些语法基础知识,并且在讲解时可以用中文来帮助学生理解。

第 19 次教学反思日志	
教学日期	2019 年 6 月 12 日
教学内容	Unit 11 Teenager's Nightmare
教学事件	今天的教学内容是让学生做小组练习 presentation,当第五组讲解到语法改错题时(这个部分的语法题是关于虚拟语气的,尤其是情态动词后面接的虚拟语气),我发现学生对语法把握还是不够准确,没有办法做到清楚地讲解语法要点,估计还是他们对语法知识点的理解不够透彻,所以导致他们在讲解问题时都是不清不楚的。因此,我想在下一次包括今后的微课视频中增加一些语法点的讲解,尤其是那种基础的语法知识点,有一些语法知识点看似很简单,但事实上我们的学生却并不清楚,或者理解并不透彻;除此之外,在精读课文讨论时,我先准备一些与课文知识点相关的语法知识,让学生进行做题训练,帮助他们理解这些语法知识。

第 20 次教学反思日志	
教学日期	2019 年 6 月 16 日
教学内容	Unit 12 Have You Seen the Tree?
教学事件	今天的学习单元为第十二单元,这个单元的精读课文是一篇类似于描写的文章,因此文章长度虽然不长,但却有很多不容易理解的句子。今天的主要教学任务是教师带领学生一起讨论学生在网络自主学习中遇到的问题,但鉴于上次教学存在的问题,我结合了本单元课文的特点,在带领学生共同讨论了问题后,我特意准备了一份关于非谓语动词的独立主格结构的试题让学生共同讨论完成。我选择独立主格结构的原因是本单元的课文中有很多句型结构都是独立主格结构的句子,而这个语法知识点看似简单,但学生却总弄不明白。因此,我特意在课堂讨论环节中预留了时间让学生彻底地弄明白什么是独立主格结构。教授完后,我发现结合教师的讲解,尤其是那二十几道独立主格结构的练习题,学生对这个语法知识点有了较为清晰的认识。通过这次课堂活动,我决定在以后的综合英语课程中除了强调学生的口语训练以外,还应该多帮助学生提升基础英语知识。

第 21 次教学反思日志	
教学日期	2019 年 6 月 18 日
教学内容	Unit 12 Have You Seen the Tree?
教学事件	今天的教学内容是让学生完成第十二单元的小组练习讲解任务。我根据学生的学习特点将教材练习题中的第二题的 C 部分进行了调整,原来该部分题目要求学生利用英英词典把一些短语和单词的英文意思写下来,但我将该题改成了让学生用所给的短语和单词造句,通过学生的沟通,我发现自己的这个决定是正确的。因为造句其实是更能帮助学生学会灵活运用知识点的一种手段,所以当第三组的同学讲解时,我发现他们会犯一些错误,比如把一个动词当成一个名词来造句,或者一个短语的后面应该接名词作介宾,但却被用成了不定式。但是我个人觉得这些学生所犯的错误其实是可以代表大部分学生所犯的错误的,因此,学生在做这种题时犯错了才会引起其他学生还有老师的注意,通过他们的犯错以及教师的错误纠正,才能让学生真正地学会如何正确地去使用这些知识点。

附录6 教师反思日志记录

第 22 次教学反思日志	
教学日期	2019 年 6 月 21 日
教学内容	Unit 12 Have You Seen the Tree?
教学事件	今天的教学内容是学生继续讲解第十二单元的练习部分,当第一组讲解到翻译题时,我发现他们在这方面的能力真的得到了很大的进步,虽然他们没有用 PPT 进行讲解,但就凭着黑板和粉笔却能深入地将翻译题讲解透彻。他们不仅先用书上提供的短语来完成翻译,对翻译的步骤进行讲解,更能将知识进行拓展,用更多的同义短语来翻译句子,例如:我在街上走着,突然一张海报引起了我的注意(catch somebody's eye)。学生们在翻译这道题时用到了 when 引导的特殊句式 I was walking on the street, when a big poster caught my eye, 除了这个结构,学生们还用了常规的翻译句式:I walked on the street, and suddenly a big poster caught my eye。在听完学生对翻译题的讲解后,我发现现在当他们做练习 presentation 时,他们不仅仅满足于把答案罗列出来,还会对知识进行拓展,补充更多的内容,而且有些拓展的知识点是我在备课时也不一定会想到的。说真的,他们拓展的这些知识点不仅帮助他们学习了语言知识,更是帮助在教室的每一位同学,有些时候还包括我自己,拓展了更宽的知识面。

第 23 次教学反思日志	
教学日期	2019 年 6 月 27 日
教学内容	Unit 14 New York City
教学事件	今天的教学内容是第十四单元的 part 1 部分,这个单元主要是对纽约这个城市进行介绍,所以会涉及很多的美国地理文化部分,因此我将听力部分内容进行了微调,在训练学生听力之前,我借用了视频和图片来扩展学生的文化知识面,这些视频和图片都是关于纽约城市介绍的,包括纽约的地理位置、人文以及很多著名的旅游景点,例如:Canal Street, Madison Square Building, Ground Zero, Fifth Avenue 等等,尤其针对世贸大厦遗址,我进行了重点的讲解,因为学生对 911 的历史都不是很了解,所以我又特意重点提了这个部分。这个部分介绍差不多花了将近一节课的时间,但后面的教学过程证明我这个决定是正确的。因为在讲解完这些内容后,我就带领学生开始做听力部分训练,这个听力内容和纽约相关,都是介绍纽约各个著名的旅游景点的,由于之前给学生进行了介绍,所以在做听力时,当学生们听到这些专有名词时他们也不会觉得陌生害怕,并且题目的完成效果非常的好。通过这件事我觉得听力教学的三个步骤 pre-listening, while-listening, 以及 post-listening 每个部分都很重要,但往往由于课堂时间有限,教师通常会不得已舍弃第一个和第三个环节,只保留中间,但这样得到的效果其实并不理想。但是翻转课堂真的帮助我解决了很多关于课堂时间分配的问题,让我可以优化课堂时间的配置,帮助学生最大化地习得语言。

第 24 次教学反思日志	
教学日期	2019 年 6 月 28 日
教学内容	Unit 14 New York City
教学事件	今天的教学内容是组织学生共同讨论他们在线上微课视频学习中遇到的问题。我越来越觉得,随着这个学期即将接近尾声,学生们也差不多经历了将近一个学期的翻转课堂模式教学,感觉他们也越来越习惯了这种教学模式,知道合理安排自己的学习时间,知道什么时候该看视频,而且在看视频的时候也会主动地发现问题,因为在这节课上,学生提出了许多问题,尽管这些问题大部分都是关于句型结构分析的,但我觉得无论什么样的问题,有问题就证明了学生至少积极、主动地去思考了。在今天的讨论课上,学生提出了许多我的微课视频中没有提及的问题,例如:This is where the buildings scrape the sky. Today, a walk (through Chinatown) is like a trip to the other side of the world with Chinese spoken everywhere and signs in Chinese characters. 并且,除了主动提出问题以外,其他同学也会积极地先去思考并回答同学们所提出的问题。所以,我认为要想真正实施好翻转课堂模式的教学,时间也很关键,有些时候其实学生并不能一下子就转变学习观念,这个转变的过程事实上还是需要时间的,并且如果教师能够在学生转变的过程中,不断地完善、不断地调整方案使之适合学生,相信学生最终也能够接受并且适应一种新的教学模式。

第 25 次教学反思日志	
教学日期	2019 年 7 月 2 日
教学内容	Unit 15 The Aging Population
教学事件	今天的教学内容是第十五单元的 part 1 部分,这个单元也是本学期的最后一个单元,内容是关于老年人的。根据这篇文章的特点,和以往的教学不同,我今天让学生在课堂上随机组成了 4 个人为一组的小组共同开展讨论学习。我今天没有让他们按照以前的分组来完成任务主要有几个原因。 1.想让他们在不同的分组中学到很多不同的观念和想法; 2.想让他们打破原来的学习习惯,尝试不同的合作; 3.主要目的还是培养学生的合作学习能力。 我让学生以小组为单位分别对他们的老年生活进行预想,想象一下他们会有怎么样的老年生活,然后再进行小组陈述。从学生的表现来看,这种临时的分组效果还可以,不会影响学生之间的合作,但是这个有不确定性,因为跟任务的难易度有关,如果任务太难的话,这样的临时分组学生不一定能够顺利地完成任务。

附录6 教师反思日志记录

第 26 次教学反思日志	
教学日期	2019 年 7 月 5 日
教学内容	Unit 15 The Aging Population
教学事件	今天的教学内容是利用 mini-test 检查学生线上网络自主学习的效果以及就他们存在的问题开展课堂讨论,小测题目包括十五单元精读课文的重点单词、重点短语以及重点句型结构的翻译,并且所有的考点内容都是微课视频里面出现的内容。经过 40 分钟的小测,我发现对于这个单元的微课学习,学生基本上都能够掌握微课视频里的教学内容,尤其对于句子的翻译部分,学生答题的效果较好;除此之外,在小测结束后,我组织了大家开展了问题讨论,让我感到开心的是,这一次的讨论我基本上都没有参与,当学生们提出一个问题的时候,其他同学就会主动回答,并且提出他们自己的意见。这个单元是本学期教学的最后一个单元,通过这次课堂上学生们的表现,我也真心觉得他们已经完全适应了这种翻转课堂模式的教学,并且能够将之应用得很好,所以在下个学期的综合英语课堂教学中,我想继续使用翻转课堂这一教学模式。

第 27 次教学反思日志	
教学日期	2019 年 7 月 8 日
教学内容	Unit 15 The Aging Population
教学事件	今天的教学内容是让学生开展小组练习 presentation,这也是他们本学期的最后一次练习陈述。从整体上来看学生的小组陈述,我觉得他们现在已经很习惯用英文去表达他们的陈述内容,看来这种小组陈述的模式对于他们的口语提升还是有很大的帮助;另外,当第二组的同学讲到翻译题时,我被他们所做的 PPT 吸引了,我很喜欢这个组的同学做的 PPT,原因主要有: 　1.PPT 模板色彩统一,简洁清楚; 　2.PPT 上的文字表达准确,并且内容重点突出,罗列简单明了; 　3.PPT 上的各种动画运用恰到好处,不烦琐。 　PPT 的制作能力应该属于一种必备的办公软件制作技术,拥有较强的 PPT 制作能力对学生今后的学习甚至是工作都会有很大的帮助,在综合英语课堂上,利用自己制作的 PPT 来完成学习任务是一种常态,今天看到这些让我觉得满意的 PPT,看来长期的训练还是真的有效果的。相信学生一定会觉得在本学期的综合英语课堂上,除了学到课本上的语言知识相呼应以外,他们还掌握了其他更多的技能。

第 28 次教学反思日志	
教学日期	2019 年 7 月 10 日
教学内容	复习反思课
教学事件	今天是本学期综合英语课程的最后一次课,学生也完完整整地开展了一个学期的翻转课堂教学,今天的教学内容主要是带领学生进行整体的课程复习,另外,还有一个最重要的任务是收集综合英语课程翻转课堂教学模式的反馈数据,我除了用问卷进行整体调查以外,还进行了最后一个组的访谈,其实就是和学生随便谈谈他们对翻转课堂教学模式的想法等。通过在课堂上以自由谈心的方式进行交谈,我大致得出了他们对翻转课堂的基本态度。我个人觉得大部分学生还是比较支持翻转课堂教学模式的,他们都觉得在翻转课堂教学模式中他们学到的东西更加广泛,并且课堂教学内容更加丰富,这也激发了他们对英语的学习兴趣。 　　怎么说呢,这个结论虽然只是一个比较粗的结论,尽管我还没有对问卷等其他数据进行分析,但至少我可以先得出学生的一个整体态度,并且我个人觉得学生对翻转课堂教学模式的整体态度与他们在课堂的表现和反应都是一致的,这也更加坚定了我下个学期继续使用并在外院推广翻转课堂教学模式的想法。